施工企业会计

主 编 于 彦 徐春静 郭宣麟
副主编 郑志慧 杨简伊 李泊涵
主 审 刘 瑶

哈尔滨工业大学出版社

图书在版编目(CIP)数据

施工企业会计/于彦,徐春静,郭宣麟主编.
哈尔滨:哈尔滨工业大学出版社,2024.8.—ISBN
978-7-5767-1680-1

Ⅰ.F407.967.2

中国国家版本馆 CIP 数据核字 2024F4F015 号

策划编辑	闻　竹　常　雨	
责任编辑	苗金英	
出版发行	哈尔滨工业大学出版社	
社　　址	哈尔滨市南岗区复华四道街 10 号　邮编 150006	
传　　真	0451—86414749	
网　　址	http://hitpress.hit.edu.cn	
印　　刷	哈尔滨博奇印刷有限公司	
开　　本	787mm×1092mm　1/16　印张 17.25　字数 431 千字	
版　　次	2024 年 8 月第 1 版　2024 年 8 月第 1 次印刷	
书　　号	ISBN 978-7-5767-1680-1	
定　　价	118.00 元	

(如因印装质量问题影响阅读,我社负责调换)

前 言

施工企业会计岗位是建筑业众多岗位中非常重要的工作岗位。会计工作是建筑企业经营管理的重要组成部分。在建筑经济信息化管理、工程造价、大数据与会计等专业课程设置中,施工企业会计课程是一门职业核心课程。

本书结合增值税的最新政策,以新修订的《企业会计准则》为依据进行本书内容的更新,体现了会计准则的最新变化与发展趋势。比如新修订的《企业会计准则第 14 号——收入》,以控制权转移替代风险报酬转移作为收入确认时点的判断标准,按照履约进度对工程承包合同收入进行确认和计量,相应调整了会计科目表,增加了合同履约成本、合同取得成本、合同资产、合同负债、合同结算、信用减值损失、债权投资、资产处置损益、其他收益等科目;根据《财政部关于修订印发 2019 年度一般企业财务报表格式的通知》(财会〔2019〕6 号)修改了本书中的报表格式;对资产处置损益等新内容进行了相应的补充。

本书解决了施工企业会计与其他会计课程专业内容重复的矛盾。施工企业会计作为一门行业会计,既有与其他行业相同的共性,又有其自身的行业特色。我们在本书编写过程中专注于施工企业会计的特色内容,较少涉及基础会计、中级会计、成本会计等课程共性的内容,从而有效解决了本书与现有课程体系内容重复、特色不突出的问题。

本书强调以培养学生的职业能力为核心。在施工企业中,有 90% 以上的会计工作量集中在施工项目部的会计核算上,因此本书内容编排侧重于施工项目部所涉及的经济业务的核算。围绕施工项目环境认知、筹集资金、施工经营活动、投资活动、会计报表,介绍从事建筑施工企业会计工作必备的知识和能力。

本书由具有企业会计工作经历并有丰富实践经验的专职教师和企业专业人员编写而成。编写内容来源于企业实际工作,与施工企业会计实际岗位工作内容相结合,注重对学生职业能力的培养,便于在课堂上为学生建立模拟工作环境。

本书结构清晰,内容新颖,强调实用性。每个任务配有例题详解,每个任务结束后有配套的练习题。本书教学案例完全取自建筑施工企业,模仿实际工作中的结算凭证和各种账、表,制作了大量的仿真原始凭证。

本书既可作为高等院校大数据与会计专业、财务管理专业、建筑经济管理专业的教学用书,也适合初涉建筑业的财务人员学习施工企业会计知识和专业技能。

本书由黑龙江建筑职业技术学院于彦、徐春静、郭宣麟担任主编。具体编写分工为:于彦编写项目 3 和项目 5 中的任务 5.3 至任务 5.6,徐春静编写项目 1 中的任务 1.2 和项目 4,郭宣麟编写项目 2,杨简伊编写项目 5 中的任务 5.1,郑志慧编写项目 5 中的任务 5.2,李泊涵编写项目 1 中的任务 1.1。黑龙江省林业和草原调查规划设计院财务科长刘瑶通审全部书稿。

由于编写水平有限,书中不足之处在所难免,敬请广大读者提出宝贵意见。

编 者

2024 年 1 月

目 录

项目 1　总论 ··· 1
　任务 1.1　施工企业概述 ··· 1
　任务 1.2　施工项目会计核算 ·· 7

项目 2　施工企业资金筹集业务会计核算 ······························ 18
　任务 2.1　施工企业借款的会计核算 ·· 18
　任务 2.2　施工企业权益性融资的会计核算 ································ 35

项目 3　施工企业经营业务会计核算 ····································· 52
　任务 3.1　工程施工准备会计核算 ·· 52
　任务 3.2　材料物资供应会计核算 ·· 61
　任务 3.3　工程施工成本会计核算 ·· 82
　任务 3.4　工程价款结算会计核算 ··· 121

项目 4　施工企业投资业务会计核算 ···································· 162
　任务 4.1　固定资产投资业务核算 ··· 162
　任务 4.2　无形资产核算 ··· 188
　任务 4.3　金融资产业务核算 ·· 197

项目 5　会计报表编制方法 ··· 222
　任务 5.1　会计报表概述 ··· 222
　任务 5.2　资产负债表的编制 ·· 226
　任务 5.3　利润表的编制 ··· 238
　任务 5.4　现金流量表的编制 ·· 244
　任务 5.5　会计报表的分析 ·· 254
　任务 5.6　成本费用报表的编制与分析 ···································· 259

参考文献 ·· 268

项目 1 总论

教学目标：
1. 熟悉施工企业的类型、经营方式，明确建筑产品与施工生产的特点。
2. 掌握施工项目核算的对象、任务。

任务 1.1 施工企业概述

教学目标：
1. 明确施工企业的分类，理解施工企业经营方式的分类。
2. 了解建筑产品和施工生产的特点。

施工企业（也称建筑企业、建筑施工企业）是指依法取得法人资格，从事建筑施工、设备安装和其他专门工程施工的生产经营性企业，包括土木建筑公司、基础设施公司、市政工程公司、设备安装公司、冶金工程公司、装修和装饰工程公司、电力建设公司等。施工企业是我国工程建设领域的重要组成部分，对于促进国民经济的发展，改善人民的物质文化生活水平，具有非常重要的作用。

1.1.1 施工企业的分类

按照组织形式的不同，施工企业可以分为有限责任公司、股份有限公司、合伙企业、个人独资企业等。除此之外，施工企业的资质、规模对于其生产经营会产生不同的影响。不同规模、不同资质级别的企业在建筑市场面临的机遇是不一样的。

1. 按照规模分类

施工企业可以分为大、中、小、微 4 类。根据《关于印发中小企业划型标准规定的通知》（工信部联企业〔2011〕300 号）的规定，营业收入 80 000 万元以下或资产总额 80 000 万元以下的为中小微型企业。其中，营业收入 6 000 万元及以上，且资产总额 5 000 万元及以上的为中型企业；营业收入 300 万元以上，且资产总额 300 万元及以上的为小型企业；营业收入 300 万元以下或资产总额 300 万元以下的为微型企业。

2. 按照资质分类

根据住房和城乡建设部印发的《建设工程企业资质管理制度改革方案》（建市〔2020〕94 号）的规定，建筑业企业资质分为综合资质、施工总承包资质、专业承包资质和专业作业资质 4 个序列。其中施工总承包序列设有 13 个类别，一般分为甲、乙级；专业承包序列设有 18 个类别，除通用专业承包、预拌混凝土专业承包和模板脚手架专业承包外，一般也分为甲、乙级；专业作业资质序列不分类别和等级。

按照这一规定，我们可以根据所具备资质的不同，把施工企业分为具有综合资质的企业、具有施工总承包资质的企业、具有专业承包资质的企业和具有专业作业资质的企业。

取得施工综合资质的企业可承担各类别各等级工程施工总承包、项目管理业务。

具有施工总承包资质的企业可承担相应类别的施工总承包工程。对所承接的施工总承包工程内各专业工程全部自行施工,也可以将专业工程依法进行分包。将有资质要求的专业工程进行分包时,应分包给具有相应专业承包资质的企业。施工总承包企业将劳务作业进行分包时,应分包给具有专业作业资质的企业。有资质要求的专业工程单独发包时,应由具有相应专业承包资质的企业承接。

具有专业承包资质的企业可以承接具有施工总承包资质的企业依法分包的专业工程或建设单位依法发包的专业工程。具有专业承包资质的企业应对所承接的专业工程全部自行组织施工,劳务作业可以分包,但应分包给具有专业作业资质的企业。

具有专业作业资质的企业,可以承接具有施工总承包资质或专业承包资质的企业分包的劳务作业。住房和城乡建设部《关于培育新时期建筑产业工人队伍的指导意见(征求意见稿)》(建办市函〔2017〕763号)提出,鼓励和引导现有劳务班组或有一定技能和经验的班组长成立以作业为主的专业公司或注册个体工商户,作为建筑工人的合法载体,促进建筑业农民工向技术工人转型,提高建筑工人的归属感。

具有施工总承包资质的企业数量不多但能量较大,其经营范围广,营业额大,是建筑业中的"龙头"企业;具有专业承包资质的企业数量大、门类多,一般属于劳动密集型企业,是建筑业中的主体骨干企业;具有专业作业资质的企业规模小、数量多,属于劳动密集型企业。在市场经济环境下,很多施工企业不再是过去那种所有制形式单一、单纯从事建筑安装工程施工的企业,已发展成为以建筑施工和其他专门工程作业为主,实行多种经营的集团型企业。

1.1.2 施工企业经营方式的分类

施工企业的经营方式,是指施工企业向建设工程的投资者或者建筑服务的对象(即建设单位)提供建筑产品或服务的方式,也是施工企业获得工程任务并组织其建设所采取的经营管理方式。根据《中华人民共和国招标投标法》的规定,在我国境内建设的大型基础设施、公用事业等关系社会公共利益、公众安全的项目,全部或者部分使用国有资金投资或者国家融资的项目,使用国际组织或者外国政府贷款、援助资金的项目,都必须进行招标。招投标方式是一种竞争性的经营方式,它符合市场经济的要求,是施工企业承揽工程任务的一种主要方式。在这种方式下,施工企业的具体经营方式多种多样,可以从不同的角度进行分类。

1. 按照承包者所处的地位分类

按照承包者在经营中所处地位的不同,施工企业的具体经营方式可以分为独立承包、总分包和联合承包。

(1)独立承包。

独立承包是指某个施工企业完全利用自有的能力承包一项工程的全部施工生产任务。独立承包一般要求承包工程的施工企业规模较大,或者工程的规模较小,如技术要求较简单的工程和修缮工程等。

(2)总分包。

总分包是指通过总承包和分包方式完成工程施工任务。总承包是指建设单位将全部建筑安装工程的施工生产任务委托给一个施工企业总负责,以明确责任和便于施工现场的统一领导。负责工程总承包的施工企业对承包的全部工程必须按照总承包合同的约定直接向建设单位负法律责任和经济责任,统一向建设单位办理工程价款结算。分包是指总承包单位根据施工需要,在征得建设单位同意的前提下,将一部分工程分给具有相应资质条件的施工企业承担。分包出去的工程,通常是某些分部、分项工程或专业工程,如基础工程、土石方工程、结构件吊装工程、打桩工程、设备安装工程、装饰工程等,但建筑工程主体结构的施工必须由总承包单位自行完成。分包单位按照分包合同的约定对总承包单位负责,一般不与建设单位发生直接的经济关系。根据《中华人民共和国建筑法》的规定,在工程的总包与分包过程中,禁止承包单位将其承包的全部建筑工程转包给他人;禁止承包单位将其承包的全部建筑工程分解以后以分包的名义分别转包给他人;禁止总承包单位将工程分包给不具备相应资质条件的单位;禁止分包单位将其承包的工程再次分包。

(3)联合承包。

联合承包是指由两个或两个以上的施工企业联合起来承包一项工程,共同对建设单位负责。在这种方式下,各施工企业仍是各自独立经营、独立核算的企业,只是在共同承包的工程项目上,根据预先达成的协议,承担各自的义务,分享各自的收益,包括投入资金的数额、工人和管理人员的派遣、机械设备和临时设施的费用分摊、利润的分享以及风险的分担等。一般情况下,联合承包的各方应签订联合承包合同,明确各方在承包过程中的权利、义务以及相互协作、违约责任的承担等,并推选出承包代表人,与建设单位签订工程承包合同。对工程承包合同的履行,各承包方共同对建设单位承担连带责任。根据《中华人民共和国建筑法》的规定,大型建筑工程或者结构复杂的建筑工程,可以由两个以上的承包单位联合共同承包,一般的中、小型建筑工程或结构不复杂的工程无须采用联合承包的方式,这样可以有效避免由于联合承包方过多而造成管理上的混乱。

2. 按照合同取费方式分类

按照合同取费方式的不同,施工企业的具体经营方式可以分为总价承包、单价承包和成本加成承包。

(1)总价承包。

总价承包是指施工企业按照与建设单位商定的总造价承包工程。它是以设计图纸和工程说明书为依据,根据工程量计算出工程总造价后进行承包。即把全部工程费用计入合同总价,一次包全,多不退、少不补。在承包合同执行过程中,不论工程量、设备及材料价格、人工费等是否发生了较大变动,除非建设单位要求变更原定的承包内容,否则承包企业一般不得对合同价格进行调整和改变。采用这种方式,对建设单位来说,有利于控制和节约投资,也比较简便。对施工企业来说,如果设计图纸和工程说明书详略得当,对施工现场情况预测得精准详尽,能精确地估算工程造价,签订合同时考虑得比较全面,一般不会有太大的风险,也是一种比较简便的承包方式;如果设计图纸和工程说明书内容不够详细,会存在不可预见的费用,材料价格、人工费升降以及不可抗拒的自然灾害等因素的影响,施工企业则需要承担较大的风险。

(2)单价承包。

单价承包是指施工企业与建设单位按照工程的一定计量单位议定固定单价,然后根据实际完成的工程量汇总计算工程总造价,并据以结算工程价款。这种方式一般适用于工程总量事前难以准确计算或变动较大的工程,如土石方工程、管道工程等。采用这种方式,对建设单位来说,可以简化招标工作,但不易控制投资总额;对施工企业来说,不需要承担工程量变化风险,只要能提高生产效率、降低单位成本,就能增加盈利。

(3)成本加成承包。

成本加成承包是指以工程实际成本或合同约定的成本为基础,加上该成本的一定比例或定额费用确定工程价款的建造合同。例如,某建造承包商与某客户签订一项建造合同,为客户建造一艘船舶,双方商定以建造该艘船舶的实际成本为基础,合同总价款以实际成本加上实际成本的1%计取。该项合同即成本加成合同。再例如,某建造承包商与某客户签订一项建造合同,为客户建造一段地铁,合同规定以建造该段地铁的实际成本为基础,另加700万元计取工程价款。该项合同也是成本加成承包。这种方式一般适用于施工条件情况不确定,如扩建工程、修复工程、灾后清理及恢复工程或发生市场因素难以预测的情况等。采用这种方式,对建设单位来说,不易控制投资总额;对施工企业来说,可以确保其利润。

3. 按照材料供应方式分类

按照建筑材料供应方式的不同,施工企业的具体经营方式可以分为包工包料、包工不包料和包工部分包料。

(1)包工包料。

包工包料是指承包单位(施工企业)既负责所承包工程的施工又负责采购工程所需的全部建筑材料。包工包料实际上是全面地负责所承包工程的施工生产全过程,这是一种较为普遍采用的施工承包方式。

(2)包工不包料。

包工不包料是指工程所需的建筑材料全部由发包单位(建设单位)负责供应,承包单位(施工企业)只负责所承包工程的施工。包工不包料实际上是建筑劳务承包,承包单位(施工企业)投入的主要是劳务以及必要的施工机械设备,只对建筑劳务负责,风险较小,这种方式一般适用于综合管理力量较弱的施工企业。

(3)包工部分包料。

包工部分包料是指承包单位(施工企业)负责所承包工程的施工并采购工程施工所需的一部分建筑材料,其余的建筑材料则由发包方(建设单位或总包单位)负责供应。

1.1.3　建筑产品与施工生产的特点

施工企业是为工业、农业生产和人民生活提供各种生产性和非生产性建筑产品的物质生产部门,房屋等建筑物、构筑物等各类不动产建设和设备的安装是施工企业的主要生产活动。建筑业作为国民经济中一个特殊的行业,其产品本身具有不同于其他行业产品的特点,而这一特点也决定了施工企业生产的特殊性。

1. 建筑产品的特点

(1)固定性。

所有的建筑产品,不论规模大小、坐落于何处,它的基础部分都是与土地相连的,始终与土地不可分割,其位置一经确定,就不能移动。如厂房、办公楼建造在固定的厂址,铁道修筑在固定的路基,高楼大厦奠基于平地。有些建筑产品,如人防工程、涵洞、隧道、石油井、煤井、地下铁道、水库、窑洞住宅等,本身就是土地不可分割的一部分。这种固定性,正是建筑产品与其他生产部门的物质产品相区别的一个重要且显著的特点。

(2)形体大。

一个工程项目,往往是按照一个总体设计方案建造出来的,它是由许多单项工程组成的工程配套、项目衔接的固定资产体系。即使是单一项目的建设工程,由于功能复杂,建设起来也是工程量浩大,必须占用广阔的空间,消耗大量的物质资源和人力资源。建筑产品形体庞大的特点,是一般工业产品所无法比拟的。

(3)寿命长。

建筑产品一经建成,竣工投产或交付使用后,可以在很长的时间内发挥固定资产的作用。一个建筑物或构筑物,无论是钢结构、钢筋混凝土结构,还是砖木结构,少则可以使用十几年,多则几十年甚至上百年也不会丧失其使用价值。

(4)多样性。

建筑产品的功能是由发展社会生产和改善人民生活水平的需要所决定的,它不仅要满足社会生产和使用功能的要求,还要满足人们对建筑产品美观的要求,同时受建筑性质、地理条件、民族特征、风俗习惯、社会条件等因素的影响。每项建筑产品事先都有明确的用途,按建设单位对建筑物和构筑物以及工艺流程的特定要求来修建。建筑产品的功能不同,其建设的结构、规模、标准、内容、式样等也各不相同。即使建筑产品的使用功能和建筑类型相同,但在不同的地点建造,也会因建造地点的自然条件、资源条件和社会条件的不同而表现出差异。

2. 施工生产的特点

建筑产品的特点直接影响到施工生产的组织、工艺和经济等各个方面,决定着施工生产的特点。一般来讲,施工生产主要具有下列特点。

(1)单件性。

建筑产品的固定性和多样性,导致了施工生产的单件性。特别是施工企业是根据用户(建设单位)的需要,按合同组织生产的,建筑产品的功能和形式随建设单位的实际需要而各不相同。每项建筑产品都是在特定的地理环境中建造的,几乎每一个建筑产品都有特定的建设目的和用途,有独特的形式和结构,因而就需要有一套单独的设计图纸,在建造时需要根据不同的设计,采用不同的施工方法和施工组织。即使是同一类型的工程或采用标准设计,也会由于建筑产品所在地点的地势、地质、水文、气候等自然条件的差异,能源、交通运输、材料和设备供应等资源条件以及人文、民族、风俗习惯等社会条件而存在差异,在建造时需要对设计图纸以及施工方法和施工组织等做适当的改变。此外,建筑等级、建筑标准和施工技术水平的不同,也会导致工程建设的差异。因此,施工生产千差万别,很少有完全按照同一模式进行重复性生产的情况。

(2)长期性。

建筑产品的施工生产过程是一个规模大、消耗多、周期长的生产性消费过程。由于建筑产品构造复杂、形体庞大,在施工生产过程中要占用大量的人力、财力、物力,一个大中型建设项目往往要花费几千万、上亿甚至百亿元以上的投资。因此,客观上决定了施工生产的周期相对较长,一般需要跨年度施工,一个大中型建设项目往往需要几年、十几年甚至更长的时间才能建成。另外,由于工程固定在一定的地点,因此施工生产只能相对局限于一定的工作场所,按照一定的施工顺序、施工过程和施工工序组织施工生产,这必然会影响到施工生产周期,而且必须等到整个施工生产周期终结,才能生产出独立的最终产品。

(3)流动性。

由于建筑产品的固定性,在施工生产过程中劳动者和施工机械等经常处于流动状态。这种流动性主要表现在以下3个方面。

①不同工种的工人要在同一建筑物的不同部位上进行流动施工,即施工人员和机械要随着时间和施工部位的不同而沿着施工对象上下左右前后移动,不断地变换操作场所。

②生产工人要在同一工地不同的单位工程之间进行流动施工。

③企业的施工队伍要在不同工地、不同地区承包工程,进行区域性流动施工,即工程完工后,生产者和施工机械要随施工对象坐落位置的变化而迁徙流动,从一个工地转移到另一个工地或从一个地区转移到另一个地区。

另外,施工生产一般是顺序施工,基础、结构、屋面、装修等各阶段虽然也可以交叉作业,但相互之间的制约性很大。随着构配件预制工厂化和现场施工装配化的发展,许多操作可以在空间上同时进行,平行作业或立体交叉作业,大大降低了施工生产的流动程度。但是,这并不能从根本上消除施工生产的流动性。

(4)受自然条件影响大。

建筑产品由于位置固定、形体庞大,其生产一般在露天进行,且高空、地下、水下作业多,直接受到自然气候条件变化的影响与制约。如冬季、雨季以及台风、高温等天气情况,会给组织施工带来许多问题,常常影响施工生产的安全进行,导致施工生产缺乏连续性、节奏性,较难实现均衡生产。另外,每个建筑物和构筑物所在地点的工程地质和水文地质条件也对施工生产起着很大的制约作用。因此,施工企业必须正确制定施工方案,合理安排施工进度,搞好安全生产,努力创造条件,组织均衡施工,力争把自然条件对施工生产的影响或造成的损失降到最低。

1.1.4 施工生产的组织管理与会计核算

由于建筑产品的种类很多,施工企业要根据建设单位的特定要求,按照专门用途的工程组织施工生产。同时,建筑产品地点的固定性和施工生产的流动性造成施工企业管理环境的变化很大,可变因素和不可预见因素多。如果施工企业承担的是国外施工任务,则环境更加特殊与复杂,管理工作的难度会更大。管理环境的多变,导致施工生产经营的预见性、可控性比较差。施工生产没有固定不变的施工方案,需根据地点、工程、时间的不同编制施工组织设计来指导施工,并根据施工计划单独组织材料物资的供应。因此,施工生产需要个别组织,单个进行。在此背景下,项目法施工成为施工企业组织生产管理的一种主要方式。

在项目法施工管理模式下,施工企业按工程项目设置施工生产组织机构,组建施工队伍,项目完成后,其组织机构随之撤销。项目法施工要建立以项目经理部为主要组织管理形式的施工生产管理系统,实行项目经理负责制。项目法施工可以实行内部承包制,以便确立项目承包者与企业、职工之间的责、权、利关系。在合同管理方面,企业总经理一般要授予项目经理较大的权力,以便处理与合同各方的关系。

总之,项目法施工是以工程项目为对象,以项目经理负责制为中心,以经营承包责任制为基础,以经济合同为手段,按照工程项目的内在规律和施工需要合理配置生产要素,对工程项目的安全、质量、工期、成本等实行全过程的控制,达到全面实现项目目标,提高工程施工效益和企业经济效益的一种科学管理模式。在项目法施工模式下,施工企业面对规模大小、复杂程度、工期长短各不相同的工程项目,按需配置资源,并在施工过程中根据情况的变化予以调整,对施工过程中的生产要素投入进行动态管理。在这个管理过程中,工程项目成本作为施工企业成本费用的主要部分,一般会占到企业成本的90%以上。

施工生产经营管理的方式,决定了施工企业会计具有不同于其他行业企业会计的特点。为了适应施工生产分散、流动性大的特点,施工企业一般会根据项目管理的需要,形成以施工项目为独立核算单位的财务管理体系,使会计核算与施工生产有机地结合起来,以调动所属各级施工单位的积极性和主动性,同时能及时满足施工生产管理的需要。因此,正确认识和掌握施工项目会计核算的方法,是学习施工企业会计的关键。

任务 1.2　施工项目会计核算

教学目标:
1. 了解施工项目会计的特征,掌握施工项目会计核算对象,熟悉施工项目核算的任务。
2. 理解施工项目会计组织,了解施工项目档案管理。

1.2.1　施工项目会计的特征

不同于一般制造企业,施工企业的生产任务获得方式具有独特性,它必须先获得订单,才能组织施工生产。施工生产采用的项目管理模式及其独特的经营特点,决定了施工项目会计具有其自身的特征。

1. 施工项目部是独立的会计主体

企业会计工作的组织形式,一般分为集中核算和非集中核算两种。集中核算就是把整个会计核算工作集中在公司总部的财会部门,企业内部各部门、各生产单位对本部门、本单位所发生的经济业务不进行全面核算,只填制或取得原始凭证,并对原始凭证进行适当汇总,定期将原始凭证和汇总原始凭证送交企业财会部门加以审核,并据以登记有关账簿。非集中核算又称分散核算,就是对企业内部各生产单位所发生的经济业务,由各单位设置并登记账簿,进行全面系统的核算,单独计算盈亏,编制财务报表,定期报送给总部财会部门,以便总部汇总编制整个企业的财务报表。由于施工企业的施工生产比较分散,一般采用非集中核算方式,以施工项目部为核算单位,对工程项目的成本及相关费用、收入进行核算。

施工项目部是公司在工程项目所在地设立的代表公司从事生产经营活动的机构。施工项目部不具有法人资格,但它代表企业法人对具体的工程项目进行经营和管理,是公司的派出机构。在实行项目法施工的情况下,施工项目部可以作为会计主体进行独立的会计核算。它可根据本公司内部会计制度的要求,设置会计科目,组织会计核算,全面连续地记录施工项目的资产、负债、收入和费用的变化,并定期计算施工项目的损益,编制财务报表。公司总部也可以对施工项目的部分资产、负债等业务进行统一核算,以加强公司总部对施工项目的监督与控制。

2. 施工项目会计方法的选择需要考虑自然环境

施工项目部所使用的固定资产、周转材料等资产一般都是露天存放,而建筑安装工程本身体积庞大,生产周期长,一般也都处于露天作业状态,受气候条件影响自然侵蚀特别大,尤其是在施工条件比较恶劣的情况下,资产耗损更为明显。施工项目会计要选择合理的固定资产折旧方法和周转材料的摊销方法,使价值补偿能够符合其实际磨损情况。

3. 成本核算是施工项目会计的中心任务

尽管施工项目部一般都会涉及货币资金、应收款项、存货、固定资产、负债等业务的核算,但是成本核算是施工项目会计的中心任务。施工生产的单件性,决定了其必须按照订单分别归集施工生产费用,单独计算每项工程的成本。同时,由于不同建筑产品之间的差异大、可比性差,其实际成本不便进行比较,因此施工项目工程成本的分析、控制和考核不是以可比产品成本为依据,而是以工程预算成本为依据。即施工项目要将工程的实际成本和预算成本进行比较,以考核工程成本的升降情况。

施工企业一般以单个合同作为会计核算对象。按照企业会计准则的规定,两份或多份合同,在满足特定条件时,应当合并为一份合同进行会计处理;一份合同包含多个单项履约义务,在履行了各单项履约义务时分别确认收入,即需要按照单项履约义务作为会计核算对象。

4. 施工项目需要分段进行工程价款结算,确认合同收入与费用

由于建筑产品的施工生产周期比较长,要占用大量的资金。因此,施工项目部有必要将已完成预算定额所规定的全部工序或工程内容的分部工程或分项工程作为"已完工程",及时与建设单位办理工程价款的中间结算,待工程全部竣工后再进行清算。这就要求施工项目部必须加强工程价款结算的会计核算工作,正确计算已完工程的结算价款,及时收回工程价款。同时,还应加强对预收工程款的核算和管理,并定期与建设单位(或总包单位)进行清算。另外,由于施工生产周期长,施工项目部还需要按照企业会计准则规定,根据工程项目的履约进度分别计量和确认各年度的工程合同收入和费用,以确定各年度的经营成果。

5. 施工项目与公司总部内部往来事项频繁

公司总部与施工项目部之间业务往来频繁,包括资金、材料、设备的调拨,同时也包括成本费用的结转等等,各方均需正确及时地记录反映往来事项。在公司总部与施工项目部会计核算中,可以设置"内部往来"或类似科目,用于记录反映内部往来业务引起的公司总部与施工项目部之间债权和债务的变化。

1.2.2 施工项目会计核算的对象

施工项目会计核算是指一个施工项目从投标到项目全部完工的完整生产经营过程,以及该工程竣工后至工程保修期结束,所有相关会计事项与交易的确认与计量。施工项目部应根据工程项目规模的大小、工程项目的地理位置、施工组织的特点以及财务人员的能力等诸多因素,成立相应的会计机构,配备会计人员,对施工项目进行会计核算。尽管不同企业施工项目部的组织形式不一样,但通常情况下,都要对施工项目进行独立核算。作为企业的一个派出单位,施工项目部会计核算内容主要涉及工程施工的相关资产、负债、收入、费用、利润等项目。

为了完成各项施工生产任务,施工项目部必须拥有或控制一定数量的货币资金、应收款项、存货、机械设备、房屋以及临时设施等资产。其中,货币资金是指以货币形态存在于企业,用于购买材料物资、支付工资,以及支付各种开支的款项,包括库存现金、银行存款、其他货币资金等。应收款项是指企业在日常生产经营过程中发生的各项债权,包括应收票据、应收账款、其他应收款和预付账款等。存货是指施工项目部在提供建筑服务过程中将要消耗的材料物资,已经形成施工成本但尚未结算的在建合同成本等。如果项目部存在辅助生产部门,辅助生产部门的在产品、半成品、完工产品也属于存货。施工生产中用到的施工机械、运输设备等都属于固定资产,与原材料将自身物质直接投入生产过程形成工程成本不同,固定资产一般能够在较长时间内保持自己的物质形态,它的价值是随着使用逐渐转移到工程项目成本中去的。在施工过程中,为了保证施工生产的正常进行,还会建造各种临时建筑及设施,如临时办公用房、临时道路、临时给排水设施等,这些临时设施按照《企业会计准则》的规定,也作为企业的固定资产。施工项目部的负债包括短期借款、应付及预收款项等短期负债以及长期借款、长期应付款等长期负债。施工项目部的所有者权益主要包括未分配利润。

在施工生产过程中,随着生产资金的不断循环和周转,资金占用形式也将发生变化,并同样呈现不断循环和周转的态势。在物资采购阶段,项目部需要用货币资金购买各种材料物资、购置机械设备、建造办公用房等,从而使货币资金转化为储备资金;在施工生产阶段,施工项目一方面要消耗各种材料物资,占用或使用各种机械设备等固定资产,另一方面还需要支付工资薪金以及其他费用,这时,储备资金和货币资金就转化为生产资金,进而形成合同费用;随着施工项目生产完工,生产资金还会转化为结算资金,进而形成企业的合同收入,最后又转化为货币资金。这样,施工项目部的资金随着物资供应、施工生产、工程结算的不断进行,由货币资金依次转化为储备资金、生产资金、结算资金,最后又回到货币资金。上述各环节都会涉及资金的收支,这个过程既是施工生产经营活动中的资金运动,又反映了工程承包合同收入与费用的形成。

施工项目会计核算的对象就是施工项目部在生产经营中的各种资金运动,它们既决定了与项目部相关的资产、负债、所有者权益的变动结果,又通过工程承包合同收入、费用的确认与计量反映了相应资产、负债、所有者权益的变化过程。

1.2.3 施工项目会计核算的任务

会计核算的任务是根据会计信息使用者的客观需要和要求确定的,它受会计对象的制约,是对会计对象进行确认和计量所要达到的目的和要求。在市场经济条件下,施工项目会计核算的任务主要包括以下两个方面。

(1)正确、及时、完整地记录和反映施工项目部的经济活动、财务状况和经营成果,为内部经营决策提供准确可靠的会计信息。

市场经济条件下,每个施工企业都必须根据自身的施工生产能力和建筑市场的需求,从市场上承揽施工任务,充分利用生产潜力,合理安排施工生产。为了不断提高施工项目部的生产管理水平,增强企业在建筑市场的竞争能力,施工项目部一方面要接受公司总部职能部门的指导,使自己的施工生产活动符合企业管理的要求;另一方面要针对具体施工项目的情况,采取有效措施提高施工项目生产的管理水平,为企业提供扩大再生产所需的资金和利润。这就要求每个施工项目部都要根据施工生产任务和项目管理水平以及市场供求情况,及时制订年度施工生产计划和财务计划,作为项目部生产经营活动的依据。同时,在施工生产过程中,必须切实做好管理工作,加强经济核算,如实地反映项目部的经济活动情况,并经常进行检查和分析,揭示经营管理中存在的问题及其产生的原因,以便及时采取措施解决矛盾,保证施工生产计划和财务计划的顺利完成。为此,施工项目会计必须正确、及时、完整地核算项目相关资产、负债、收入、费用和利润,做到账实相符、账证相符、账账相符、账表相符;正确地计算材料物资的采购成本和工程施工成本;确定项目部的经营成果,并正确、及时地编制各种财务报表,从而为企业内部各管理部门采取措施改进经营管理、提高经济效益提供准确可靠的会计数据和经济信息。

(2)反映和监督财产物资的保管、使用情况,做好施工成本核算与管理,节约使用资金,提高经济效益。

为了提高企业经济效益,施工项目部需要讲求效率,节约高效地进行施工生产。一方面,要做好财产物资的保管工作,保证财产物资的安全完整;另一方面,要合理使用财产物资,减少资金消耗,节约使用资金,降低工程施工成本。要做好会计工作,全面反映和监督各类资产的结余和变动情况。对于一切货币资金的收支,财产物资的收入、发出和转移,都要据实填制凭证,认真审核,及时登记账簿。要做好固定资产的核算,准确反映施工生产过程中对固定资产的利用情况。要定期进行财产清查,查明账实不符的原因,明确管理人员的经济责任。

工程成本是工程施工过程中耗费的各项生产费用的综合反映,它能反映材料的消耗情况、人工费用、施工机械使用费用等各项费用的开支情况。如果提高了施工管理水平,节约材料消耗,提高劳动生产率和机械利用率,减少各项费用的开支,那么最终必然反映为工程成本的降低。因此,通过工程成本的计算和分析,可使项目部发现施工管理中存在的问题,及时采取降低工程成本的有效措施,提高施工项目的经济效益。

1.2.4 施工项目的会计组织与人员配备

会计部门是直接从事和组织领导会计工作的职能部门,建立和健全会计机构,是加强会计工作管理、保证会计核算工作顺利进行的重要条件。《中华人民共和国会计法》(以下简称《会计法》)第三十六条第一款规定:各单位应当根据会计业务的需要,设置会计机构,或者在有关机构中设置会计人员并指定会计主管人员;不具备设置条件的,应当委托经批准设立从事会计代理记账业务的中介机构代理记账。

由于不同的施工企业在单位性质、规模及经营管理等方面差别很大,因此,施工项目会计机构设置也不可能保持一致。各施工项目是否设置会计机构,应当根据会计业务的需要来决定,即各企业可以根据施工项目会计业务繁简情况决定是否设置会计机构。从有效发挥会计职能作用的角度看,大、中型施工项目一般都应当设置会计机构;而那些规模很小、投资和人员不多的施工项目,可不单独设置会计机构,但应当设置会计人员并指定会计主管人员,或通过代理记账完成会计核算。会计主管人员是指组织管理会计事务、行使会计机构负责人职权的负责人。

会计工作岗位一般包括:会计机构负责人或者会计主管、出纳、资金核算、财产物资核算、往来结算、工资核算、成本费用核算、财务成果核算、总账、报表、稽核等。施工项目部应根据需要设置会计工作岗位,明确职责权限,形成相互制衡机制。会计工作岗位可以一人一岗、一人多岗或者一岗多人,但一项业务必须经由两个或两个以上人员处理,不能由一个人负责业务办理的全过程。尤其是出纳人员不得兼管稽核、会计档案保管和收入、费用、债权债务账目的登记入账工作。

1.2.5 施工项目会计档案的管理

会计档案是指会计凭证、会计账簿和财务会计报告以及其他会计资料等会计核算的专业资料,它是记录和反映经济业务的重要历史资料和证据,是企业的重要档案之一。施工项目部当年形成的会计档案,在会计年度终了后,可由项目部会计机构或人员临时保管一年,再移交档案管理机构保管。因工作需要确需推迟移交的,应当经单位档案管理机构同意。没有专门档案管理机构的单位,应由会计机构指定专门人员继续保管,但出纳人员不得兼管会计档案。档案部门接受保管的会计档案,原则上应当保持原卷册的封存状态,个别需要拆封重新整理的,应当由会计人员和经办人共同拆封整理,以明确责任。会计档案原件原则上不得借出,如有特殊需要,须经本单位负责人批准,可以提供查阅或复制,并应履行借出手续和期限归还。未经本单位负责人批准,调阅人员不得擅自摘录有关数字。

根据《会计档案管理办法》的规定,会计档案保管期限分为永久和定期两类。永久保管的会计档案一般是具有长期使用价值,并对以后会计、审计工作具有重要影响和直接作用的档案,比如年度财务报告等。定期保管的会计档案一般是只供当期使用或供以后参考,没有永久保管价值的档案。定期保管期限分为10年和30年,保管期限从会计年度终了后第一天算起。

会计档案保管期满后,需要销毁的,必须严格执行规定的程序予以销毁,任何人不得随意销毁。

1.2.6 施工项目会计工作的相关环节

1. 会计科目的设置与使用

会计为了记录经济业务,提供会计信息,需要按照一定标准将会计对象划分为若干要素,这是对会计对象的第一次分类,也是最基本的分类。会计科目就是在对会计对象划分会计要素的基础上,按照具体内容进行的分类,并以此为依据设置会计账户,分类、连续地记录经济业务增减变动情况,再通过整理和汇总等方法,反映会计要素的增减变动情况及其结果,从而提供各种有用的数据和信息。例如,为了反映和监督各项资产的增减变动,设置"库存现金""原材料""固定资产"等科目;为了反映和监督负债和所有者权益的增减变动,设置"短期借款""应付账款""实收资本""资本公积""盈余公积"等科目;为了反映和监督收入、费用和利润的增减变动,设置"主营业务收入""主营业务成本""本年利润""利润分配"等科目。

施工企业应按照财政部统一的规定,正确设置和使用会计科目。在不影响会计核算要求和会计报表指标汇总,以及对外提供统一的财务会计报告的前提下,施工企业可以根据实际情况自行增设、减少或合并某些会计科目。明细科目的设置,除已有规定者外,在不违反统一会计核算要求的前提下,施工企业可以根据需要自行确定。按照《企业财务会计报告条例》的规定,企业对外提供财务会计报告,实质上是以法人单位为基础的。因此,企业在设置会计科目时,一般是以法人单位作为基本单元的,即施工项目一般无权制定会计科目,而是直接按照公司总部的统一规定,组织施工项目的会计核算工作。

对于会计科目名称,施工企业可以根据本企业的具体情况,在不违背会计科目使用原则的基础上,确定适合于本企业的会计科目名称。财政部统一规定了会计科目的编号,以便于企业编制会计凭证、登记账簿、查阅账目、实行会计电算化,各企业不得随意改变或打乱重编。在某些会计科目之间留有空号,供企业增设会计科目之用。

结合施工企业会计的特点,施行《企业会计准则》之后,施工企业主要应用的会计科目见表1.1。

表1.1 施工企业常用会计科目表

顺序号	科目编号	一级科目	顺序号	科目编号	一级科目
		(一)资产类科目	28	1504	其他权益工具投资
1	1001	库存现金	29	1511	长期股权投资
2	1002	银行存款	30	1512	长期股权投资减值准备
3	1012	其他货币资金	31	1521	投资性房地产
4	1101	交易性金融资产	32	1522	投资性房地产累计折旧
5	1121	应收票据	33	1523	投资性房地产累计摊销
6	1122	应收账款	34	1524	投资性房地产减值准备
7	1123	预付账款	35	1531	长期应收款
8	1131	应收股利	36	1541	未实现融资收益
9	1132	应收利息	37	1601	固定资产
10	1221	其他应收款	38	1602	累计折旧
11	12**	内部往来	39	1603	固定资产减值准备
12	12**	备用金	40	1604	在建工程
13	1231	坏账准备	41	1605	工程物资
14	1401	材料采购	42	1606	固定资产清理
15	1402	在途物资	43	1607	在建工程减值准备
16	1403	原材料	44	1608	工程物资减值准备
17	1404	材料成本差异	45	1701	无形资产
18	1405	库存商品	46	1702	累计摊销
19	1408	委托加工物资	47	1703	无形资产减值准备
20	1411	周转材料	48	1711	商誉
21	****	合同资产	49	1712	商誉减值准备
22	****	合同资产减值准备	50	1801	长期待摊费用
23	****	应收退货成本	51	1811	递延所得税资产
24	1471	存货跌价准备	52	1901	待处理财产损溢
25	1501	债权投资			(二)负债类科目
26	1502	债权投资减值准备	53	2001	短期借款
27	1503	其他债权投资	54	2101	交易性金融负债

续表1.1

顺序号	科目编号	一级科目	顺序号	科目编号	一级科目
55	2201	应付票据	80	4104	利润分配
56	2202	应付账款	81	4201	库存股
57	2203	预收账款			(五)成本费用类科目
58	＊＊＊＊	合同负债	82	＊＊＊＊	合同取得成本
59	2211	应付职工薪酬	83	＊＊＊＊	合同取得成本减值准备
60	2221	应交税费	84	＊＊＊＊	合同履约成本
61	2231	应付利息	85	＊＊＊＊	合同履约成本减值准备
62	2232	应付股利	86	5301	研发支出
63	2241	其他应付款			(六)损益类科目
64	2401	递延收益	87	6001	主营业务收入
65	2501	长期借款	88	6051	其他业务收入
66	2502	应付债券	89	6101	公允价值变动损益
67	2701	长期应付款	90	6111	投资收益
68	2.702	未确认融资费用	91	6115	资产处置损益
69	2711	专项应付款	92	6117	其他收益
70	2801	预计负债	93	6301	营业外收入
71	2901	递延所得税负债	94	6401	主营业务成本
		(三)共同类	95	6402	其他业务成本
72	3101	衍生工具	96	6403	税金及附加
73	3201	套期工具	97	6601	销售费用
74	3202	被套期项目	98	6602	管理费用
		(四)所有者权益类科目	99	6603	财务费用
75	4001	实收资本	100	6701	资产减值损失
76	4002	资本公积	101	6702	信用减值损失
77	4003	其他综合收益	102	6711	营业外支出
78	4101	盈余公积	103	6801	所得税费用
79	4103	本年利润	104	6901	以前年度损益调整

注：表中科目编码中的＊号由企业结合《企业会计准则》的进一步要求和企业会计核算的要求自行设置。

"合同资产"核算已完工程业主尚未确认结算的部分工程款。

"合同履约成本"一级科目下设"工程施工""机械作业""劳务成本""物业成本""设计成本""租赁成本"等二级明细科目，该一级科目期末原则上无余额。

"合同履约成本——工程施工"二级明细科目下设"人工费""材料费""机械使用费""其他直接费""分包成本""间接费用"等三级明细科目。该二级科目期末余额全部转入"主营业务成本"。

"内部往来"科目是根据施工企业的特点设置的一个科目。该科目核算企业与所属内部独立核算单位之间，由于工程价款结算、材料销售、提供劳务等业务所发生的各种应收、应付、暂收、暂付往来款项。

2. 施工项目的建账建制

建账就是根据《会计法》和《企业会计准则》的规定，以及公司总部的具体要求，确定施工项目账簿种类、格式、内容及登记方法。

一般情况下，施工项目部至少应该设置4类账册：现金日记账、银行存款日记账、总分类账、活页明细账。其中，活页明细账主要包括：合同资产明细账、应收账款明细账、原材料分类账（收、发、存数量金额式）或原材料多栏式分类账（收、发、存数量金额式）、周转材料明细分类账、材料采购明细账、委托加工物资明细账、固定资产明细分类账、合同履约成本明细账、应付职工薪酬明细账、应付账款明细账等。

新建项目部在项目成立时，会计人员均应根据核算工作的需要设置应用账簿，即平常所说的"建账"。手工记账建账的基本程序如下。

（1）按照需用的各种账簿的格式要求，预备各种账页，并将活页的账页用账夹装订成册。

（2）在账簿的"启用表"上，写明单位名称、账簿名称、册数、编号、起止页数、启用日期以及记账人员和会计主管人员姓名，并加盖名章和单位公章。记账人员或会计主管人员在本年度调动工作时，应注明交接日期、接办人员和监交人员姓名，并由交接双方签名或盖章，以明确责任。

（3）按照施工项目会计核算的需要，根据公司会计科目表的顺序、名称，在总账账页上建立总账账户；并根据总账账户明细核算的要求，在各个所属明细账户上建立二级、三级明细账户。

（4）启用订本式账簿，应从第一页起到最后一页止顺序编定号码，不得跳页、缺号；使用活页式账簿，应按账户顺序编本户页次号码。各账户编列号码后，应填"账户目录"，将账户名称、页次登入目录，并粘贴索引纸（账户标签），写明账户名称，以利检索。

随着企业管理技术手段的不断创新，越来越多的施工企业采用了财务集中管理信息系统，甚至建立了财务共享服务中心。这种管理系统实现了会计集中核算、资金集中管理、全面预算管理和集中财务分析，有利于加强对施工项目的财务会计监控和资金管理，防范和规避财务风险。在实施中，公司总部及下属单位的财务数据可以集中存放在总部服务器上，由总部统一制定财务核算和管理制度，统一制定会计科目体系、编码原则、核算币种、会计期间等基础设置和报表格式，成员单位建账时，可以自动继承总部制定的基础设置信息，并可根据自身特点，个性化地使用会计科目。

各施工企业依据会计法律法规和企业会计准则，结合本单位实际情况，建立内部财务会计管理制度之后，施工项目部可沿用公司总部的有关财务会计管理制度，也可以根据施工项目的具体情况，制定施工项目部的有关内部制度，但不得违背公司的基本财务管理制度。一般情况下，施工项目部涉及的内部财务会计管理制度包括：会计人员岗位责任制度、账务处理程序制度、财务收支审批制度、内部牵制制度、稽核制度、原始记录管理制度、成本费用管理制度、财产清查制度、成本核算制度等。

3. 施工项目会计工作的交接

由于施工项目的临时性以及会计人员管理的需要，会计工作交接是施工项目会计工作中的一项重要内容。

《会计法》第四十一条规定：会计人员调动工作或者离职，必须与接管人员办理交接手续。一般会计人员办理交接手续,由会计机构负责人(会计主管人员)监交;会计机构负责人(会计主管人员)办理交接手续,由单位负责人监交,必要时主管单位可以派人会同监交。这样的规定,可以使会计工作前后衔接,保证施工项目会计工作连续进行;可以防止施工项目因会计人员的更换出现账目不清、财务混乱等现象;是分清移交人员和接管人员责任的有效措施。除《会计法》规定的会计人员在调动工作或离职时必须办理会计工作交接的情形之外,会计人员在临时离职或其他原因暂时不能工作时,也应办理会计工作交接。《会计基础工作规范》对此做了进一步的规定。

(1)临时离职或因病不能工作、需要接替或代理的,会计机构负责人(会计主管人员)或单位负责人必须指定专人接替或者代理,并办理会计工作交接手续。

(2)临时离职或因病不能工作的会计人员恢复工作时,应当与接替或代理人员办理交接手续。

(3)移交人员因病或其他特殊原因不能亲自办理移交手续的,经单位负责人批准,可由移交人委托他人代办交接,但委托人应当对所移交的会计凭证、会计账簿、财务会计报告和其他有关资料的真实性、完整性承担法律责任。

会计人员在办理会计工作交接前,必须做好以下准备工作。

(1)已经受理的经济业务,尚未填制会计凭证的,应当填制完毕。

(2)尚未登记的账目应当登记完毕,结出余额,并在最后一笔余额后加盖经办人印章。

(3)整理好应该移交的各项资料,对未了事项和遗留问题,要写出书面说明。

(4)编制移交清册,列明应该移交的会计凭证、会计账簿、财务会计报告、公章、现金、有价证券、支票簿、发票、文件、其他会计资料和物品等内容;实行会计电算化的单位,从事该项工作的移交人员应在移交清册上列明会计软件及密码、会计软件数据等内容。

(5)会计机构负责人(会计主管人员)移交时,应将财务会计工作、重大财务收支问题和会计人员的情况等向接替人员介绍清楚。

移交人员离职前,必须将本人经管的会计工作,在规定的期限内,全部向接管人员移交清楚。接管人员应认真按照移交清册逐项点收。具体要求如下。

(1)现金要根据会计账簿记录余额进行当面点交,不得短缺,接替人员发现不一致或"白条抵库"现象时,移交人员应在规定期限内负责查清处理。

(2)有价证券的数量要与会计账簿记录一致,有价证券面额与发行价不一致时,按照会计账簿余额交接。

(3)会计凭证、会计账簿、财务会计报告和其他会计资料必须完整无缺,不得遗漏。如有短缺,必须查清原因,并在移交清册中加以说明,由移交人负责。

(4)银行存款账户余额要与银行对账单核对相符,如有未达账项,应编制银行存款余额调节表调节相符;各种财产物资和债权债务的明细账户余额,要与总账有关账户的余额核对相符;对重要实物要实地盘点,对余额较大的往来账户要与往来单位、个人核对。

(5)公章、收据、空白支票、发票、科目印章以及其他物品等必须交接清楚。

(6)实行会计电算化的单位,交接双方应在电子计算机上对有关数据进行实际操作,确认有关数字正确无误后,方可交接。

为了明确责任,会计人员办理工作交接时,必须有专人负责监交。通过监交,保证双方都按照国家有关规定认真办理交接手续,防止流于形式,保证会计工作不因人员变动而受影响；保证交接双方处在平等的法律地位上享有权利和承担义务，不允许任何一方以大压小、以强凌弱，或采取非法手段进行威胁。移交清册应当经过监交人员审查和签名、盖章，作为交接双方明确责任的证件。移交清册一般应当填制一式三份，交接双方各执一份，存档一份。

会计工作交接完毕后，交接双方和监交人在移交清册上签名或盖章，并应在移交清册上注明单位名称、交接日期、交接双方和监交人的职务及姓名，移交清册页数以及需要说明的问题和意见等。接管人员应继续使用移交前的账簿，不得擅自另立账簿，以保证会计记录前后衔接、内容完整。

会计交接是一项严肃认真的工作，不仅涉及会计工作的连续性，而且关系到有关人员的法律责任。《会计基础工作规范》第三十五条规定：移交人员对移交的会计凭证、会计账簿、会计报表和其他会计资料的合法性、真实性承担法律责任。如果移交人员所移交的会计资料是在其经办会计工作期间内发生的，那么他就应当对这些会计资料的合法性、真实性负责，即使接替人员在交接时因疏忽没有发现所交接会计资料在合法性、真实性方面的问题，如事后发现，也应由原移交人员负责，原移交人员不应以会计资料已经交接为由推卸责任；如果所发现的会计资料真实性、合法性方面的问题不是在原移交人员的经办期间发生，而是在其后发生的，则不应由原移交人员承担责任，而应由接管人员承担责任。

施工项目在撤销、合并、分立时，必须留有必要的会计人员办理清理工作，编制移交决算资料。移交前，会计人员不得离职。

练 习 题

一、单选题

1."合同履约成本"科目属于（　　）类科目。
A.资产　　　　　　B.负债　　　　　　C.所有者权益　　　　D.成本

2."合同履约成本——工程施工"二级科目期末余额全部转入（　　）科目。
A.主营业务成本　　B.其他业务成本　　C.合同结算　　　　D.合同负债

二、判断题

1."合同资产"核算已完工程业主已经确认结算的部分工程款。（　　）

2."内部往来"科目核算企业拨付给非独立核算的内部单位或个人备做差旅费、零星采购或零星开支等使用的款项。（　　）

三、简答题

1.概念
（1）总价承包
（2）单价承包
（3）成本加成承包
（4）总分包
（5）联合承包
（6）包工包料

（7）包工不包料

2. 按照企业资质分类不同,施工企业可分为哪些类别?
3. 施工企业的经营方式有哪些?
4. 建筑产品的特点有哪些?
5. 施工生产的特点有哪些?
6. 施工项目会计的主要特征有哪些?
7. 施工项目会计核算的任务有哪些?

项目 2　施工企业资金筹集业务会计核算

教学目标：
1. 了解资金筹集的含义、来源；理解短期借款、长期借款、应付债券、所有者权益的含义及相关的账户设置。
2. 能进行短期借款、长期借款、应付债券、所有者权益的会计核算。

按照我国法律规定，投资者设立企业首先必须有资本，投资者投入资本形成注册资本等，所有者向企业投入的资本，在一般情况下无须偿还，可以长期周转使用。注册资本的构成比例，即投资者的出资比例或股东的股份比例，通常是确定所有者在企业所有者权益中所占的份额和参与企业财务经营决策的基础，也是企业进行利润分配或股利分配的依据，同时还是企业清算时确定所有者对净资产的要求权的依据。

企业资金筹集是指企业通过各种方式和法定程序从不同的资金渠道筹措所需资金的全过程，无论其筹资的来源和方式如何，其取得途径不外乎两种：一种是接受投资者投入的资金，即企业的资本金，形成企业的所有者权益；另一种是向债权人借入的资金，形成企业的负债。企业要根据所处的资本市场和政策变动情况进行全面评估和分析，分析企业财务状况，评价企业的资本结构，并做出企业资金需求分析，根据企业经营发展的资金需求，分析筹资活动可能面临的风险，合理选择筹资方式。

任务 2.1　施工企业借款的会计核算

教学目标：
1. 理解短期借款、长期借款的含义及账户设置。
2. 掌握短期借款、长期借款账务处理。

2.1.1　短期借款会计核算

1. 短期借款的概念

短期借款是指企业向银行或其他金融机构等借入的期限在 1 年以下（含 1 年）的各种借款，企业持有短期借款的目的是维持正常生产经营所需资金或抵偿债务，借款企业均需要向债权人按期偿还借款的本金及利息，在会计核算上，企业要及时、如实地反映短期借款的借入、利息的发生和本金及利息的偿还情况。

2. 短期借款的核算

（1）科目设置。

企业应通过"短期借款"科目核算短期借款的取得及偿还情况，该科目为流动负债类，贷方登记取得借款的本金数额,借方登记偿还借款的本金数额,余额在贷方,表示尚未偿还的短期借款,本科目应按债权单位设置明细账,并按照借款种类及期限等进行明细核算。

企业应通过"应付利息"科目核算短期借款利息的计提及偿还情况,该科目为流动负债类,贷方登记计提的利息,借方登记偿还借款的利息,余额在贷方,表示尚未偿还的短期借款利息,本科目应按债权单位设置明细账进行明细核算。

短期借款		应付利息	
偿还本金	借入本金	支付的利息	计提的利息
	尚未归还的本金		未支付的利息

(2)短期借款的账务处理。

① 取得短期借款。企业从银行或其他金融机构取得短期借款时,借记"银行存款"科目,贷记"短期借款"科目。

② 短期借款的利息。在实际工作中,银行一般于每季度末收取短期借款利息,到期归还借款本金,因此,按照全责发生制原则,企业的短期借款利息一般采用每月计提的方式进行核算,每月的短期借款利息属于筹资费用,应计入"财务费用"科目,借记"财务费用"科目,贷记"应付利息"科目,实际支付利息时,根据已计提的利息,借记"应付利息"科目,未计提的(支付月的利息不用计提)直接计入借记"财务费用"科目,根据应付利息总额,贷记"银行存款"科目。

如果企业的短期借款利息按月支付给银行,或者虽在到期时与本金一起偿还,但利息的金额较小,则企业可直接依据银行的计息通知将应付的短期借款利息直接计入"财务费用",即借记"财务费用"科目,贷记"银行存款"科目,不进行短期借款利息的计提。

③ 归还短期借款。企业短期借款到期偿还本金时,借记"短期借款"科目,贷记"银行存款"科目。

【例2.1】 甲施工单位于2020年1月1日向银行借入一笔生产经营用借款,共计1 000 000元,期限为9个月,年利率为6%,根据企业与银行签署的借款协议,该项借款的本金到期后一次归还,利息按季支付。该公司的借款利息按月计提,该公司的有关会计处理如下:

1月1日借入短期借款时:

借:银行存款   1 000 000
  贷:短期借款   1 000 000

1月份计提1月份应计利息时:

$$1月份应计利息 = 1\,000\,000 \times 6\%/12 = 5\,000(元)$$

借:财务费用   5 000
  贷:应付利息   5 000

2月份计提2月份应计利息时的处理与1月份相同。

3月末支付第一季度银行借款利息时:

借:财务费用   5 000
  应付利息   10 000
  贷:银行存款   15 000

第二、三季度的会计处理同上。
10月1日偿还银行借款本金时：
借：短期借款　　　　　　　　　　　　　　　　　　　　　　1 000 000
　　贷：银行存款　　　　　　　　　　　　　　　　　　　　　　1 000 000

2.1.2　长期借款会计核算

1. 长期借款的概念

长期借款是指企业向银行或其他金融机构借入的期限在1年以上（不含1年）的各种借款，一般用于固定资产的购建、改扩建工程、大修理工程、对外投资以及为了保持长期经营能力等方面。

2. 长期借款的分类

企业的长期借款可以按照不同的标准进行分类，其主要的分类有以下几种。

（1）按照借款条件的不同，可以分为抵押借款、信用借款和担保借款。抵押借款是指以企业的动产或不动产作为抵押，以保证按期还款而取得的借款；信用借款是指不以特定的抵押财产作保证，仅凭企业的良好信誉而取得的借款；担保借款是指企业通过其他具有法人资格的单位的担保而取得的借款。

（2）按照借款用途的不同，可以分为基本建设借款、技术改造借款和生产经营借款。基本建设借款是指新建、扩建、改建固定资产等有关支出的借款；技术改造借款是指用于固定资产技术及设备更新的借款；生产经营借款是指用于企业生产经营中正常周转的借款。

3. 长期借款的费用

长期借款的费用是指企业举借长期借款发生的与借入资金有关的利息费用、辅助费用（如手续费、承诺费等）以及因外币借款而发生的汇兑差额，长期借款所发生的借款费用，可能资本化为固定资产、存货、投资性房地产的成本，也可能作为当期财务费用。长期借款的利息费用，按照以下原则计入有关的成本、费用。

（1）在企业筹建期间发生的长期借款费用（符合资本化条件的借款费用除外），根据其发生额直接计入管理费用。

（2）属于生产经营期间发生的与固定资产或无形资产等购建无关的长期借款费用，计入财务费用。

（3）如果长期借款用于购建固定资产的，在固定资产达到预定可使用状态之前，所发生的借款利息支出计入在建工程成本，当购建的固定资产达到预定可使用状态之后发生的利息支出，以及按照规定不予以资本化的利息支出，计入财务费用。

（4）长期借款所发生的外币折算差额等借款费用，按照外币业务核算的有关办法，按期计算汇兑损益，计入在建工程或当期损益。

4. 长期借款的核算

（1）科目设置。

企业应通过"长期借款"科目，核算长期借款的借入、归还等情况，该科目可按照贷款单位和贷款种类设置明细账，设置"本金""利息调整""应计利息"等科目进行明细核算，该科目的贷方登记长期借款本息的增加额，借方登记本息的减少额，贷方余额表示企业尚未偿还的长期借款本金及一次性还本付息方式下的应计利息。

除此之外还要用到"财务费用""在建工程""固定资产""应付利息"以及"银行存款"等会计科目。

(2)长期借款账务处理。

① 取得长期借款的核算。企业取得长期借款时,应按照实际收到的金额,借记"银行存款"科目,贷记"长期借款——本金"科目,如存在差额,计入"长期借款——利息调整"科目。

【例2.2】 甲施工企业为增值税一般纳税人,于2019年1月1日从银行借入资金60 000 000元,借款期限为3年,年利率为5%,到期一次还本付息,不计复利,所借款项已存入银行,甲企业用该借款于当日购买不需安装的设备1套,购入价40 000 000元,增值税为5 200 000元,取得增值税专用发票,另支付保险等费用100 000元,设备已于当日投入使用,甲企业应编制如下会计分录:

取得借款:

借:银行存款　　　　　　　　　　　　　　　　　　　60 000 000
　　贷:长期借款——本金　　　　　　　　　　　　　　　　60 000 000

支付设备款保险费:

借:固定资产——设备　　　　　　　　　　　　　　　　40 100 000
　　应交税费——应交增值税(进项税额)　　　　　　　　　5 200 000
　　贷:银行存款　　　　　　　　　　　　　　　　　　　45 300 000

② 长期借款利息的核算。长期借款利息,可根据借款合同规定,采用分期支付或到期还本时一次支付,不论是分期支付还是一次支付,均应按照权责发生制原则,将应由本期负担的长期借款利息进行计提。

长期借款的利息按月计提,如到期一次支付利息,计提的借款利息属于长期负债,计入"长期借款——应计利息"账户中;按月计息,小于等于1年偿还利息的,计提的利息计入"应付利息"账户中,该账户属于流动负债账户。

长期借款利息费用应当在资产负债表日按照实际利率法计算确定,实际利率与合同利率差异较小的,也可以采用合同利率计算确定利息费用。

长期借款计算确定的利息费用,属于筹建期间的,计入管理费用,属于生产经营期间的,计入财务费用;用于购建固定资产的,在固定资产达到预定可使用状态前,所发生的利息应当资本化,计入在建工程成本,固定资产达到预定可使用状态后发生的利息支出以及按规定不予资本化的利息支出,计入财务费用。

借款利息费用资本化的条件:①资产支出已经发生;②借款费用已经发生;③为使资产达到预定可使用状态所必需的购建活动已经开始。

每月计入"管理费用""在建工程""财务费用"等科目。

利息费用=期初摊余成本×实际利率

每月确认的应付利息=本金×合同利率

【例2.3】 承接【例2.2】,甲企业采用合同利率计算利息费用,于2019年1月计提长期借款利息费用,计提的长期借款利息费用=60 000 000×5%/12=250 000(元)。

借:财务费用　　　　　　　　　　　　　　　　　　　　250 000
　　贷:长期借款——应计利息　　　　　　　　　　　　　　250 000

2019年2月至2021年12月每月月末计提利息分录同上。

③偿还长期借款本息的核算。企业偿还长期借款本息时,借记"长期借款"账户,贷记"银行存款"账户。

【例2.4】 承接【例2.2】和【例2.3】,甲企业于2021年12月31日,偿还该笔银行借款本息,甲企业应编制如下会计分录:

应计利息＝60 000 000×5％×3＝9 000 000(元)

借:长期借款——本金　　　　　　　　　　　　　　　　60 000 000
　　　　　　——应计利息　　　　　　　　　　　　　　　9 000 000
　贷:银行存款　　　　　　　　　　　　　　　　　　　69 000 000

【例2.5】 如上题,到期一次还本,每年年末付息,不计复利,乙企业的账务处理如下:

取得借款:

借:银行存款　　　　　　　　　　　　　　　　　　　60 000 000
　贷:长期借款——本金　　　　　　　　　　　　　　　60 000 000

支付设备款保险费:

借:固定资产——生产线　　　　　　　　　　　　　　40 100 000
　　应交税费——应交增值税（进项税额）　　　　　　 5 200 000
　贷:银行存款　　　　　　　　　　　　　　　　　　　45 300 000

该企业每月计息,由于该利息每年末支付,因此将利息计入"应付利息"账户中。

每月利息＝60 000 000×5％/12＝250 000(元)

借:财务费用　　　　　　　　　　　　　　　　　　　　250 000
　贷:应付利息　　　　　　　　　　　　　　　　　　　　250 000

2019年2月到12月计提长期借款利息分录同上。

乙企业于2019年12月31日支付长期借款利息时:

借:应付利息　　　　　　　　　　　　　　　　　　　 3 000 000
　贷:银行存款　　　　　　　　　　　　　　　　　　　 3 000 000

2020～2021年计提和支付利息同上。

2021年12月31日,乙企业偿还该笔银行借款本金时:

借:长期借款——本金　　　　　　　　　　　　　　　60 000 000
　贷:银行存款　　　　　　　　　　　　　　　　　　　60 000 000

【例2.6】 甲企业为一般纳税人,于2019年1月1日从银行借入资金3 000 000元,借款期限为3年,前两年用于在建工程,借款年利率为6.9％,到期一次还本付息,不计复利,所借款项存入银行。

甲企业采用合同利率计算利息费用,利息按年计提,其他资料略。

取得借款:

借:银行存款　　　　　　　　　　　　　　　　　　　 3 000 000
　贷:长期借款——本金　　　　　　　　　　　　　　　 3 000 000

第一年计息:

借:在建工程　　　　　　　　　　　　　　　　　　　　 207 000
　贷:长期借款——应计利息　　　　　　　　　　　　　　 207 000

第二年计息:
借:在建工程 207 000
  贷:长期借款——应计利息 207 000
第三年计息:
借:财务费用 207 000
  贷:长期借款——应计利息 207 000
3年后到期一次还本付息:
借:长期借款——本金 3 000 000
       ——应计利息 621 000
  贷:银行存款 3 621 000

长期借款——本金		长期借款——应计利息		在建工程	
3 000 000	3 000 000	621 000	207 000	207 000	
			207 000	207 000	
			207 000		

财务费用	
207 000	

2.1.3 应付债券会计核算

1. 应付债券的概念

应付债券是指企业为筹集资金而对外发行的期限在1年以上的具有长期借款性质的书面证明,是一种约定在一定期限内还本付息的书面承诺,其特点是期限长、数额大、到期无条件支付本息。

2. 应付债券的发行价格

债券的发行价格主要取决于债券发行时的市场利率,所谓市场利率是指债券发行时金融市场上资金供求双方竞争形成的利率(相当于同期银行存款利率),由于企业发行债券时票面利率可能等于市场利率,也可能高于或低于市场利率,因此,企业发行债券可按照以下3种方式确定价格。

(1)面值发行。

当企业债券的票面利率与发行时的市场利率相同时,债券发行价格等于债券面值,企业债券就可按照面值发行,即平价发行。

(2)溢价发行。

当企业债券的票面利率高于发行时的市场利率时,债券发行价格就会高于债券面值,债券发行价格高于债券面值的差额称为债券溢价,债券在溢价发行时,债券购买者因溢价而多付出的价款,可以从以后各期多得的利息收入中获得补偿,而债券发行企业因溢价多得的收入,实质上是对企业各期多付利息的一种补偿,也是对债券利息费用一项调整,因此不能将债券溢价视为发行时的收益,而应在债券还款期限内,通过分期摊销陆续冲减企业债券的利息费用。

(3)折价发行。

当企业债券的票面利率低于发行时的市场利率时,债券发行价格就会低于债券面值,债券发行价格低于债券面值的差额称为债券折价,债券在折价发行时,债券购买者因折价而少付出的价款,是对以后各期少得利息收入的预先补偿,而债券发行企业因折价少得的收入,实质上是预先付给债券购买者的利息,它可以从以后各期少付利息中获得补偿,因而同样是对债券利息费用的一项调整,企业债券折价应在债券还款期限内分期摊销,陆续增加企业债券的利息费用。

3. 应付债券的核算

(1)科目设置。

企业发行的长期债券应设置"应付债券"账户进行核算,该科目属于非流动负债,并设置"面值""利息调整""应计利息"等明细科目,按照债券种类对应付债券进行明细核算,该账户核算的是企业为筹集长期资金而实际发行的债券及应付利息,贷方登记应付债券的本金和利息,借方登记归还应付债券的本金和利息,期末贷方余额反映企业尚未偿付的债券本息。

应付债券——面值

偿还的面值	应付债券面值
	未到期的面值

应付债券——利息调整

发行债券形成的折价	发行债券形成的溢价
分摊的溢价	分摊的折价
	债券到期,该账户余额为零

应付利息

分期支付的利息	每月计提的利息
	债券到期,该账户余额为零

应付债券——应计利息

到期一次性支付的利息	每月计提的利息
	债券到期,该账户余额为零

(2)应付债券的账务处理。

① 发行债券的核算。企业发行的一般公司债券,无论是按照面值发行,还是按照溢价发行或折价发行,均按照债券面值计入"应付债券——面值"明细科目,实际收到的款项与面值的差额计入"应付债券——利息调整"明细科目,按照实际收到的款项,借记"银行存款""库存现金"等科目,按照债票面价值,贷记"应付债券——面值"科目,按照实际收到的款项与面值之间的差额,贷记或借记"应付债券——利息调整"科目。

② 债券利息的核算。资产负债表日利息调整应在债券存续期间内采用实际利率法进行摊销。

对于分期付息、一次还本的债券,企业每月应按照年初应付债券的摊余成本和实际利率计算债券利息费用并计提利息费用,借记"在建工程""财务费用"等科目,按照票面面值和票面利率计算应付未付利息,贷记"应付利息"科目,按照其差额,借记或贷记"应付债券——利息调整"科目。

对于到期一次还本付息的债券,企业每月应按照年初应付债券的摊余成本和实际利率计算债券利息费用并计提利息费用,借记"在建工程""制造费用""财务费用"等科目,按照票面面值和票面利率计算应付未付利息,贷记"应付债券——应计利息"科目,按照其差额,借记或贷记"应付债券——利息调整"科目。

"应付债券——利息调整"科目在债券的存续期间分摊,该科目摊销完毕,余额为零。

③ 债券偿还本息的核算。对于分期付息、一次还本的债券,在每期支付利息时,借记"应付利息"科目,贷记"银行存款"科目,债券到期偿还本金并支付最后一期利息时,借记"应付债券——面值""在建工程""财务费用"等科目,贷记"银行存款"科目,按照借贷双方之间的差额,借记或贷记"应付债券——利息调整"科目。

对于一次还本付息的债券,企业应于债券到期支付债券本息时,借记"应付债券——面值""应付债券——应计利息"科目,贷记"银行存款"科目。

【例2.7】 甲施工企业于2017年1月1日发行了票面利率为5%、期限为5年的分期付息、一次还本的债券2 000万元,债券利息在每年年末支付,假定债券发行时的市场利率为4%,公司实际所筹款项全部用于生产经营,根据上述资料,计算债券的发行价格、采用实际利率和摊余成本计算每年的利息费用并编制债券发行、计息、付息和到期还本的账务处理。

债券的发行价格 = 2 000×5%(P/A,4%,5)+2 000(A/F,4%,5) = 2 088.98(万元)

采用实际利率和摊余成本计算利息费用情况见表2.1。

表2.1 采用实际利率和摊余成本计算利息费用情况　　　　　　　　单位:万元

日期	实际利息费用 (1)=期初摊余成本×4%	现金流出 (2)	期初摊余成本余额 (3)
2017年1月1日			2 088.98
2017年12月31日	83.559 2	100	2 072.539 2
2018年12月31日	82.901 568	100	2 055.440 768
2019年12月31日	82.217 631	100	2 037.658 399
2020年12月31日	81.506 336	100	2 019.164 735

续表 2.1

日期	实际利息费用 (1)=期初摊余成本×4%	现金流出 (2)	期初摊余成本余额 (3)
2021年12月31日	80.835 265	100	2 000
小计	411.02	500	2 000
2021年12月31日	—	2 000	0
合计	—	2 500	—

2017年1月1日收到债券款时,编制会计分录如下:

借:银行存款　　　　　　　　　　　　　　　　　　　　20 889 800
　　贷:应付债券——面值　　　　　　　　　　　　　　　20 000 000
　　　　　　　——利息调整　　　　　　　　　　　　　　　 889 800

2017年每月计提利息费用,编制会计分录如下:

　　　　　每月利息费用=83.559 2/12=6.963 267(万元)

借:财务费用　　　　　　　　　　　　　　　　　　　　 69 632.67
　　应付债券——利息调整　　　　　　　　　　　　　　　13 700.66
　　贷:应付利息　　　　　　　　　　　　　　　　　　　 83 333.33

2017年末支付全年利息时,编制会计分录如下:

借:应付利息　　　　　　　　　　　　　　　　　　　　 1 000 000
　　贷:银行存款　　　　　　　　　　　　　　　　　　　 1 000 000

2018年每月计提利息费用,编制会计分录如下:

　　　　　每月利息费用=82.901 568/12=6.908 464(万元)

借:财务费用　　　　　　　　　　　　　　　　　　　　 69 084.64
　　应付债券——利息调整　　　　　　　　　　　　　　　14 248.69
　　贷:应付利息　　　　　　　　　　　　　　　　　　　 83 333.33

2018年末支付全年利息时,编制会计分录如下:

借:应付利息　　　　　　　　　　　　　　　　　　　　 1 000 000
　　贷:银行存款　　　　　　　　　　　　　　　　　　　 1 000 000

2019年每月计提利息费用,编制会计分录如下:

　　　　　每月利息费用=82.217 631/12=6.851 469(万元)

借:财务费用　　　　　　　　　　　　　　　　　　　　 68 514.69
　　应付债券——利息调整　　　　　　　　　　　　　　　14 818.64
　　贷:应付利息　　　　　　　　　　　　　　　　　　　 83 333.33

2019年末支付全年利息时,编制会计分录如下:

借:应付利息　　　　　　　　　　　　　　　　　　　　 1 000 000
　　贷:银行存款　　　　　　　　　　　　　　　　　　　 1 000 000

2020年每月计提利息费用,编制会计分录如下:

　　　　　每月利息费用=81.506 336/12=6.792 195(万元)

借:财务费用 67 921.95
　　应付债券——利息调整 15 411.38
　贷:应付利息 83 333.33

2020 年末支付全年利息时,编制会计分录如下:
借:应付利息 1 000 000
　贷:银行存款 1 000 000

2021 年每月计提利息费用,编制会计分录如下:
每月利息费用＝80.835 265/12＝6.736 272(万元)

最后一年的"应付债券——利息调整"账户金额倒挤,使该账户清零。
借:财务费用 67 362.72
　　应付债券——利息调整 15 970.63
　贷:应付利息 83 333.35

2021 年末支付全年利息时,编制会计分录如下:
借:应付利息 1 000 000
　贷:银行存款 1 000 000

2021 年末支付本金时,编制会计分录如下:
借:应付债券——面值 20 000 000
　贷:银行存款 20 000 000

【例 2.8】 若【例 2.7】中该施工企业发行的公司债券改为一次还本付息的,则该公司的账务处理如下:

债券的发行价格＝2 000×5％×(P/F,4％,5)＋2 000(P/F,4％,5)＝2 054.75(万元)

采用实际利率和摊余成本计算利息费用情况见表 2.2。

表 2.2　采用实际利率和摊余成本计算利息费用情况　　　　　　　　单位:万元

日期	现金流出 (1)	实际利息费用 (2)＝期初摊余成本×4％	摊余成本余额 (4)
2017 年 1 月 1 日			2 054.75
2017 年 12 月 31 日	—	82.19	2 136.94
2018 年 12 月 31 日	—	85.477 6	2 222.417 6
2019 年 12 月 31 日	—	88.896 704	2 311.314 304
2020 年 12 月 31 日	—	92.452 572	2 403.766 876
2021 年 12 月 31 日	—	96.233 124	2 500
小计			—
2021 年 12 月 31 日	2 500	—	0
合计	2 500	—	—

2017 年 1 月 1 日收到债券款时,编制会计分录如下:
借:银行存款 20 547 500
　贷:应付债券——面值 20 000 000

　　　　——利息调整　　　　　　　　　　　　　　　　　　　　547 500

2017年每月计提利息费用,编制会计分录如下:

$$每月利息费用=82.19/12=6.963\ 267(万元)$$

　　借:财务费用　　　　　　　　　　　　　　　　　　　68 491.67
　　　　应付债券——利息调整　　　　　　　　　　　　　14 841.66
　　　　贷:应付债券——应计利息　　　　　　　　　　　83 333.33

2018年每月计提利息费用,编制会计分录如下:

$$每月利息费用=85.477\ 6/12=7.123\ 133(万元)$$

　　借:财务费用　　　　　　　　　　　　　　　　　　　71 231.33
　　　　应付债券——利息调整　　　　　　　　　　　　　12 102.00
　　　　贷:应付债券——应计利息　　　　　　　　　　　83 333.33

2019年每月计提利息费用,编制会计分录如下:

$$每月利息费用=88.896\ 704/12=7.408\ 059(万元)$$

　　借:财务费用　　　　　　　　　　　　　　　　　　　74 080.59
　　　　应付债券——利息调整　　　　　　　　　　　　　 9 252.74
　　　　贷:应付债券——应计利息　　　　　　　　　　　83 333.33

2020年每月计提利息费用,编制会计分录如下:

$$每月利息费用=92.452\ 572/12=7.704\ 381(万元)$$

　　借:财务费用　　　　　　　　　　　　　　　　　　　77 043.81
　　　　应付债券——利息调整　　　　　　　　　　　　　 6 289.52
　　　　贷:应付债券——应计利息　　　　　　　　　　　83 333.33

2021年每月计提利息费用,编制会计分录如下:

$$每月利息费用=96.233\ 124/12=8.019\ 427(万元)$$

最后一年的"应付债券——利息调整"账户金额倒挤,使该账户清零。

　　借:财务费用　　　　　　　　　　　　　　　　　　　80 194.27
　　　　应付债券——利息调整　　　　　　　　　　　　　 3 139.08
　　　　贷:应付债券——应计利息　　　　　　　　　　　83 333.35

2021年末支付债券的本息时,编制会计分录如下:

　　借:应付债券——面值　　　　　　　　　　　　　　20 000 000
　　　　　　　　——应计利息　　　　　　　　　　　　 5 000 000
　　　　贷:银行存款　　　　　　　　　　　　　　　　25 000 000

2.1.4　融资租赁业务核算

1. 主要核算内容

租赁已成为解决企业资金来源的一种筹资方式,企业资产的租赁有经营租赁和融资租赁两种,经营租赁是指以提供设备等资产的短期使用权为特征的租赁形式。融资租赁是以融资为目的,从而最终获得租赁资产所有权的一种租赁形式。

二者的区别体现在以下几方面。

(1)租赁程序不同。

经营租赁出租的设备由租赁公司根据市场需要选定,然后再寻找承租企业,而融资租赁出租的设备由承租企业提出要求购买或由承租企业直接从制造商或销售商那里选定。

(2)租赁期限不同。

经营租赁期较短,短于资产有效使用期,而融资租赁的租赁期较长,接近于资产的有效使用期。

(3)设备维修、保养的责任方不同。

经营租赁由租赁公司负责,而融资租赁由承租方负责。

(4)租赁期满后设备处置方法不同。

经营租赁期满后,承租资产由租赁公司收回,而融资租赁期满后,企业可以很少的"名义货价"(相当于设备残值的市场售价)留购。

(5)租赁的实质不同。

经营租赁实质上并没有转移与资产所有权有关的全部风险和报酬,而融资租赁的实质是将与资产所有权有关的全部风险和报酬转移给了承租人。

2. 科目设置

(1)"长期应付款"科目。

"长期应付款"科目主要核算的是企业在较长时间内应付的款项,指对其他单位发生的付款期限在1年以上的长期负债。

会计业务中的长期应付款主要是指除了长期借款和应付债券以外的其他多种长期应付款。主要包括:应付补偿贸易引进设备款、采用分期付款方式购入固定资产和无形资产发生的应付账款、应付融资租入固定资产租赁费等。

如:补偿贸易方式引进设备时,企业可先取得设备,设备投产后,用其生产的产品归还设备价款。而融资租赁实质上是一种分期付款购入固定资产的形式。补偿贸易引进国外设备和融资租入固定资产,在偿还价款或支付完租赁费用前,也就必然形成企业的一项长期负债。

长期应付款

按期支付的本息	应支付的租赁费本息
	未支付的租赁费本息

(2)"未确认融资费用"科目。

负债类,由于融资而应承担的利息支出在租赁期内分摊(分摊一般计入"财务费用")。

未确认融资费用

按期摊销的类型	待摊销利息
	未摊销利息

最低租赁付款额是指租赁期内承租人应支付或可能被要求支付的款项,加上由承租人或与其有关的第三方担保的资产余值。最低租赁付款额现值就是融资的本金。

3. 账务处理

【例 2.9】 2019 年 1 月 1 日,甲施工单位与 B 公司签订了一份租赁合同。合同主要条款:租赁标的物为塔吊;租赁期开始日:2019 年 1 月 1 日;租赁期:36 个月;租金支付方式:每年年末支付租金 1 900 000 元;租赁合同规定的年利率为 8%。(与实际利率相符);该塔吊为全新设备,估计使用年限为 5 年,不需安装调试;甲施工单位在签合同过程中发生手续费和差旅费 19 800 元。2022 年 1 月 1 日,塔吊退还 B 公司。

计算最低付款额现值,并确定租赁资产的入账价值:

最低租赁付款额=各期租金之和+承租人担保的资产余值=1 900 000×3+0=5 700 000(元)

最低租赁付款额现值=1 900 000×(P/A,8%,3)=1 900 000×2.577 1=4 896 490(元)

租赁资产的入账价值=现值+初始直接费用= 4 896 490+19 800=4 916 290(元)

计算未确认融资费用:

未确认融资费用(利息)=最低租赁付款额−最低租赁付款额现值(现值)
=5 700 000−4 896 490=803 510(元)

借:固定资产——融资租入固定资产　　　　　　　　　　　　4 916 290
　　未确认融资费用　　　　　　　　　　　　　　　　　　　803 510
　　贷:长期应付款——B 公司租赁款　　　　　　　　　　　5 700 000
　　　　银行存款　　　　　　　　　　　　　　　　　　　　　19 800

采用实际利率法分摊未确认融资费用(8%):

各期未确认融资费用摊销金额=(期初长期应付款的余额−
期初未确认融资费用的余额)×实际利率

2019 年 1~12 月,累计分摊的未确认融资费用:

(5 700 000−803 510)×8%=391 719.20(元)

借:财务费用　　　　　　　　　　　　　　　　　　　　　　391 719.20
　　贷:未确认融资费用　　　　　　　　　　　　　　　　　391 719.20

2019 年 12 月 31 日,支付第一期租金:

借:长期应付款　　　　　　　　　　　　　　　　　　　　　1 900 000
　　贷:银行存款　　　　　　　　　　　　　　　　　　　　1 900 000

2019 年累计计提 11 个月的折旧:

累计计提折旧的金额= 4 916 290/3/12 ×11=1 502 199.72(元)

借:合同履约成本——工程施工——机械使用费　　　　　　　1 502 199.72
　　贷:累计折旧　　　　　　　　　　　　　　　　　　　　1 502 199.72

2020 年 1~12 月,累计分摊未确认融资费用:

[(5 700 000−1 900 000)−(803 510−391 719.20)]×8%≈271 056.74（元）

借:财务费用　　　　　　　　　　　　　　　　　　　　　　271 056.74
　　贷:未确认融资费用　　　　　　　　　　　　　　　　　271 056.74

2020 年 12 月 31 日,支付第二期租金:

借:长期应付款　　　　　　　　　　　　　　　　　　　　　1 900 000
　　贷:银行存款　　　　　　　　　　　　　　　　　　　　1 900 000

2020年累计计提12个月的折旧：
　　　　累计计提折旧的金额＝4 916 290/3≈1 638 763.33(元)
借：合同履约成本——工程施工——机械使用费　　　1 638 763.33
　　贷：累计折旧　　　　　　　　　　　　　　　　　　　1 638 763.33
2021年1～12月倒挤累计分摊未确认融资费用：
　　　　(803 510－391 719.20－271 056.74)＝140 734.06(元)
借：财务费用　　　　　　　　　　　　　　　　　　140 734.06
　　贷：未确认融资费用　　　　　　　　　　　　　　　　140 734.06
2021年累计计提12个月的折旧：
　　　　累计计提折旧的金额＝4 916 290/3≈1 638 763.33(元)
借：合同履约成本——工程施工——机械使用费　　　1 638 763.33
　　贷：累计折旧　　　　　　　　　　　　　　　　　　　1 638 763.33
2022年1月1日计提折旧，金额倒挤：
借：合同履约成本——工程施工——机械使用费　　　136 563.62
　　贷：累计折旧　　　　　　　　　　　　　　　　　　　136 563.62
同时2022年1月1日到期退还设备。
借：累计折旧　　　　　　　　　　　　　　　　　　4 916 290
　　贷：固定资产——融资租入固定资产　　　　　　　　　4 916 290

银行存款		长期应付款		未确认融资费用	
	1 900 000	1 900 000	5 700 000	803 510	391 719.20
	1 900 000	1 900 000	1 900 000		271 056.74
	1 900 000	1 900 000	1 900 000		140 734.06
			0		0

固定资产——融资租入固定资产		累计折旧		合同履约成本——工程施工	
4 916 290	4 916 290	4 916 290	1 502 199.72	1 502 199.72	
	0		1 638 763.33	1 638 763.33	
			1 638 763.33	1 638 763.33	
			136 563.62	136 563.62	
			0		

财务费用	
391 719.2	
271 056.74	
140 734.06	

练 习 题

一、单选题

1. 甲公司在2022年1月1日向银行借入一笔生产经营用短期借款,本金1 200 000元,期限9个月,年利率4%。根据与银行签署的借款协议,到期还本,利息按月计提、按季支付,则3月末计入"应付利息"科目的金额为( )元。

  A. 2 000   B. 12 000   C. 4 000   D. 8 000

2. 2021年9月1日,某企业向银行借入一笔期限2个月,到期一次还本付息的生产经营周转借款200 000元,年利率6%。借款利息不采用预提方式,于实际支付时确认。11月1日,企业以银行存款偿还借款本息的会计处理正确的是( )元。

  A. 借:短期借款   200 000
    财务费用   1 000
     贷:银行存款   201 000

  B. 借:短期借款   200 000
    应付利息   1 000
    财务费用   1 000
     贷:银行存款   202 000

  C. 借:短期借款   200 000
    财务费用   2 000
     贷:银行存款   202 000

  D. 借:短期借款   202 000
     贷:银行存款   202 000

3. 短期借款利息应计入( )科目。

  A. 管理费用   B. 销售费用   C. 制造费用   D. 财务费用

4. 某公司2021年7月1日向银行借入资金60万元,期限6个月,年利率为6%,到期还本,按月计提利息,按季付息。该企业7月31日应计提的利息为( )万元。

  A. 0.3   B. 0.6   C. 0.9   D. 3.6

5. 2021年1月1日,某企业向银行借入资金600 000元,期限为6个月,年利率为5%,借款利息分月计提,按季支付,本金到期一次归还。下列各项中,2021年6月30日,该企业支付借款利息的会计处理正确的是( )。

  A. 借:财务费用   5 000
    应付利息   2 500
     贷:银行存款   7 500

  B. 借:财务费用   7 500
     贷:银行存款   7 500

  C. 借:应付利息   7 500
     贷:银行存款   7 500

D. 借：财务费用　　　　　　　　　　　　　　　　2 500
　　应付利息　　　　　　　　　　　　　　　　　5 000
　　　贷：银行存款　　　　　　　　　　　　　　　　　　7 500

6. 2021 年 9 月 1 日，某企业向银行借入资金 350 万元用于生产经营，借款期限为 3 个月，年利率 6%，到期一次还本付息，利息按月计提。下列各项中，关于该借款相关科目的会计处理结果正确的是(　　)。

A. 借入时，借记"短期借款"科目 350 万元
B. 每月预提借款利息时，贷记"财务费用"科目 5.25 万元
C. 每月预提借款利息时，借记"应付利息"科目 1.75 万元
D. 借款到期归还本息时，贷记"银行存款"科目 355.25 万元

7. 甲企业为增值税一般纳税人，于 2021 年 11 月 30 日从银行借入资金 3 000 000 元，借款期限为 3 年，年利率为 4.8%（到期一次还本付息，不计复利），所借款项已存入银行。甲企业取得借款时应编制如下会计分录(　　)。

A. 借：银行存款　　　　　　　　　　　　　　　　3 000 000
　　　贷：长期借款——本金　　　　　　　　　　　　　3 000 000
B. 借：长期借款——本金　　　　　　　　　　　　　3 000 000
　　　贷：银行存款　　　　　　　　　　　　　　　　　3 000 000
C. 借：银行存款　　　　　　　　　　　　　　　　3 000 000
　　　贷：短期借款　　　　　　　　　　　　　　　　　3 000 000
D. 借：短期借款　　　　　　　　　　　　　　　　3 000 000
　　　贷：银行存款　　　　　　　　　　　　　　　　　3 000 000

8. 某企业为增值税一般纳税人，于 2021 年 11 月 30 日从银行借入资金 200 000 元，借款期限为 2 年，年利率为 4.8%（到期一次还本付息，不计复利）。该企业于 2021 年 12 月 31 日计提长期借款利息时，应编制的会计分录为(　　)。

A. 借：财务费用　　　　　　　　　　　　　　　　800
　　　贷：长期借款——应计利息　　　　　　　　　　　800
B. 借：财务费用　　　　　　　　　　　　　　　　800
　　　贷：应付利息　　　　　　　　　　　　　　　　　800
C. 借：财务费用　　　　　　　　　　　　　　　　9 600
　　　贷：长期借款——应计利息　　　　　　　　　　　9 600
D. 借：财务费用　　　　　　　　　　　　　　　　9 600
　　　贷：应付利息　　　　　　　　　　　　　　　　　9 600

9. 下列各项中，核算长期借款可能涉及的科目有(　　)。

A. 长期借款——利息调整　　　B. 长期借款——本金
C. 长期借款——应计利息　　　D. 应付利息

10. 下列各项中，关于应付债券的会计处理表述不正确的是(　　)。

A. 发行债券时，按照实际收到的金额，贷记"应付债券——面值"科目
B. 资产负债表日，按照面值和票面利率计算的应付利息，贷记"应付利息"或"应付债券——应计利息"科目

C. 发行债券时,实际收到的金额和债券票面金额的差额计入应付债券——利息调整
D. 企业发行长期债券,应采用实际利率法按期计提利息

二、多选题

1. 下列各项中,属于短期借款的特点的有( )。
   A. 成本高   B. 时间短   C. 利息低   D. 金额小
2. 下列各项关于企业超过正常信用条件延期付款购入固定资产的账务处理中正确的有( )。
   A. 按应支付价款的总额贷记"长期应付款"科目
   B. 按购买价款的现值借记"固定资产"科目
   C. 应支付价款的总额和购买价款的现值之间的差额借记"未确认融资费用"科目
   D. 采用直线法对各期实际支付的价款之和与其现值之间的差额进行摊销

三、判断题

1. 短期借款利息在预提或实际支付时均应通过"短期借款"科目核算。( )
2. 企业短期借款利息一定通过预提方式进行会计核算。( )
3. 长期借款利息费用应当在资产负债表日按照实际利率法计算确定,实际利率与合同利率差异较小的,也可以采用实际利率计算确定利息费用。( )
4. 企业向银行或其他金融机构借入的期限在1年以上(不含1年)的各种款项所发生的利息均应计入财务费用。( )
5. 长期应付款科目的贷方登记发生的长期应付款,借方登记偿还的应付款项,期末贷方余额反映企业尚未偿还的长期应付款。( )
6. 以分期付款方式购入固定资产发生的应付款项通过"应付账款"科目核算。( )

四、业务题

1. A企业于2020年1月1日发行三年期、到期一次还本付息、票面年利率为8%(不计复利)、发行面值总额为30 000 000元的债券,假定票面利率等于实际利率,债券按面值发行。假设甲企业发行债券所筹资金于当日用于建造固定资产,至2020年12月31日工程完工,要求做出收到债券资金、各月计息以及到期还本付息的账务处理。
2. 承上题,假设该施工企业每年末付息,到期归还本金,要求做出收到债券资金、各月计息、年末付息以及到期还本付息的账务处理。
3. 2019年1月1日,甲公司经批准发行5年期一次还本、分期付息的公司债券60 000 000元,债券利息在每年12月31日支付,票面利率6%。假设实际利率5%(市场利率),甲施工企业按实际利率法计算利息费用。要求:
   (1)计算发行价格(查年金现值系数表及复利现值系数表)。
   (2)计算各年的利息费用。
   (3)做出收到债券资金、各年计息、付息以及偿还本金的账务处理。
4. 某公司因流动资金短缺于2022年10月1日向银行借入短期借款480 000元,期限5个月,年利率10%。按月计提利息,到期一次还本付息,根据经济业务编制会计分录。
5. 甲企业为一般纳税人,于2019年1月1日从银行借入资金6 000 000元,借款期限为3年,该借款用于企业办公用房的建设,年利率为5%,到期一次还本付息,不计复利,所借款

项存入银行。该办公用房建设期2年完工投入使用,借款费用按照合同利率计算,根据以上资料做出该企业借款、计息以及还本付息的会计处理。

如上述企业银行借款利息每季末利息支付,到期偿还本金,其他资料如上,做出该企业借款、计息以及还本付息的会计处理。

6.甲公司为一般纳税人,收到乙公司作为资本投入的不需要安装的生产用机器设备一台,合同约定该机器设备的价值3 000 000元,增值税进项税额390 000元并收到专用发票,经约定,甲公司接受乙公司的投入资本为3 390 000元,占甲公司注册资本10 000 000元的20%,合同约定固定资产价值与公允价值相符,不考虑其他因素。要求做出账务处理。

7.甲公司收到A公司作为资本投入的专利技术1项,该专利技术投资合同约定价值为110 000元;作为资本投入的土地使用权1项,投资合同约定价值为500 000元,占甲公司注册资本2 000 000元的20%。要求根据上述资料,做出账务处理。

8.某公司因流动资金短缺于2020年10月1日向银行借入短期借款240 000元,期限5月,年利率10%。按月计提利息,到期一次还本付息。要求做出该公司借款、计息、还本付息的会计处理。

9.甲企业为一般纳税人,于2019年12月30日从银行借入资金9 000 000元,前两年用于在建工程,借款期限为3年,借款年利率为6.9%,到期一次还本付息,不计复利,所借款项存入银行。其他资料略。要求根据上述资料,做出账务处理。

10.2019年12月28日,甲公司与乙公司签订了一份租赁合同。合同主要条款如下:租赁标的物为推土机。租赁期开始日:2020年1月1日。租赁期:48个月。租金支付方式:每年年末支付租金900 000元,租赁合同规定的利率为6%(实际利率),该推土机为全新设备,估计使用年限为5年,不需安装调试。甲公司在签合同过程中发生手续费和差旅费等费用30 000元。2021年12月31日,推土机退还乙公司。

要求:计算最低付款额现值,并确定租赁资产的入账价值;计算未确认融资费用、各年融资费用的分摊、各年计提折旧以及各年相关的账务处理。

任务2.2 施工企业权益性融资的会计核算

教学目标:
1.理解实收资本(股本)、资本公积、盈余公积及未分配利润的含义及相关的账户设置。
2.掌握实收资本(股本)、资本公积、盈余公积及未分配利润相关的账务处理。

2.2.1 实收资本(股本)的核算

1.实收资本(股本)的科目设置

股份有限公司应设置"股本"科目,核算公司实际发行股票的面值总额,除股份有限公司外,其他企业应设置"实收资本"科目,核算投资者投入资本的增减变动情况。"股本""实收资本"属于所有者权益类账户。"股本""实收资本"核算企业的注册资本,即"股本""实收资本"余额就是企业注册资本的数额。

实收资本（股本）	
实收资本（股本）减少	实收资本（股本）增加
	实收资本（股本）余额

2. 实收资本（或股本）的账务处理

（1）实收资本（或股本）取得的核算。

①接受现金资产投资。股份有限公司发行股票收到现金资产时，应以实际收到的金额，借记"银行存款"等科目，按照每股股票面值和发行股份总额的乘积计算的金额，我国规定股票的面值均为每股 1 元，贷记"股本"科目，实际收到的金额与该股本之间的差额贷记"资本公积——股本溢价"科目，股份有限公司发行股票发生的手续费、佣金等交易费用，应从溢价中抵扣，冲减"资本公积——股本溢价"科目，股份有限公司以外的企业接受现金投资时，应以实际收到的金额，借记"银行存款"等科目，按照投资合同或协议约定的投资者在企业注册资本中所占的份额，贷记"实收资本"科目，企业实际收到的金额超过投资者在企业注册资本中所占的份额部分，贷记"资本公积——资本溢价"科目。

【例 2.10】 甲施工企业注册资本为 20 000 000 元，根据合同约定该企业收到乙企业投入的货币资金 5 000 000 元，占甲企业注册资本的 25%，该款项全部存入企业的开户银行，根据上述业务编制如下会计分录：

借：银行存款　　　　　　　　　　　　　　　　　　　　5 000 000
　　贷：实收资本——乙企业　　　　　　　　　　　　　　5 000 000

若上例中，乙企业投入的货币资本 5 000 000 元是甲公司注册资本的 5%，则账务处理如下：

借：银行存款　　　　　　　　　　　　　　　　　　　　5 000 000
　　贷：实收资本——乙企业　　　　　　　　　　　　　　1 000 000
　　　　资本公积——资本溢价　　　　　　　　　　　　　4 000 000

【例 2.11】 甲施工企业为股份有限公司，委托某证券公司代理发行普通股 10 000 000 股，每股面值 1 元，每股发行价格 4 元，假定甲股份有限公司按照发行收入的 1% 向证券公司支付发行费用，证券公司从发行收入中抵扣，股票发行成功，股款已划入甲股份有限公司的银行账户，甲股份有限公司的账务处理如下：

股票发行费用＝10 000 000×4×1%＝400 000（元）
股本金额＝股数×面值＝10 000 000×1＝10 000 000（元）
实际收到的股款＝10 000 000×4－400 000＝39 600 000（元）

借：银行存款　　　　　　　　　　　　　　　　　　　　396 000 000
　　贷：股本　　　　　　　　　　　　　　　　　　　　　10 000 000
　　　　资本公积——股本溢价　　　　　　　　　　　　　29 600 000

②接受非现金资产投资。企业接受固定资产、无形资产等非现金资产投资时，应按照投资合同或协议约定的价值（不公允的除外）作为固定资产、无形资产的入账价值，按照投资合同或协议约定的投资者在企业注册资本或股本中所占份额的部分作为实收资本或股本入账，投资合同或协议约定的价值超过投资者在企业注册资本或股本中所占份额的部分，计入"资本公积——资本溢价"。

【例2.12】 甲施工企业为一般纳税人,注册资本为20 000 000元,根据合同约定投资者乙公司投入不需要安装的设备1台,设备双方确认的价值为5 000 000元,增值税650 000元,取得增值税专用发票,乙公司占该企业注册资本的份额为20%,甲公司在进行会计处理时,应编制如下会计分录:

借:固定资产　　　　　　　　　　　　　　　　　　　　　　5 000 000
　　应交税费——应交增值税(进项税额)　　　　　　　　　　650 000
　贷:实收资本——乙公司　　　　　　　　　　　　　　　　4 000 000
　　　资本公积——资本溢价　　　　　　　　　　　　　　　1 650 000

【例2.13】 甲施工企业为一般纳税人,于设立时收到乙公司作为资本投入的一批原材料,该批原材料投资合同或协议约定价值(不含可抵扣的增值税进项税额部分)为800 000元,增值税进项税额为104 000元,乙公司已开具了增值税专用发票,假设合同约定的价值与公允价值相符,该进项税额允许抵扣,甲公司在进行会计处理时,应编制如下会计分录:

借:原材料　　　　　　　　　　　　　　　　　　　　　　　800 000
　　应交税费——应交增值税(进项税额)　　　　　　　　　　104 000
　贷:实收资本——乙公司　　　　　　　　　　　　　　　　　904 000

【例2.14】 甲施工企业为一般纳税人,收到乙投资单位作为资本投入的专利权一项,双方协议约定价值为1 000 000元,税额60 000元并取得增值税专用发票,并且该约定价值是公允的,应编制如下会计分录:

借:无形资产——专利权　　　　　　　　　　　　　　　　1 000 000
　　应交税费——应交增值税(进项税额)　　　　　　　　　　60 000
　贷:实收资本——乙公司　　　　　　　　　　　　　　　　1 060 000

③实收资本(或股本)增加的核算。根据我国法律规定,企业经有关部门批准,可以增加注册资本,企业增加注册资本一般有3个途径:一是将资本公积转为实收资本或者股本;二是将盈余公积转为实收资本;三是投资者(包括企业原投资者)追加投资。

a.企业的资本公积的用途是转增资本,将资本公积转为实收资本或者股本,会计上应借记"资本公积——资本溢价"或"资本公积——股本溢价"科目,贷记"实收资本"或"股本"科目。

【例2.15】 乙施工企业为了扩大生产规模,经批准将资本公积(资本溢价)20 000 000元转增资本,应编制如下会计分录:

借:资本公积——资本溢价　　　　　　　　　　　　　　20 000 000
　贷:实收资本　　　　　　　　　　　　　　　　　　　　20 000 000

b.盈余公积的作用是弥补亏损和转增资本,企业将盈余公积转为实收资本或者股本,在会计上应借记"盈余公积"科目,贷记"实收资本"或"股本"科目。

资本公积和盈余公积均属所有者权益,转为实收资本时,如为独资企业,直接结转即可,如为股份公司或有限责任公司,应按照原投资者所持股份同比例增加各股东的股权。

【例2.16】 甲施工企业为股份有限公司,按股东大会决议,办理增资手续,将法定公积金5 000 000元转增普通股股本,应编制如下会计分录:

借:盈余公积——法定盈余公积　　　　　　　　　　　　　5 000 000
　贷:股本　　　　　　　　　　　　　　　　　　　　　　　5 000 000

c. 投资者追加投资,企业按照规定增资扩股,接受原股东追加投资和新增加的投资者投资时,应按照实际收到的款项或其他资产,借记"银行存款""固定资产""原材料"等科目,按照增加的实收资本或股本金额,贷记"实收资本"或"股本"科目,实际收到新增加的投资者投入企业的资产超过其在该企业注册资本中所占份额的部分,贷记"资本公积——资本溢价"或"资本公积——股本溢价"科目。

【例 2.17】 某施工企业是由甲、乙、丙 3 位投资者共同投资设立的有限责任公司,原注册资本为 500 万元,甲、乙、丙分别出资 50 万元、200 万元、250 万元,为了扩大经营规模,该企业注册资本扩大为 1500 万元,2018 年 1 月 28 日,甲、乙、丙按原投资比例分别追加投资 1 500 000 元、6 000 000 元、7 500 000 元,收到款项时,应编制如下会计分录:

借:银行存款　　　　　　　　　　　　　　　　　　　　　15 000 000
　　贷:实收资本——甲　　　　　　　　　　　　　　　　　　1 500 000
　　　　　　　　——乙　　　　　　　　　　　　　　　　　　6 000 000
　　　　　　　　——丙　　　　　　　　　　　　　　　　　　7 500 000

d. 实收资本(或股本)减少的核算。企业不可以随意减资,如确需减资,必须经过国家相关部门的审批方可减资,企业减资的原因大体有两种:一是资本过剩而减资,二是企业发生重大亏损而需要减少实收资本。有限责任公司因资本过剩而减资,一般要返还投资,按照返还投资的数额,借记"实收资本"科目,贷记"库存现金""银行存款"等科目;股份有限公司采用收购本公司股票的方式减资的,按照股票面值(我国的股票面值均为每股 1 元)和注销股数计算的股票面值总额减少股本,借记"股本"科目,按照注销库存股的账面余额,贷记"库存股"科目,按照其差额借记"资本公积——股本溢价"科目,股本溢价不足冲减的,应借记"盈余公积",盈余公积不足冲减的,应借记"利润分配——未分配利润"科目;如果购回股票支付的价款低于面值总额的,应按照股票面值总额借记"股本"科目,按照所注销的库存股账面余额,贷记"库存股"科目,按照其差额贷记"资本公积——股本溢价"科目。

【例 2.18】 乙股份有限公司由于经营萎缩,资本过剩,经股东大会审议通过,国家工商等部门批准同意减资,公司以现金回购本公司股票 10 000 000 股并注销,收购价格为每股 3 元,公司原发行股票每股面值 1 元,发行价格 2 元,该企业"资本公积——股本溢价"余额为 5 000 000 元,提取的"盈余公积"余额为 1 000 000 元,"利润分配——未分配利润"余额为 12 000 000 元,则该公司应编制如下会计分录:

回购本公司股票时:
借:库存股　　　　　　　　　　　　　　　　　　　　　　30 000 000
　　贷:银行存款　　　　　　　　　　　　　　　　　　　　30 000 000
注销本公司股票时:
借:股本　　　　　　　　　　　　　　　　　　　　　　　10 000 000
　　资本公积——股本溢价　　　　　　　　　　　　　　　　5 000 000
　　盈余公积　　　　　　　　　　　　　　　　　　　　　　1 000 000
　　利润分配——未分配利润　　　　　　　　　　　　　　14 000 000
　　贷:库存股　　　　　　　　　　　　　　　　　　　　　30 000 000

【例 2.19】 承接【例 2.18】,假设乙企业以每股 0.5 元收购。
回购本公司股票时:

借:库存股 5 000 000
　　贷:银行存款 5 000 000
注销本公司股票时:
借:股本 10 000 000
　　贷:库存股 5 000 000
　　　　资本公积——股本溢价 5 000 000

2.2.2 资本公积的核算

1. 资本公积概述

资本公积是企业收到投资者出资额超出其在注册资本（或股本）中所占份额的部分以及直接计入所有者权益的利得和损失等,资本公积不体现各所有者的占有比例,也不能作为所有者参与企业财务经营决策或进行利润分配(股利分配)的依据。资本公积的来源不是企业实现的利润。在我国资本公积形成的来源主要有以下几种。

(1)资本(或股本)溢价。

资本(或股本)溢价是指企业投资者投入的资金超过其在注册资本中所占份额的部分,在股份有限公司溢价发行股票超过面值的部分称为股本溢价,有限责任公司投资者出资额超出其在注册资本的部分称为资本溢价。

(2)直接计入所有者权益的利得和损失。

直接计入所有者权益的利得和损失是指不应计入当期损益、会导致所有者权益发生增减变动的、与所有者投入资本或者向所有者分配利润无关的利得或者损失,如企业的长期股权投资采用权益法核算时,因被投资单位除净损益以外所有者权益的其他变动,投资企业按照应享有份额而增加或减少的资本公积。资本公积构成及形成原因见表2.3。

表 2.3　资本公积构成及形成原因

资本公积构成	形成原因
资本溢价(或股本溢价)	溢价发行股票、投资者超额缴入资本等(用途是转增资本); 资本溢价:投资人投入资本超过注册资本部分; 股本溢价:股份制公司溢价发行股票时,实际收到款项超过股票面值总额的数额
其他资本公积	除资本、股本溢价、净损益、其他综合收益和利润分配以外所有者权益的其他变动,如:长期股权投资权益法核算时被投资企业其他资本公积变动时投资企业也变动

2. 资本公积的账务处理

(1)资本公积的科目设置。

企业应通过"资本公积"科目核算资本公积的增减变动情况,该账户按照"资本溢价"(或股本溢价)和"其他资本公积"两个明细科目进行会计核算,其贷方登记企业资本公积的增加数,借方登记资本公积的减少数,期末余额在贷方,反映企业资本公积实有数。

(2) 资本公积的账务处理。

① 资本溢价(或股本溢价)的核算。

a. 企业创立时,要经过筹建、试生产经营、开辟市场等过程,这种投资具有风险性,当企业进入正常生产经营阶段,资本利润率一般要高于创立阶段,这是因为企业创立者付出了代价,所以新加入的投资者要付出大于原投资者的出资额,才能取得与原有投资者相同的投资比例,投资者投入的资本中按照其投资比例计算的出资额部分,应计入"实收资本"账户,超出部分记入"资本公积——资本溢价"账户。

【例 2.20】 甲施工企业由 A、B、C 3 位股东各自出资 100 万元设立,设立时的注册资本为 300 万元,经过 2 年的经营,该企业留存收益为 200 万元,这时有 D 投资者有意参股该企业成为企业的股东,并表示愿意出资 200 万元,而仅占该企业股份的 25%,该企业的注册资本增资至 400 万元,则会计分录如下:

借:银行存款　　　　　　　　　　　　　　　　　　　　　　2 000 000
　　贷:实收资本——D　　　　　　　　　　　　　　　　　　1 000 000
　　　　资本公积——资本溢价　　　　　　　　　　　　　　　1 000 000

b. 股本溢价,股份有限公司在股票溢价发行时,公司发行股票的收入中,相当于股票面值部分计入"股本"账户,超过股票面值的溢价收入计入"资本公积——股本溢价"账户,与发行权益性证券直接相关的手续费、佣金等交易费用,借记"资本公积——股本溢价"等账户,贷记"银行存款"等账户。

【例 2.21】 甲股份有限公司委托证券公司代理发行普通股 50 000 000 股,每股面值 1元,按照每股 10 元的价格发行,公司与受托单位约定,按照发行收入的 2% 收取手续费,从收入中扣除,假定收到的股款已存入银行,则会计分录如下:

$$公司收到款项 = 发行收入 - 证券公司收取的手续费$$
$$= 50\,000\,000 \times 10 - 50\,000\,000 \times 10 \times 2\%$$
$$= 490\,000\,000(元)$$

借:银行存款　　　　　　　　　　　　　　　　　　　　　490 000 000
　　贷:股本　　　　　　　　　　　　　　　　　　　　　　50 000 000
　　　　资本公积——股本溢价　　　　　　　　　　　　　　440 000 000

② 其他资本公积的核算。

其他资本公积是指除资本溢价(或股本溢价)项目以外所形成的资本公积,其中主要包括直接计入所有者权益的利得和损失,其主要由以下交易和事项引起。

a. 股权投资价值变动。股权投资价值变动是指投资单位对被投资单位的长期股权投资采用权益法核算时,在持股比例不变的情况下,被投资单位除净损益以外所有者权益的其他变动,如接受捐赠、增资扩股等原因所引起的被投资单位所有者权益发生变动,投资单位按照其持股比例计算应享有的份额,企业采用权益法核算长期股权投资时,长期投资的账面价值将随着被投资单位所有者权益的增减而增加或减少,以使长期股权投资的账面价值与应享有被投资单位所有者权益的份额基本保持一致。被投资单位净资产的变动除了实际的净损益会影响净资产外,还有其他原因增加的资本公积,企业应按照其持股比例计算应享有的份额,借记"长期股权投资——其他权益变动"科目,贷记"资本公积——其他资本公积"科目。

【例 2.22】 甲施工企业持有乙公司 40% 的股份,采用权益法对长期股权投资进行核算,2018 年乙公司资本公积增加 2 000 000 元,乙企业享有的份额为 800 000 元,有关会计分录如下:

借:长期股权投资——其他权益变动　　　　　　　　　　　　800 000
　　贷:资本公积——其他资本公积　　　　　　　　　　　　　　800 000

b. 自用房地产或存货转换为投资性房地产。自用房地产或存货转换为采用公允价值模式计量的投资性房地产时,应按照该项房地产在转换日的公允价值,借记"投资性房地产——成本"科目,按照已计提的累计摊销或累计折旧,借记"累计摊销""累计折旧"等科目,已计提减值准备的,借记"存货跌价准备""无形资产减值准备""固定资产减值准备"等科目,按照其账面余额,贷记"开发产品""无形资产""固定资产"科目,同时,按照该项房地产在转换日的公允价值大于其账面价值的差额,贷记"资本公积——其他资本公积"科目。

2.2.3　留存收益的核算

1. 留存收益的概念

留存收益是企业从历年实现的净利润中提取或形成的留存于企业内部的积累,由企业净利润转化形成,它与企业的生产经营活动密切相关,也可看成是在经营中所形成的,包括盈余公积和未分配利润两部分。

(1)盈余公积的核算。

① 盈余公积的概念。盈余公积是指企业从税后利润中提取形成的、存留于企业内部、具有特定用途的收益积累。

② 盈余公积的种类。

a. 法定盈余公积。法定盈余公积金是国家统一规定必须提取的公积金,如果企业以前年度亏损,它的提取顺序是当年净利润在弥补亏损之后,按照弥补亏损后净利润的 10% 提取;如果以前年度没有亏损,按照当年净利润的 10% 提取,当提取的法定盈余公积累计达到注册资本的 50% 时可不再提取,非公司制企业法定盈余公积的提取比例可超过净利润的 10%。

b. 任意盈余公积。任意盈余公积金是根据公司章程及股东会的决议,从公司净利中提取的公积金,《中华人民共和国公司法》规定,公司从税后利润中提取法定公积金后,经股东会或股东大会决议,还可以从税后利润中提取任意公积金。任意公积金的提取与否及提取比例由股东会根据公司发展的需要和盈余情况决定,法律不作强制规定。

③ 盈余公积的用途。

企业提取的盈余公积可用于弥补亏损或者转增资本等,法定公积金转增为资本时,留存的盈余公积数额不得少于注册资本的 25%,无论是企业提取盈余公积,还是用盈余公积弥补亏损或转增资本,企业的所有者权益总额不会发生变动,只不过是在企业所有者权益内部结构的转换,需要注意的是资本公积不得用于弥补公司亏损。

④ 盈余公积的账务处理。

a. 盈余公积的科目设置。企业为反映盈余公积的提取、使用和结存情况应设置"盈余公积"账户进行核算,实际的提取额记入贷方,使用和转出数记入借方,余额在贷方,反映期末盈余公积的结存数,并分别设置"法定盈余公积""任意盈余公积"明细账户进行核算。

b. 盈余公积的账务处理。提取盈余公积时,借记"利润分配——提取法定(或任意)盈余公积"科目,贷记"盈余公积——法定(或任意)盈余公积"科目。

【例2.23】 甲施工企业2017年实现净利润2 000万元,法定盈余公积提取比例为10%,经股东会决议按照净利润的5%提取任意盈余公积,公司以前年度累计盈利,提取盈余公积时,应编制如下会计分录:

借:利润分配——提取法定盈余公积　　　　　　　　　　　2 000 000
　　　　　　——提取任意盈余公积　　　　　　　　　　　1 000 000
　　贷:盈余公积——法定盈余公积　　　　　　　　　　　2 000 000
　　　　　　　——任意盈余公积　　　　　　　　　　　1 000 000

【例2.24】 乙施工企业2017年实现净利润2 000万元,法定盈余公积提取比例为10%,经股东会决议按照净利润的5%提取任意盈余公积,公司以前年度累计亏损500万元,提取盈余公积时,应编制如下会计分录:

首先当年的净利要弥补以前年度的亏损,按照弥补后的净利润提取法定和任意盈余公积。

可供分配的利润＝2 000－500＝1 500(万元)
提取法定盈余公积＝1 500×10%＝150(万元)
提取任意盈余公积＝1 500×5%＝75(万元)

借:利润分配——提取法定盈余公积　　　　　　　　　　　1 500 000
　　　　　　——提取任意盈余公积　　　　　　　　　　　750 000
　　贷:盈余公积——法定盈余公积　　　　　　　　　　　1 500 000
　　　　　　　——任意盈余公积　　　　　　　　　　　750 000

用盈余公积弥补亏损或者转增资本时,借记"盈余公积——法定(或任意)盈余公积"科目,贷记"利润分配——盈余公积补亏""实收资本"或者"股本"等科目。

【例2.25】 甲施工企业为股份有限公司,经股东大会决议,决定将法定盈余公积130万转增资本,按照规定增资程序获得批准后,该公司应编制如下会计分录:

借:盈余公积——法定盈余公积　　　　　　　　　　　1 300 000
　　贷:股本　　　　　　　　　　　　　　　　　　　1 300 000

【例2.26】 甲施工企业发生经营亏损30万元,经股东大会决议,用盈余公积补亏,该公司应编制如下会计分录:

借:盈余公积——法定(或任意)盈余公积　　　　　　　　300 000
　　贷:利润分配——盈余公积补亏　　　　　　　　　　300 000

同时将"利润分配——盈余公积补亏"转入"利润分配——未分配利润"中。

借:利润分配——盈余公积补亏　　　　　　　　　　　300 000
　　贷:利润分配——未分配利润　　　　　　　　　　　300 000

(2)未分配利润的核算。

①未分配利润的概念。未分配利润是企业未进行分配的利润,其有两层含义:一是这部分净利润没有分给企业投资者;二是这部分净利润未指定用途,它在以后年度可继续进行分配,在未进行分配之前,属于所有者权益的组成部分,从数量上来看,未分配利润是期初未

分配利润加上本期实现的净利润,减去提取的各种盈余公积和分出的利润后的余额,未分配利润的核算是通过"利润分配——未分配利润"账户进行的。

②利润分配的核算。

a.利润分配的账户设置。企业设置"利润分配"账户,核算企业净利润的分配(或亏损的弥补)和历年分配(或亏损)后的结存余额,在该账户下面分别设置"提取法定盈余公积""提取任意公积""应付现金股利或利润""转作股本的股利""盈余公积补亏""未分配利润"等明细账户进行明细核算。

b.利润分配的账务处理。企业提取盈余公积及向投资者分配现金股利(分配利润)时,借记"利润分配——提取法定盈余公积""利润分配——提取任意盈余公积""利润分配——应付股利(应付利润)"科目,贷记"盈余公积——法定盈余公积""盈余公积——任意盈余公积""应付股利(应付利润)"科目。

【例2.27】 乙施工企业全年实现净利润1 000万元,按10%提取法定盈余公积金,按5%提取任意盈余公积金,向投资者(股东)分配利润400万元,该企业以前年度累计盈利2 000万元,乙施工企业利润分配会计分录如下:

提取法定盈余公积金:

$$提取法定盈余公积 = 10\ 000\ 000 \times 10\% = 1\ 000\ 000(元)$$
$$提取任意盈余公积 = 10\ 000\ 000 \times 5\% = 500\ 000(元)$$

借:利润分配——提取法定盈余公积　　　　　　　　　　　1 000 000
　　　　　　——提取任意盈余公积　　　　　　　　　　　　 500 000
　　　　　　——应付股利(应付利润)　　　　　　　　　　 4 000 000
贷:盈余公积——提取法定盈余公积　　　　　　　　　　　1 000 000
　　　　　　——提取任意盈余公积　　　　　　　　　　　　 500 000
　　应付股利(应付利润)　　　　　　　　　　　　　　　 4 000 000

如果企业以前年度累计亏损,当年实现的净利要先弥补以前年度的亏损,如果不足弥补,就不再进行后续的利润分配,如果弥补亏损后还有盈利,则可以继续进行利润分配,但是提取盈余公积的基数为弥补亏损后的利润。

【例2.28】 如【例2.27】,假设该企业以前年度累计亏损100万元,编制利润分配会计分录如下:

$$可供分配的利润 = 1\ 000 - 100 = 900(万元)$$
$$提取法定盈余公积 = 9\ 000\ 000 \times 10\% = 900\ 000(元)$$
$$提取任意盈余公积 = 9\ 000\ 000 \times 5\% = 450\ 000(元)$$
$$向投资人分配的现金利润 = 4\ 000\ 000(元)$$
$$未分配利润 = 10\ 000\ 000 - 1\ 000\ 000 - 900\ 000 - 450\ 000 - 4\ 000\ 000 = 3\ 650\ 000(元)$$

借:利润分配——提取法定盈余公积　　　　　　　　　　　　900 000
　　　　　　——提取任意盈余公积　　　　　　　　　　　　 450 000
　　　　　　——应付股利(应付利润)　　　　　　　　　　 4 000 000
贷:盈余公积——提取法定盈余公积　　　　　　　　　　　　900 000
　　　　　　——提取任意盈余公积　　　　　　　　　　　　 450 000
　　应付股利(应付利润)　　　　　　　　　　　　　　　 4 000 000

净利润的年终结转也称未分配利润的年终结转,为了正确考核各年度的净利润实现和净利润分配情况,在每个会计年度结束时即年末,企业都应对净利润进行年终结转,即对"本年利润"和"利润分配"账户进行结转,年度终了,企业应将本年实现的净利润,自"本年利润"科目转入"利润分配——未分配利润"科目,借记"本年利润"科目,贷记"利润分配——未分配利润"科目,若为净亏损,则编制相反的会计分录。

同时,应将"利润分配"科目所属其他明细科目的余额转入"利润分配——未分配利润"明细科目。

结转后,除"利润分配——未分配利润"明细科目外,其他明细科目应无余额,"利润分配——未分配利润"年末余额,反映企业累积未分配利润(或未弥补亏损)。

【例 2.29】 如【例 2.27】,将净利润及利润分配进行年终结转。

借:本年利润　　　　　　　　　　　　　　　　　　　10 000 000
　　贷:利润分配——未分配利润　　　　　　　　　　　　10 000 000
借:利润分配——未分配利润　　　　　　　　　　　　　5 500 000
　　贷:利润分配——法定盈余公积　　　　　　　　　　　1 000 000
　　　　　　——任意盈余公积　　　　　　　　　　　　　　500 000
　　　　　　——应付股利(应付利润)　　　　　　　　　4 000 000

本年利润

每月结转的成本、费用、损失等	每月结转的收入、收益、利得等
年末结转到"利润分配——未分配利润"全年实现的净利润	年末结转到"利润分配——未分配利润"全年实现的净亏损
本账户月末余额在借方,表示当年累计净亏损	本账户月末余额在贷方,表示当年累计净利润
	本账户年末余额为零

利润分配——未分配利润

年初累计净亏损	年初累计净利润
当年从本年利润账户结转的全年净亏损	当年从本年利润账户结转的全年净利润
结转分配的法定盈余公积	结转的盈余公积补亏
结转分配的任意盈余公积	
结转分配给投资人的现金股利	
借方余额为累计未弥补的亏损	贷方余额为累计未分配的利润

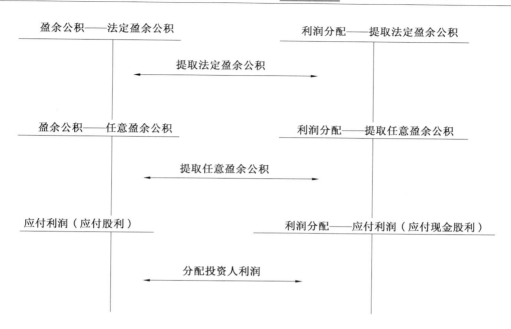

练习题

一、单选题

1. 甲股份有限公司在 2022 年 1 月 1 日向银行借入一笔生产经营用短期借款,本金 1 200 000 元,期限 9 个月,年利率 4%。根据与银行签署的借款协议,到期还本,利息按月计提利息、按季支付,则 3 月末计入"应付利息"科目的金额为(　　)元。

A. 2 000　　　　B. 12 000　　　　C. 4 000　　　　D. 8 000

2. 某股份有限公司首次公开发行普通股 500 万股。每股面值 1 元,发行价格 6 元,相关手续费和佣金共计 95 万元(不考虑增值税)。不考虑其他因素,该公司发行股票应计入资本公积的金额为(　　)万元。

A. 2 905　　　　B. 2 405　　　　C. 2 500　　　　D. 3 000

3. 甲、乙公司均为增值税一般纳税人,适用的增值税税率为 13%,甲公司接受乙公司投资转入的原材料一批,账面价值 100 000 元,投资协议约定价值 120 000 元,假定投资协议约定的价值与公允价值相符,该项投资没有产生资本溢价。乙公司已开具了增值税专用发票,甲公司实收资本应增加(　　)元。

A. 100 000　　　B. 113 000　　　C. 120 000　　　D. 135 600

4. 某上市公司发行普通股 1 000 万股,每股面值 1 元,每股发行价格 5 元,支付手续费 20 万元,支付咨询费 60 万元。该公司发行普通股计入股本的金额为(　　)万元。

A. 1 000　　　　B. 4 920　　　　C. 4 980　　　　D. 5 000

5. 某股份有限公司股本为 10 000 000 元(每股面值 1 元),资本公积(股本溢价)为 1 500 000 元,盈余公积为 1 000 000 元。经股东大会批准以每股 3 元价格回购本公司股票 1 000 000 股并予以注销,不考虑其他因素,下列关于该公司注销库存股的会计处理正确的是(　　)。

A. 借:股本　　　　　　　　　　　　　　　　　　　1 000 000
　　　资本公积——股本溢价　　　　　　　　　　　1 500 000
　　　盈余公积　　　　　　　　　　　　　　　　　　500 000
　　贷:库存股　　　　　　　　　　　　　　　　　　3 000 000

B. 借:股本　　　　　　　　　　　　　　　　　　　1 000 000
　　　资本公积——股本溢价　　　　　　　　　　　1 500 000
　　　盈余公积　　　　　　　　　　　　　　　　　　500 000
　　贷:银行存款　　　　　　　　　　　　　　　　　3 000 000

C. 借:库存股　　　　　　　　　　　　　　　　　　3 000 000
　　贷:银行存款　　　　　　　　　　　　　　　　　3 000 000

D. 借:股本　　　　　　　　　　　　　　　　　　　3 000 000
　　贷:库存股　　　　　　　　　　　　　　　　　　3 000 000

6. 某股份有限公司依法采用收购本公司股票方式减资。自购股票支付的价款低于股票面值总额。下列各项中,注销股本时,冲减股本后的差额应贷记的会计科目是(　　)。

　A. 利润分配——未分配利润　　　　B. 盈余公积
　C. 资本公积　　　　　　　　　　　　D. 营业外收入

7. 下列各项中,关于股份有限公司溢价发行股票的相关会计处理表述正确的是(　　)。

　A. 发行股票溢价计入盈余公积
　B. 发行股票相关的手续费计入股票成本
　C. 发行股票相关的手续费应从溢价中抵扣
　D. 发行股票取得的款项全部计入股本

8. 甲股份有限公司委托乙证券公司发行普通股,股票面值总额 4 000 万元,发行总额 16 000 万元,发行费按发行总额的 2% 计算(不考虑其他因素),股票发行净收入全部收到。甲股份有限公司将该笔业务记入"资本公积"科目的金额为(　　)万元。

　A. 4 000　　　B. 11 680　　　C. 11 760　　　D. 12 000

9. 某股份有限公司首次公开发行普通股 6 000 万股,每股面值 1 元,每股发行价格 3 元,发生手续费、佣金等 500 万元,该项业务应计入资本公积的金额为(　　)万元。

　A. 11 500　　　B. 12 000　　　C. 12 500　　　D. 17 500

10. 甲企业年初未分配利润为 0 万元,本年实现的净利润为 200 万元,按 10% 提取法定盈余公积,则甲企业年末可供分配利润为(　　)万元。

　A. 220　　　B. 0　　　C. 180　　　D. 200

11. 某企业 2021 年 1 月 1 日所有者权益构成情况如下:实收资本 1 500 万元,资本公积 100 万元,盈余公积 300 万元,未分配利润 200 万元。2021 年度实现利润总额为 600 万元,企业所得税税率为 25%。假定不存在纳税调整事项及其他因素,该企业 2021 年 12 月 31 日可供分配利润为(　　)万元。

　A. 600　　　B. 650　　　C. 800　　　D. 1 100

12. 某公司年初未分配利润为 1 000 万元,当年实现净利润 500 万元,按 10% 提取法定盈余公积,5% 提取任意盈余公积,宣告发放现金股利 100 万元,不考虑其他因素,该公司年末未分配利润为( )万元。
A.1 450 B.1 475 C.1 325 D.1 400

13.2021年年初某企业"利润分配——未分配利润"科目借方余额20万元,2021年度该企业实现净利润为160万元,2021年年末该企业可供分配利润的金额为( )万元。
A.126 B.124 C.140 D.160

14.下列各项中,不属于留存收益的是( )。
A.资本公积 B.任意盈余公积 C.未分配利润 D.法定盈余公积

15.下列各项中,会使所有者权益总额发生增减变动的是( )。
A.支付已宣告的现金股利 B.股东大会宣告派发现金股利
C.实际发放股票股利 D.盈余公积补亏

16.某企业年初未分配利润为100万元,本年净利润为1 000万元,按10%计提法定盈余公积,按5%计提任意盈余公积,宣告发放现金股利为80万元,该企业年末未分配利润为( )万元。
A.855 B.867 C.870 D.874

17.某公司年初未分配利润为1 000万元,盈余公积为500万元;本年实现净利润5 000万元,分别提取法定盈余公积500万元、任意盈余公积250万元,宣告发放现金股利500万元。不考虑其他因素,该公司年末留存收益为( )万元。
A.5 250 B.6 000 C.6 500 D.5 750

18.某有限责任公司盈余公积的年初余额为50万元,本年利润总额为600万元,所得税费用为150万元,按净利润的10%提取法定盈余公积,并将盈余公积10万元转增资本。该公司盈余公积年末余额为( )万元。
A.40 B.85 C.95 D.110

19.某企业年初所有者权益160万元,本年度实现净利润300万元,以资本公积转增资本50万元,提取盈余公积30万元,用可供分配利润向投资者分配现金股利20万元。假设不考虑其他因素,该企业年末所有者权益为( )万元。
A.360 B.410 C.440 D.460

20.甲公司2021年年初未分配利润为80万元,2021年利润总额为480万元,所得税费用为120万元,按税后利润的10%和5%提取法定盈余公积和任意盈余公积,向投资者宣告分配现金股利100万元。甲公司2021年年末的未分配利润余额为( )万元。
A.381.75 B.201.75 C.286 D.335

21.某有限责任公司2021年年初所有者权益总额为1 360万元,当年实现净利润450万元,提取法定盈余公积45万元,向投资者分配现金股利200万元,本年内以资本公积转增资本50万元,投资者追加现金投资30万元。该公司年末所有者权益总额为( )万元。
A.1 565 B.1 595 C.1 640 D.1 795

22.有限责任公司将盈余公积转增资本的变动情况中,不正确的是( )。
A.留存收益减少 B.实收资本增加
C.所有者权益总额不变 D.资本公积增加

23.甲股份有限公司委托乙证券公司发行普通股,股票面值总额4 000万元,发行总额

16 000万元,发行费按发行总额的2‰计算(不考虑其他因素),股票发行净收入全部收到。甲股份有限公司将该笔业务记入"资本公积"科目的金额为(　　)万元。

A. 4 000　　　　B. 11 680　　　　C. 11 760　　　　D. 12 000

24. 某股份有限公司首次公开发行普通股6 000万股,每股面值1元,每股发行价格3元,发生手续费、佣金等500万元,该项业务应计入资本公积的金额为(　　)万元。

A. 11 500　　　　B. 12 000　　　　C. 12 500　　　　D. 17 500

25. 某公司年初资本公积为1 500万元,本年已入账交易性金融资产公允价值增值净额200万元;年末经股东大会批准,用资本公积转增资本300万元。不考虑其他因素,该公司年末的资本公积为(　　)万元。

A. 1 700　　　　B. 1 500　　　　C. 1 200　　　　D. 1 400

二、多选题

1. 下列各项中,关于回购股票以及注销库存股的说法正确的有(　　)。

A. 库存股是资产类科目

B. 按照面值和注销股数确定注销的股本

C. 按照回购价格和回购数确定库存股

D. 注销回购的库存股时,其回购股票支付的价款高于面值总额的,将其差额依次冲减资本公积、盈余公积和未分配利润

2. 下列各项中,会引起企业实收资本金额发生增减变动的有(　　)。

A. 资本公积转增资本　　　　B. 对外债券投资

C. 盈余公积转增资本　　　　D. 处置长期股权投资

3. 下列各项中,会导致企业实收资本增加的有(　　)。

A. 资本公积转增资本　　　　B. 接受投资者追加投资

C. 盈余公积转增资本　　　　D. 接受非流动资产捐赠

4. A公司由甲、乙投资者分别出资100万元设立。为扩大经营规模,该公司的注册资本由200万元增加到250万元,丙企业以银行存款出资100万元,占A公司20%的注册资本,若不考虑其他因素,A公司接受丙企业出资科目的会计处理结果正确的有(　　)。

A. 贷记"实收资本"科目100万元　　B. 贷记"盈余公积"科目100万元

C. 贷记"资本公积"科目50万元　　　D. 借记"银行存款"科目100万元

5. A公司收到B企业作为资本投入的不需要安装的机器设备1台,该设备的原价为100万元,已提折旧60万元,投资合同约定该设备价值为50万元,增值税税额6.5万元,占注册资本40万元,则下列关于A公司会计处理的表述正确的有(　　)。

A. A公司固定资产的入账价值为40万元

B. A公司固定资产的入账价值为50万元

C. A公司应当确认的资本公积为16.5万元

D. A公司应当确认的实收资本为40万元

6. 下列各项中,引起企业留存收益总额增减变动的有(　　)。

A. 向投资者宣告分配现金股利　　B. 本年度实现净利润

C. 提取法定盈余公积　　　　　　D. 用盈余公积转增资本

7. 下列各项中,属于企业留存收益的有(   )。
   A. 按规定从净利润中提取的法定盈余公积
   B. 累积未分配的利润
   C. 按股东大会决议从净利润中提取的任意盈余公积
   D. 发行股票的溢价收入

8. 下列各项中,不会引起留存收益变动的有(   )。
   A. 盈余公积补亏   B. 计提法定盈余公积
   C. 盈余公积转增资本   D. 计提任意盈余公积

9. 下列各项中,导致企业留存收益发生增减变动的有(   )。
   A. 盈余公积分配现金股利   B. 盈余公积弥补亏损
   C. 资本公积转增资本   D. 盈余公积转增资本

10. 下列各项中,关于盈余公积的用途表述正确的有(   )。
    A. 以盈余公积转增实收资本   B. 以盈余公积转增资本公积
    C. 以盈余公积弥补亏损   D. 以盈余公积发放现金股利

11. 乙股份有限公司年初未分配利润为100万元,当年实现净利润250万元,本年提取法定盈余公积25万元,宣告发放现金股利60万元。假定不考虑其他因素,该公司当年结转本年利润及其利润分配的会计处理正确的有(   )。
    A. 结转本年实现的净利润:
       借:本年利润   250
         贷:利润分配——未分配利润   250
    B. 宣告发放现金股利:
       借:利润分配——应付现金股利或利润   60
         贷:应付股利   60
    C. 结转利润分配科目所属明细科目余额:
       借:利润分配——未分配利润   85
         贷:利润分配——提取法定盈余公积   25
                   ——应付现金股利或利润   60
    D. 结转利润分配科目所属明细科目余额:
       借:利润分配——提取法定盈余公积   25
                 ——应付现金股利或利润   60
         贷:利润分配——未分配利润   85

12. 下列各科目,年末应无余额的有(   )。
    A. 管理费用   B. 所得税费用
    C. 本年利润   D. 利润分配——未分配利润

13. 下列各项中,影响当期损益的有(   )。
    A. 税金及附加   B. 信用减值损失
    C. 所得税费用   D. 资产处置损益

三、判断题

1.企业收到的投资额超出其在企业注册资本中所占份额的投资额,应直接计入当期损益。(   )

2.企业接受投资者作价投入的材料物资,按投资合同或协议约定的投资者在企业注册资本或股本中所占份额的部分作为实收资本或股本入账(不公允的除外)。(   )

3.企业以资本公积转增资本会导致企业实收资本增加,从而导致企业所有者权益总额增加。(   )

4.实收资本是企业收到投资者出资额超出其在注册资本(或股本)中所占份额的部分。(   )

5.资本公积反映的是企业收到投资者出资额超出其在注册资本或股本中所占份额的部分及其他资本公积等。(   )

6.股份有限公司溢价发行股票时,按股票面值计入股本,溢价收入扣除发行手续费、佣金等发行费用后的金额计入资本公积。(   )

7.企业溢价发行股票发生的手续费、佣金应从溢价中抵扣,溢价金额不足抵扣的调整留存收益。(   )

8.如果以前年度未分配利润有盈余,在计算提取法定盈余公积金的基数时,不应包括企业的年初未分配利润。(   )

9.企业年末资产负债表中的未分配利润金额一定等于"本年利润"科目的年末余额。(   )

10.年度终了,无论企业盈利还是亏损,都需要将"本年利润"科目的本年累计余额转入"利润分配——未分配利润"科目。(   )

四、业务题

1.甲、乙、丙共同设立 A 有限责任公司,注册资本为 3 000 000 元,甲、乙、丙份额比例分别为 60%、25% 和 15%。按照章程规定,甲、乙、丙投入资本分别为 1 800 000 元、750 000 元和 450 000 元,资金存入银行账户,做出相关的业务处理。

2.A 股份有限公司发行普通股 20 000 000 股,每股面值 1 元,每股发行价格 6 元。假定股票发行成功,股款已全部收到,不考虑发行过程中的税费等因素,做出相关的业务处理。

3.甲有限责任公司为一般纳税人,于设立时收到乙公司作为资本投入的不需要安装的生产用机器设备 1 台,合同约定该机器设备的价值为 3 000 000 元,增值税进项税额 390 000 元。经约定,甲公司接受乙公司的投入资本为 3 390 000 元,同时收到乙公司开具的增值税专用发票,合同约定的固定资产价值与公允价值相符,不考虑其他因素,做出相关的业务处理。

4.乙有限责任公司为一般纳税人,于设立时收到 B 公司作为资本投入的原材料一批,该批原材料投资合同或协议约定价值(不含可抵扣的增值税进项税额部分)为 100 000 元,增值税进项税额为 13 000 元。B 公司开具了增值税专用发票。原材料按实际成本核算,其他略,做出相关的业务处理。

5. 甲施工单位因减资以每股 6 元价格回购本公司股票 200 万股并注销,注销时"资本公积——资本溢价"账户余额 1 000 000 元,"盈余公积"账户余额 3 000 000 元,做出回购和注销股票的账务处理。

项目3 施工企业经营业务会计核算

教学目标：
1. 理解临时设施构建、材料物资供应、存货清查与期末计量的账户设置。
2. 掌握投标业务、预收工程款和备料款、临时设施购建、材料物资供应、存货清查、存货期末计量的核算。

任务3.1 工程施工准备会计核算

教学目标：
1. 理解合同负债和合同资产的含义。
2. 掌握投标业务费,投标保证金,银行保函保证金,预收工程款和备料款,临时设施搭建、摊销、拆除的账务处理。

建设项目从筹建到投入使用大致分为4个阶段。从提出项目建议书到编制出初步设计概算称为规划与研究阶段；从编制出投资概算到完成施工图预算称为设计阶段；从编制出施工预算到竣工结算称为合同实施阶段；从工程结算到交付使用进行最后评估，称为营运阶段。从一般施工企业来看，其参与的活动处于合同实施阶段，具体活动内容包括施工准备、材料供应、现场施工、竣工结算4个阶段。其中施工准备阶段主要包括投标业务、预收工程款和备料款以及临时设置购建等主要业务。

3.1.1 投标业务的核算

1. 投标业务费的内容

（1）投标业务费的账户设置。

投标业务费的账户设置主要包括施工企业的投标机构报名费,购买招标文件费,投标文件制作费,劳动报酬、办公、差旅、固定资产使用费等,应当在发生时全部计入"管理费用"账户,除非这些支出明确由客户承担,则计入"合同履约成本"账户。

（2）投标业务费的账务处理。

【例3.1】 某工程股份有限公司购买投标标书花费410元,以现金支付。账务处理如下：

借：管理费用——投标经费　　　　　　　　　　　　　　　410
　　贷：库存现金　　　　　　　　　　　　　　　　　　　　410

【例3.2】 某工程股份有限公司本月应付投标部投标人员薪酬47 000元,账务处理如下：

借：管理费用——职工薪酬　　　　　　　　　　　　　47 000

贷:应付职工薪酬　　　　　　　　　　　　　　　　　　　　　　　　　47 000

2. 投标保证金的账务处理

(1)投标保证金的规定。

①招标文件要求投标人(施工企业)提交投标保证金的,投标保证金不得超过采购项目预算金额的2%,投标保证金应当从基本账户转出,项目招标保证金最高不超过80万元,设计招标保证金最高不超过10万元。

②投标人未按照招标文件要求提交投标保证金的,投标无效。

③投标人撤回已提交的投标文件,应当在投标截止时间前书面通知招标人。招标人已收取投标保证金的,应当自收到投标人书面撤回通知之日起5日内退还。投标截止后投标人撤销投标文件的,招标人可以不退还投标保证金。

④中标人(施工企业)无正当理由不与招标人订立合同,在签订合同时向招标人提出附加条件,或者不按照招标文件要求提交履约保证金的,取消其中标资格,投标保证金不予退还。

⑤对依法必须进行招标的项目的中标人,由有关行政监督部门责令改正,可以处中标项目金额10‰以下的罚款。

(2)投标保证金的核算。

【例3.3】 某施工企业为参加投标转账了20 000元投标保证金,已通过银行转账。账务处理如下:

　　借:其他应收款——投标保证金　　　　　　　　　　　　　　　　　20 000
　　　贷:银行存款(或现金)　　　　　　　　　　　　　　　　　　　　　　20 000

【例3.4】 投标工作结束,企业未中标,收回投标保证金,存入银行。账务处理如下:

　　借:银行存款(或现金)　　　　　　　　　　　　　　　　　　　　　　20 000
　　　贷:其他应收款——投标保证金　　　　　　　　　　　　　　　　　20 000

【例3.5】 投标工作结束,企业中标后投标保证金转为履约保证金20 000元,相关手续已经完成。账务处理如下:

　　借:其他应收款——履约保证金　　　　　　　　　　　　　　　　　20 000
　　　贷:其他应收款——投标保证金　　　　　　　　　　　　　　　　　20 000

3. 银行保函保证金的核算

(1)银行保函的含义及分类。

银行保函,又称银行保证书或简称保函,是指银行根据客户的申请而开立的具有担保性质的书面承诺文件,若申请人未按规定履行自己的义务,给受益人造成了经济上的损失,则银行承担向受益人进行经济赔偿的责任。银行保函大多属于"见索即付"(无条件保函),是不可撤销的文件,包括:投标保函、履约保函、预付款保函、付款保函、保留金保函。

(2)银行保函保证金的核算。

银行保函保证金视同企业存款对待,单独开专户存储。由于已经对相应存款限定用途,企业不能自主支配,应作为"其他货币资金"处理。待限制解除之后,再转作银行存款核算。另外,保函手续费支出应作为"财务费用"处理。

①存出保证金时:

借:其他货币资金——招标单位
　　贷:银行存款——结算账户
②银行收取手续费时:
借:财务费用
　　贷:银行存款——结算账户
③未中标,退回时:
借:银行存款——结算账户
　　贷:其他货币资金——招标单位

【例3.6】 甲工程公司参与某市水利局河道治理工程的招标,发包方要求出具金额为300 000元、期限为2个月的投标保函。中标后,甲工程公司接下来办理了金额为2 000 000元、期限为2.5年的履约保函和金额为2 000 000元、期限为1.5年的预付款保函。其中:委托人为甲工程公司,担保人为甲工程公司开户银行,收益人为某市水利局,第三方保证人为东方有限公司。甲工程公司因投标需要,向开户银行提交的资料清单必须是在银行开立了保证金专户并存入100%保证金时提供的资料,如果甲工程公司存入的是部分保证金,其余部分需由第三方提供保证。账务处理如下:

(1)甲工程公司向开户银行存入100%保证金,办理了金额为300 000元、期限为2个月的投标保函。

①开立保证金专户并存入100%保证金300 000元时:
借:其他货币资金——投标保函保证金　　　　　　　　　　　300 000
　　贷:银行存款——结算户　　　　　　　　　　　　　　　　300 000
②支付办理保函手续费750元(300 000×2.5‰)时:
借:财务费用——其他费用　　　　　　　　　　　　　　　　　750
　　贷:银行存款(或现金)　　　　　　　　　　　　　　　　　　750

(2)甲工程公司最终以30 000 000元的价格中标。根据招标要求在规定时间内,甲工程公司需提供3 000 000元的履约保函(即中标价的10%)并签署工程合同。甲工程公司因货币资金相对较少,向银行提出"存入部分保证金,其余部分有第三方担保"的申请,银行通过评议同意了甲工程公司的申请,为其出具了金额为3 000 000元的履约保函,并收取了20 000元的手续费。

①存入部分保证金(3 000 000×30%)时:
借:其他货币资金——履约保函保证金　　　　　　　　　　　900 000
　　贷:银行存款——结算账户　　　　　　　　　　　　　　　900 000
②支付办理保函手续费时:
借:财务费用——其他费用　　　　　　　　　　　　　　　　20 000
　　贷:银行存款(或现金)　　　　　　　　　　　　　　　　　20 000

(3)因货币资金相对较少,甲工程公司向银行提出"存入部分保证金,其余部分由第三方担保"的申请,银行通过评议同意了甲工程公司的申请,为其出具了金额为3 000 000元的预付款退款保函,并收取了15 000元(3 000 000×2.5‰×2)的手续费。

①存入预付款保函保证金(3 000 000×30%)时:
借:其他货币资金——预付款保函保证金　　　　　　　　　　900 000

贷：银行存款——结算户　　　　　　　　　　　　　　　　　　900 000
　　②支付办理保函手续费15 000时：
　　借：财务费用——其他费用　　　　　　　　　　　　　　　　　15 000
　　　贷：银行存款（或现金）　　　　　　　　　　　　　　　　　　15 000

4. 印花税的核算

【例3.7】　某工程项目不含税合同价款12 467 890.91元，印花税税率0.03%。
　　借：税金及附加　　　　　　　　　　　　　　　　　　　　　　3 740.37
　　　贷：银行存款　　　　　　　　　　　　　　　　　　　　　　　3 740.37

5. 意外保险费的核算

【例3.8】　用银行存款支付某工程项目意外伤害保险费12 650元。
　　借：间接费用　　　　　　　　　　　　　　　　　　　　　　　12 650
　　　贷：银行存款　　　　　　　　　　　　　　　　　　　　　　　12 650

6. 合同取得成本的核算

　　企业可以设置"合同取得成本"科目核算企业为取得合同而发生的增量成本，比如销售佣金。增量成本是指企业不取得合同就不会发生的成本。发生合同取得成本时，借记"合同取得成本"，贷记"银行存款""其他应付款"等科目；对合同取得成本进行摊销时，按照相关性，借记"销售费用"等科目，贷记"合同取得成本"，期末借方余额反映企业尚未结转的合同取得成本。为简化实务操作，该资产摊销期限不超过1年的，可以在发生时计入管理费用科目核算。

　　现中标一项工程，员工可以获得提成20 000元，且预期能够收回，应当确认为一项资产，2年完工，第一年按照履约进度60%进行摊销。账务处理如下：
　　借：合同取得成本　　　　　　　　　　　　　　　　　　　　　20 000
　　　贷：银行存款　　　　　　　　　　　　　　　　　　　　　　　20 000
　　第一年摊销：
　　借：销售费用　　　　　　　　　　　　　　　　　　　　　　　12 000
　　　贷：合同取得成本　　　　　　　　　　　　　　　　　　　　　12 000
　　第二年摊销：
　　借：销售费用　　　　　　　　　　　　　　　　　　　　　　　8 000
　　　贷：合同取得成本　　　　　　　　　　　　　　　　　　　　　8 000

3.1.2　预收工程款和备料款的核算

　　预收工程款是业主提供给承包人用于开工前的一笔款项，以供组织人员完成临时设施工程等准备工作之用。预收备料款是用于购进各种成为永久工程组成部分的材料或设备，是为了帮助承包商解决施工前期开展工作的资金短缺，从未来的工程款中提前支付的一笔款项。

1. 账户的设置

　　"合同资产"科目核算企业已向客户转让商品而有权收取对价的权利，且该权利取决于时间流逝之外的其他因素。企业取得无条件收款权时，借记"应收账款"，贷记"合同资产"。

"合同负债"科目是指企业已收或应收客户对价而应向客户转让商品的义务,比如企业在工程施工前已收取发包方预付的款项。也就是说,企业在履约义务履行之前(也就是达到收入确认条件前),先行收取了(包括已收取和应收取)客户支付的对价,应通过"合同负债"科目进行核算。合同负债是在构成履约义务的前提下形成的,当一项预收款不构成履约义务时,仍需以"预收账款"科目进行核算。

施工企业收到业主的预付款时,借记"银行存款",贷记"合同负债";收到业主拨入抵作备料款的材料,借记"原材料、材料采购",贷记"合同负债";与业主结算工程款时,借记"应收账款",贷记"合同资产";同时从应收工程款中扣还预收的工程款和备料款,借记"合同负债",贷记"应收账款";收到业主补付的工程款时,借记"银行存款",贷记"应收账款"。

预收款会计业务中还涉及"应交税费——待转销项税额"的账务处理。待转销项税额是增值税的明细科目,是一般纳税人销售货物、加工修理修配劳务、服务、无形资产或不动产,已确认相关收入或利得,但尚未发生增值税纳税义务,而需于以后期间确认为销项税额的增值税税额。

2. 预收工程款和备料款的核算

【例 3.9】 某项目部接受一项工程合同,按合同规定含税工程造价金额总计 500 000 元,预计 6 个月完成。工程开工时,业主预付工程款 40%,另外 60% 待工程完工后再支付。账务处理如下:

(1)收到预付的工程款时:

借:银行存款　　　　　　　　　　　　　　　　　　　　　　200 000
　　贷:合同负债　　　　　　　　　　　　　　　　　　　　　　200 000

预收账款预交增值税金额＝200 000/(1＋9%)×2%≈3 669.72(元)

借:应交税费——预交增值税　　　　　　　　　　　　　　　3 669.72
　　贷:银行存款　　　　　　　　　　　　　　　　　　　　　　3 669.72

(2)6 个月后工程完工时,业主批复验工计价单 500 000 元,其中工程款 460 000 元,质量保证金 40 000 元,向业主开具了建筑服务发票,价税合计为 460 000 元。

借:应收账款——应收工程款　　　　　　　　　　　　　　　460 000
　　贷:合同资产——价款结算　　　　　　　　　　　　　　　　460 000

同时将已确认应收工程款对应的待转销项税额结转为销项税额:

借:应交税费——待转销项税额　　　　　　　　　　　　　　37 981.65
　　贷:应交税费——应交增值税(销项税额)　　　　　　　　　37 981.65

(3)同时从应收账款中扣还预收的工程款 200 000 元。

借:合同负债　　　　　　　　　　　　　　　　　　　　　　200 000
　　贷:应收账款——应收工程款　　　　　　　　　　　　　　　200 000

(4)收到补付工程款 260 000 元。

借:银行存款　　　　　　　　　　　　　　　　　　　　　　260 000
　　贷:应收账款——应收工程款　　　　　　　　　　　　　　　260 000

(5)工程完工并质保期满后,收到业主支付工程质保金 40 000 元。

借:银行存款　　　　　　　　　　　　　　　　　　　　　　40 000
　　贷:合同资产——质量保证金　　　　　　　　　　　　　　　40 000

借:应交税费——待转销项税额　　　　　　　　　　　　　　　3 302.75
　　贷:应交税费——应交增值税(销项税额)　　　　　　　　　3 302.75

【例 3.10】 某建筑企业承建一项土石方工程,开工前施工项目部按工程承包合同的规定,收到发包单位通过银行转账拨付的工程备料款 33 万元。月末,企业以工程价款结算账单与发包单位办理工程价款结算:本月已完工程价款 19 万元,按规定预收备料款 16.5 万元。施工项目部收到发包单位支付的工程价款 2.5 万元。该笔工程款在办理工程价款结算时满足增值税纳税义务条件,适用税率为 9%。该施工项目部相关的账务处理如下:

(1)开工前预收工程备料款:
借:银行存款　　　　　　　　　　　　　　　　　　　　　　330 000
　　贷:合同负债　　　　　　　　　　　　　　　　　　　　　330 000

(2)月末办理结算:
借:应收账款——应收工程款　　　　　　　　　　　　　　　25 000
　　合同负债　　　　　　　　　　　　　　　　　　　　　　165 000
　　贷:合同资产——价款结算　　　　　　　　　　　　　　　190 000
借:应交税费——待转销项税额　　　　　　　　　　　　　　　15 688.07
　　贷:应交税费——应交增值税(销项税额)　　　　　　　　　15 688.07

(3)收到发包单位支付的工程价款:
借:银行存款　　　　　　　　　　　　　　　　　　　　　　25 000
　　贷:应收账款——应收工程款　　　　　　　　　　　　　　25 000

3.1.3　临时设施的核算

施工项目招投标活动结束后,施工单位应按承包合同规定的期限,组织机具、人员进场,进行施工测量,修筑各种临时性生产、生活设施。

临时设施是指施工项目部为保证施工生产和管理工作的正常进行,而在施工现场建造的生产和生活用的各种临时性简易设施。在工程完工以后,这些临时设施就失去了它原来的作用,必须拆除或进行其他处理。

1. 临时设施的分类

施工项目搭建的临时设施,主要有施工人员的临时宿舍、拌和站、堆料场、材料机具棚、储水池,以及项目管理部在现场的临时办公室等;施工过程中应用的临时给水、排水、供电、管道、临时道路;现场施工和警卫安全用的小型临时设施;保管器材用的小型临时设施,如简易料棚、工具储藏室等;行政管理用的小型临时设施。

2. 临时设施的账务处理

(1)对需要通过建筑安装才能完成的临时设施,发生费用时:
借:在建工程——建筑工程——临时设施
　　贷:工程物资、原材料、应付职工薪酬等

(2)结转在建工程成本,按建造期间发生的实际成本:
借:固定资产——临时设施
　　贷:在建工程——建筑工程——临时设施

(3)临时设施折旧:

施工企业的各种临时设施,应合理确定摊销方法,在恰当的期限内将其价值摊入工程成本。应将按月计算的摊销额,借记"合同履约成本——工程施工(间接费用)"科目,贷记"累计折旧"科目。

借:合同履约成本——工程施工——间接费用
　　贷:累计折旧——临时设施折旧

(4)出售、拆除、报废的临时设施应转入清理。转入清理的临时设施,按临时设施账面净值转入:

借:固定资产清理——临时设施清理
　　累计折旧——临时设施折旧
　　贷:固定资产——临时设施

①出售、拆除过程中发生的变价收入和残料价值:

借:银行存款 、原材料
　　贷:固定资产清理——临时设施清理

②发生的清理费用:

借:固定资产清理——临时设施清理
　　贷:银行存款

(5)清理结束后:

①若发生净损失:

借:营业外支出
　　贷:固定资产清理——临时设施清理

②若发生净收益:

借:营业外收入
　　贷:固定资产清理——临时设施清理

【例 3.11】　某施工企业在施工现场搭建一座临时仓库,发生的实际搭建成本为 66 400 元,其中:领用材料的实际成本为 14 400 元,应付搭建人员的工资为 30 000 元,以银行存款支付临时设施水电安装费为 23 980 元,搭建完工后随即交付使用。临时仓库的预计净残值率为 4%,预计工期的受益期限为 30 个月。临时仓库由于承包工程已竣工,不需再用将其拆除,其账面累计已摊销额为 53 120 元,支付拆除人员工资 3 000 元,收回残料 2 000 元,已验收入库,清理工作结束。结转净损益。账务处理如下:

(1)搭建过程中领用材料、支付人工费时:

借:在建工程——建筑工程(仓库)	44 400
贷:原材料	14 400
应付职工薪酬	30 000

(2)支付临时设施水电安装费时:

借:在建工程——建筑工程(仓库)	22 000
应交税费——应交增值税(进项税额)	1 980
贷:银行存款	23 980

(3)临时设施搭建完工交付使用时:

借:固定资产——临时设施(仓库)   66 400
  贷:在建工程——建筑工程(仓库)   66 400

(4)临时设施计提折旧时:

借:合同履约成本——工程施工(间接费用)   2 124.8
  贷:累计折旧——临时设施折旧   2 124.8

(5)出售、拆除、报废的临时设施应转入清理时:

借:固定资产清理——临时设施清理   13 280
  累计折旧——临时设施折旧   53 120
  贷:固定资产——临时设施(仓库)   66 400

(6)分配拆除人员工资时:

借:固定资产清理——临时设施清理   3 000
  贷:应付职工薪酬   3 000

(7)残料验收入库时:

借:原材料   2 000
  贷:固定资产清理——临时设施清理   2 000

(8)结转清理后净损失时:

借:营业外支出——处置临时设施净损失   14 280
  贷:固定资产清理——临时设施清理   14 280

3. 银行存款购入临时设施

按购入的实际支出进行账务处理,借记"固定资产——临时设施",贷记"银行存款"。

【例3.12】 某施工企业购买一幢活动房屋作为施工管理办公用房,价值80 000元,增值税税率为13%,开出转账支票一张。账务处理如下:

借:固定资产——临时设施   80 000
  应交税费——应交增值税(进项税额)   10 400
  贷:银行存款   90 400

4. 为员工租用临时设施

【例3.13】 某项目部租用民用住房作为员工宿舍,房屋租金5 000元,增值税税率9%;物业费500元,增值税税率6%;押金10 000元,出纳网银转账支付。账务处理如下:

借:合同履约成本——工程施工(宿舍,间接费用)   5 058.86
  应交税费——应交增值税——进项税额   441.14
  其他应收款   10 000
  贷:银行存款   15 500

练 习 题

一、单选题

1.施工企业临时设施的处理应通过( )账户进行核算。

A.临时设施清理　　B.固定资产清理　　C.在建工程　　D.待处理财产损溢

2.施工企业临时设施的盘亏净损失应计入（　　）。

A.营业外支出　　B.资本公积　　C.管理费用　　D.销售费用

3.投标业务费应通过（　　）账户核算。

A.其他货币资金　　B.合同履约成本　　C.管理费用　　D.财务费用

4.施工企业预收工程款应通过（　　）账户进行核算。

A.合同资产　　B.合同负债　　C.应收账款　　D.应付账款

5.施工企业对需要通过建筑安装施工活动才能完成的临时设施，其支出应先计入（　　）。

A.在建工程　　B.管理费用　　C.固定资产　　D.长期待摊费用

二、判断题

1.为订立合同而发生的差旅费、投标费等，如当年取得合同，可以计入合同取得成本；不满足上述条件的，应当计入当期损益。（　　）

2.企业开专户存入银行保函保证金应通过"其他货币资金"账户核算。（　　）

三、简答题

1.预售工程款待转销项税额的含义是什么？

2.临时设施包括哪些？

3.保函的种类有哪些？

四、业务题

1.长江工程施工有限公司本月发生如下业务：

（1）5月1日，参加甲企业生产车间施工招标，需缴纳投标保证金10 000元，通过银行转账。

（2）5月4日，市场部王某前往B企业购买标书花费1 000元，来回交通费400元，餐费补贴100元，5月5日回公司办理报销手续并报销。

（3）甲企业生产车间未能中标，保证金退回。

要求：根据以上业务编制会计分录。

2.3月10日，某施工企业参加某市道路建设工程招标，需缴纳投标保证金1 000 000元，但是由于公司资金周转出现问题，向银行提出"存入部分保证金，其余部分有第三方担保"的申请，银行为其出具了金额为1 000 000元的履约保函，存入保证金为保函金额的30%，并收取了70 000元的手续费，企业用银行存款进行支付。

要求：根据以上业务编制会计分录。

3.某车间工程项目年度计划完成建筑安装工作量6 510 000元，计划工期310 d，材料比例为60%，材料储备期为100 d。

要求：计算预付备料款并编制会计分录。

4.胜利建筑公司按工程合同规定，填列"工程价款预支账单"向发包单位收取上半月的工程进度款440 000元，已存入银行。

要求:完成以下账务处理。

(1)收到预付工程款时。

(2)月末,胜利建筑公司根据"本月已完工程月报表",提出"工程价款结算账单"与发包单位办理本月已完工程结算,应收取本月已完工程价款860 000元,质量保证金11 000元。同时将已确认应收工程款对应的待转销项税额结转为销项税额。

(3)同时从应收账款中扣还预收的工程款440 000元。

(4)收到银行转来发包单位支付工程价款440 000元的收款通知单。

(5)工程完工并质保期满后,收到业主支付工程质保金11 000元。

5.某施工企业搭建一栋临时仓库,发生的实际搭建成本为108 300元,其中:领用材料的实际成本为51 000元,应付搭建人员的工资为43 500元,以银行存款支付其他费用为13 400元,搭建完工后随即交付使用。临时仓库的预计净残值率为6%,预计工期的受益期限为35个月。承包工程竣工后拆除仓库,其账面累计已摊销额为87 259元,支付拆除人员工资5 300元,收回残料1 400元,已验收入库,清理工作结束。

要求:完成以下业务会计账务处理。

(1)搭建过程中发生各种费用时。

(2)临时设施搭建完工交付使用时。

(3)临时设施的折旧。

(4)将拆除的临时设施转入清理,注销其原值和累计已提摊销额时。

(5)分配拆除人员工资时。

(6)残料验收入库时。

(7)结转清理后净损失时。

任务3.2 材料物资供应会计核算

教学目标:

1.明确材料物资的分类和初始计量,熟悉原材料购进和发出的程序以及发出材料的计价方法。

2.掌握原材料购进和发出、购入材料短缺和损耗、周转材料、低值易耗品、委托加工物资、存货期末计量的核算。

为了保证施工生产连续不断地进行,施工企业必须不断地购入、耗用各种材料物资,其价值通常占到工程成本的70%左右,是决定施工成本高低的一个重要因素。

3.2.1 材料物资管理与成本计量

1.材料物资的分类

(1)主要材料。

主要材料是指用于工程施工并构成工程实体的各种材料,包括黑色金属材料(钢铁等)、有色金属材料(铜材、铝材等)、木材、化工材料等。

(2)结构件。

结构件是指经过吊装、拼砌和安装能构成房屋实体的各种金属的、钢筋混凝土的或木质的结构物、构件等,如钢窗、木门、钢木屋架、预制件(预制板、预制梁)等。

(3)机械配件。

机械配件是指施工机械、生产设备、运输设备等各种机械设备替换、维修用的零部件,以及为机械设备准备的备件,如活塞、齿轮。

(4)周转材料。

周转材料是指施工过程中可以多次使用的,基本保持原有的实物形态并逐渐转移其价值的工具性材料,如木模板、脚手架、低值易耗品。

(5)其他材料。

其他材料是指不构成工程实体,但有助于实体工程的形成或便于施工生产的进行的各种材料,如燃料、油料、速凝剂、催化剂、冷冻剂、氧气等。

以上材料物资是按照用途进行分类,还可以按照存放地点的不同,分为在途物资、库存物资、委托加工物资。

2. 材料物资的确认与初始计量

外购材料物资的成本是指材料物资从采购到入库前所发生的全部支出,包括购买价款、相关税费、运杂费以及其他可归属于采购成本的费用。施工企业根据供货单位开出的发票、各种银行结算凭证、有关费用的分配计算表确认材料采购成本。采用一般计税方法时,不含增值税。

其主要包括以下几类。

①买价:发票价+手续费。

②运杂费:运输费、装卸费、保险费、包装费等。

③采购保管费:材料物资供应部门和仓库在组织材料物资采购、供应和保管过程中发生的各种费用。

④运输途中合理损耗。

⑤入库前的挑选整理费。

⑥计入成本的税费等。

自制材料物资的成本包括制造过程中耗用材料的成本、支付的人工费和其他费用,即按照制造过程中的各项实际支出计价。

委托加工材料物资的成本是指施工项目委托其他单位加工物资材料过程中耗用的实际成本,包括材料费、加工费、运输费、装卸费和保险费等。

盘盈的材料物资成本应以其重置成本作为入账价值,并通过"待处理财产损溢"科目进行会计处理,按管理权限报经批准后,冲减当期"管理费用"。

3. 材料物资日常核算计价的方法

材料物资的日常核算可以按照实际成本计价,也可以按照计划成本计价(材料收发业务多且计划成本资料健全的单位使用)。

由于材料物资品种的多样性、工程项目的分散性和建筑材料实际价格波动性,施工项目部的材料物资一般应采用实际成本法核算。

4. 材料物资核算的基本要求

（1）核算和监督材料物资采购费用的支出情况，正确计算材料物资采购成本，考核评价材料物资采购业务的成果，促使施工项目部不断改进材料物资采购工作，节约、合理地使用材料物资采购资金，降低材料物资采购成本。

（2）核算和监督材料物资储备情况，防止材料物资超储积压或储备不足，既要满足施工生产的需要，又要节约、合理地使用资金，加速资金周转。

（3）核算和监督材料物资的收发、领退、保管和结存情况，建立健全材料的验收、领退、保管和清查盘点制度，防止贪污盗窃和损坏变质，做到账、卡、物相符，保护材料物资的安全与完整。

（4）核算和监督材料物资的消耗情况，正确计算工程施工成本中的材料费用，促使施工中节约、合理地使用材料，不断降低工程施工成本。

3.2.2 原材料的核算

1. 外购材料的程序

材料到达后，材料采购部门应组织仓库保管人员认真办理验收入库手续，并填制收料单一式三联，在材料验收完毕并经签章后分送有关部门。其中一联由材料采购部门留存备查，一联由财会部门据以进行材料收入的核算，一联留存仓库，据以登记库存材料明细账（卡）。一般格式见表3.1。

表 3.1　收料单

交物单位或个人：　　　　　　　　　　　年　月　日

材料名称	来源说明	仓号	数量	计量单位	单价	金　额						
						万	千	百	十	元	角	分
合计（大写）金额						（小写）¥						

主管：　　　　　　　　　记账：　　　　　　　　　收料人：

2. 发出材料的程序

施工现场或内部其他单位领用材料时，必须严格办理领料手续，按规定填制领料凭证。施工项目部使用的领料凭证主要有以下几种。

（1）领料单。

仓库发料时，保管员应审核领料单的签证手续是否完备，对于所发材料要认真计量，将实发数量填入单内，并由领发料双方签章，以便明确材料领发的经济责任。

领料单一般适用于没有消耗定额的材料和临时需用或不经常领用的材料。一般格式见表3.2。

表 3.2　领料单

材料类别：
材料科目：　　　　　　　　　　　　年　月　日

材料编号	材料名称	规格	生产通知单号	用途	数量		计量单位	金额
					请领	实领		

主管：　　　　记账：　　　　发料：　　　　领料部门：　　　　领料人：

（2）定额领料单。

定额领料单又称限额领料单，它是一种可以多次使用的累计领料凭证。只要领料数量不超过规定的限额，在当月可以连续使用，其有效期一般为一个月。一般是在每月初签发施工任务单的同时，由施工生产部门根据施工任务单所列的计划工程量，按照材料消耗定额核定各种材料的定额耗用总量后签发。一般格式见表 3.3。

表 3.3　定额领料单

任务单号：　　　　　　　　　　　　　　　　　　　　领料单位：
工程量：　　　　　　　　　　年　月　日　　　　　　发料仓库：

材料编号	材料名称	规格	计量单位	单位消耗定额	定额用量	追加数量	领料记录			退料数量	实际用量
							日期	数量	领发料人签章		

主管：　　　　记账：　　　　发料：　　　　领料部门：　　　　领料人：

定额领料单一般适用于有消耗定额的材料和经常领用的材料。

（3）大堆材料耗用计算单。

一般格式见表 3.4。

表 3.4　大堆材料耗用计算单

年　月

材料名称规格	黄沙	碎石	白灰	砖
单价/(元·m^{-3})				
期初余额/元				
加：本期收入/元				
减：本期结存/元				
本期耗用/元				

本月实际耗用量＝月初结存数量＋本月进料数量－月末结存数量

大堆材料耗用计算单主要适用于用料时既不易点清数量又难以分清受益对象的大堆材料，如施工现场露天堆放的砖、瓦、灰、砂、石等。由于露天堆放的大堆材料耗用量大、领用频繁，在领用时又难以点清数量和过磅，可采用大堆材料耗用计算单，定期计算施工过程中各成本核算对象所耗用的大堆材料数量。

（4）集中配料耗用计算单。

一般格式见表3.5。

表 3.5　集中配料耗用计算单

年　月

成本核算对象	石灰			砂子			石子		
	定额用量	实耗数量	金额	定额用量	实耗数量	金额	定额用量	实耗数量	金额
丙工程									
丁工程									
合计									

集中配料耗用计算单适用于虽能点清数量但需集中配料或统一下料的材料，如水泥、涂料等。

（5）领料登记簿。

一般格式见表3.6。

表 3.6　领料登记簿

领料单位：　　　　　　　　　　　　　　　　　　　发料仓库：
材料类别：　　　　　　　　　　　　　　　　　　　计量单位：
材料名称：　　　　　　　　　　年　月

日期	领用数量	用途	领料人签章	备注

领料登记簿是一种一单一料、多次使用有效的累计领发料凭证。它主要适用于领发次数多、数量零星、价值较低的消耗性材料，如铁钉、螺丝、螺帽、垫圈等。

对于这类材料，为了简化领发料手续，平时领用材料的，可以不填制领料单，而由领料人员在领料登记簿内登记领用数量、用途并签章证明。月终，由仓库保管员根据领料登记簿，按领料单位和用途汇总填制领料单一式三联，其中一联交领料单位，一联留存仓库作为登记材料明细账的依据，一联交财会部门作为成本核算的依据。

3. 原材料购进的核算

（1）账户设置。

①在途物资：核算企业已购入但尚未入库的各种物资的实际成本。

在途物资

买价 运杂费等（不包括采购保管费）	入库物资的实际成本（不包括采购保管费）
在途物资实际成本	

②原材料：核算企业各种库存原材料的实际成本。

原材料

验收入库材料实际成本（包括采购保管费）	发出材料实际成本
库存材料实际成本	

③采购保管费：核算企业材料物资供应部门及仓库为采购、验收、保管和收发材料物资所发生的各项费用，月末账户无余额。

采购保管费

实际发生各种 采购保管费	月末分配的采购 保管费（计入入 库材料成本中）

④应付账款：核算企业因购买材料、商品或接受劳务供应等经营活动而应付给供应单位的款项。

应付账款——债权人

已支付的款项	应付的款项
	未支付的款项

账户之间关系:

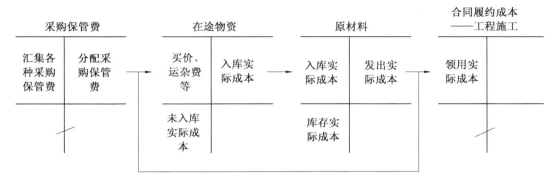

(2)材料物资供应账务处理。

【例3.14】 某施工企业本月发生如下经济业务,账务处理如下:

①购买水泥一批,增值税专用发票注明价款100 000元,增值税税率为13%,运杂费1 000元(不考虑运输费用可抵扣的进项税),开出转账支票结算,材料未入库。

借:在途物资——水泥　　　　　　　　　　　　　　　　　101 000
　　应交税费——应交增值税(进项税额)　　　　　　　　　13 000
　　贷:银行存款　　　　　　　　　　　　　　　　　　　　114 000

②购买木材一批,增值税专用发票注明价款150 000元,增值税税率为13%,运杂费800元(不考虑运输费用可抵扣的进项税),款未付,材料验收入库。

借:原材料——木材　　　　　　　　　　　　　　　　　　150 800
　　应交税费——应交增值税(进项税额)　　　　　　　　　19 500
　　贷:应付账款　　　　　　　　　　　　　　　　　　　　170 300

③购买钢材一批,增值税专用发票注明价款250 000元,增值税税率为13%,运杂费3 000元(不考虑运输费用可抵扣的进项税),用银行汇票结算,材料入库。

借:原材料——钢材　　　　　　　　　　　　　　　　　　253 000
　　应交税费——应交增值税(进项税额)　　　　　　　　　32 500
　　贷:其他货币资金——银行汇票存款　　　　　　　　　　285 500

④用银行存款支付采购部门的办公费用1 076元。

借:采购保管费　　　　　　　　　　　　　　　　　　　　1 076
　　贷:银行存款　　　　　　　　　　　　　　　　　　　　1 076

⑤计提采购部门人员的工资6 000元,固定资产折旧1 000元。

借:采购保管费　　　　　　　　　　　　　　　　　　　　7 000
　　贷:应付职工薪酬——应付工资　　　　　　　　　　　　6 000
　　　　累计折旧　　　　　　　　　　　　　　　　　　　　1 000

⑥假设期末分配采购保管费,按实际分配率分配。

$$实际分配率 = \frac{本月实际发生的采购保管费合计}{本月入库材料的买价及运杂费合计} \times 100\%$$

某种材料应分配的采购保管费＝该种材料的买价及运杂费×实际分配率

采购保管费实际分配率＝8 076/150 800＋253 000＝2％

木材应分配的采购保管费＝150 800×2％＝3 016(元)

钢材应分配的采购保管费＝253 000×2％＝5 060(元)

分配采购保管费：

借：原材料——木材　　　　　　　　　　　　　　　　　　3 016
　　　　——钢材　　　　　　　　　　　　　　　　　　　5 060
　　贷：采购保管费　　　　　　　　　　　　　　　　　　　8 076

⑦本月发出木材、钢材用于工程施工,钢材实际成本150 000元,木材实际成本50 000元。

借：合同履约成本——工程施工——直接材料费　　　　　200 000
　　贷：原材料——钢材　　　　　　　　　　　　　　　150 000
　　　　　　——木材　　　　　　　　　　　　　　　　 50 000

账户之间关系：

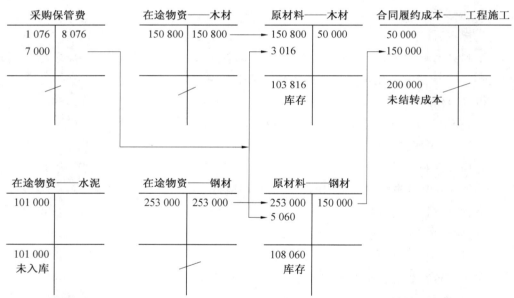

【例3.15】　某项目部采用托收承付结算方式购入施工用原材料混凝土一批,材料已验收并用于工程施工,发票账单未到,月末按暂估价60 000元入账。当月末账务处理如下：

借：原材料　　　　　　　　　　　　　　　　　　　　　60 000
　　贷：应付账款——暂估应付账款　　　　　　　　　　 60 000

下月初用红字或负数做同样的记账凭证,予以冲回：

借：原材料　　　　　　　　　　　　　　　　　　　　 －60 000
　　贷：应付账款——暂估应付账款　　　　　　　　　　－60 000

收到有关结算凭证56 500元(含税价格),并支付货款：

借:原材料　　　　　　　　　　　　　　　　　　　　　　　　　　　　　　　50 000
　　应交税费——应交增值税(进项税额)　　　　　　　　　　　　　　　　　 6 500
　　贷:银行存款　　　　　　　　　　　　　　　　　　　　　　　　　　　　56 500

【例 3.16】　龙江项目部向某供货商采购钢材 150 t,不含税单价 2 000 元,需支付不含税金额 300 000 元,增值税税额 39 000 元。按照合同规定向该供货商预付货款的 10%,验收货物后补付其余款项。

①预付 10% 的货款时,账务处理如下:
借:预付账款　　　　　　　　　　　　　　　　　　　　　　　　　　　　　33 900
　　贷:银行存款　　　　　　　　　　　　　　　　　　　　　　　　　　　　33 900

②收到该供货商发来的钢材 100 t,经验收无误,有关发票记载的货款为 300 000 元,增值税税额 39 000 元。账务处理如下:
借:原材料　　　　　　　　　　　　　　　　　　　　　　　　　　　　　　300 000
　　应交税费——应交增值税(进项税额)　　　　　　　　　　　　　　　　39 000
　　贷:预付账款　　　　　　　　　　　　　　　　　　　　　　　　　　　339 000

③以银行存款补付不足款项 305 100 元。账务处理如下:
借:预付账款　　　　　　　　　　　　　　　　　　　　　　　　　　　　　305 100
　　贷:银行存款　　　　　　　　　　　　　　　　　　　　　　　　　　　305 100

(3)购入材料短缺和损耗的处理。

施工项目购入的材料验收入库时,如果发现短缺和损耗,必须查明原因,分清经济责任,区别不同情况进行处理。

属于保险公司、运输部门或个人负责的损失,索赔款和对应的进项税额记入"其他应收款";属于供货单位少发货造成的短缺,货款未付,按实收货物的实际成本入账,如果货款已付,应将短缺货物的实际成本计入"其他应收款";属于运输途中的定额内合理损耗的采购成本,提高材料单价,不另作账务处理;属于自然灾害等非常原因造成的损失,应将扣除残料价值和过失人、保险公司赔款后的净损失,借记"营业外支出";待查明原因的途中损耗,先从"在途物资"转入"待处理财产损溢"账户,查明原因后再结转到"其他应收款"。

【例 3.17】　5 月 20 日,某建筑企业项目部(小规模纳税人)向××砖瓦厂购买红砖一批,购入价 206 000 元(含增值税),运杂费 1 090 元(含增值税),以银行存款支付。当月 25 日,红砖运到,验收入库时,发现短缺 3 000 块,含税价为 2 060 元,经查询,属于该砖瓦厂发货差错所致。其账务处理如下:

①根据发票账单和银行结算凭证,支付货款时:
借:在途物资——硅酸盐材料(红砖)　　　　　　　　　　　　　　　　　201 000
　　应交税费——应交增值税(进项税额)　　　　　　　　　　　　　　　 6 090
　　贷:银行存款　　　　　　　　　　　　　　　　　　　　　　　　　　　207 090

②根据收料单,验收入库:
借:原材料——硅酸盐材料(红砖)　　　　　　　　　　　　　　　　　　199 000

贷:在途物资——硅酸盐材料(红砖) 199 000

③根据索赔凭证,短缺红砖的不含税买价2 000元以及60元增值税:

借:其他应收款——××砖瓦厂 2 060
  贷:在途物资——硅酸盐材料(红砖) 2 000
    应交税费——应交增值税(进项税额转出) 60

④若红砖短缺原因不明,尚待查处,材料已验收入库:

借:待处理财产损溢——待处理流动资产损溢 2 060
  贷:在途物资——硅酸盐材料(红砖) 2 000
    应交税费——应交增值税(进项税额转出) 60

⑤月末,经查明短缺的红砖属于采购人员管理不当,导致丢失。公司决定由责任人赔偿1 500元,其余损失由公司承担。

借:营业外支出 560
  其他应收款——某采购员 1 500
  贷:待处理财产损溢——待处理流动资产损溢 2 060

4. 材料发出的计价方法

(1)先进先出法的含义及应用。

先进先出法是根据先入库的材料先发出的原则,按先入库的材料所确定的实际单位成本计算先发出材料实际成本的一种方法。优点是可以均衡日常核算工作,计算的期末材料、物资成本比较接近市场价值,缺点是在收发材料业务频繁情况下计算工作量繁重,适用于收发材料业务不太频繁的企业。

【例3.18】 某建筑公司胜利项目部6月份甲材料的入库、发出和结存的有关资料见表3.7。

表3.7 材料收发记录表

××××年		摘要	入库		发出数量	结存数量
月	日		数量	单价/元		
6	2	期初结存				2 000（单价3元）
6	8	购入	5 000	2.2		
6	13	发出			4 000	
6	16	购入	3 000	2.4		
6	21	发出			2 000	
6	27	发出			3 000	

采用先进先出法计算发出材料成本,原材料明细账见表3.8。

表 3.8 原材料明细账

材料科目：甲材料　　　　　　　　　　　　　　　　　　存放地点：
材料名称及规格：　　　　　　　　　　　　　　　　　　计量单位：

20××年		凭证号数	摘要	收入/元			发出/元			结存/元		
月	日			数量	单价	金额	数量	单价	金额	数量	单价	金额
6	2		期初结存							2 000	3	6 000
6	8	×	购入	5 000	2.2	11 000				2 000	3	17 000
										5 000	2.2	
6	13	×	发出				2 000	3	10 400	3 000	2.2	6 600
							2 000	2.2				
6	16	×	购入	3 000	2.4	7 200				3 000	2.2	13 800
										3 000	2.4	
6	21	×	发出				2 000	2.2	4 400	1 000	2.2	9 400
										3 000	2.4	
6	27	×	发出				1 000	2.2	7 000	1 000	2.4	2 400
							2 000	2.4				
6	30		本月合计	8 000		18 200	9 000		19 800	1 000	2.4	2 400

(2)移动加权平均法的含义及应用。

移动加权平均法是根据本次收入数量和以前结存数量与本次入库材料成本和以前结存材料成本计算加权平均单位成本，作为本次发出材料的实际单位成本的一种计算方法。计算公式为

移动加权平均单位成本＝(以前结存材料实际成本＋本次入库材料成本)/
(以前结存材料数量＋本次入库材料数量)

本次发出材料的实际成本＝本次发出材料数量×移动加权平均成本

【例3.19】 (沿用【例3.18】的资料)6月8日购入材料时：

移动加权平均单位成本＝(6 000＋11 000)/(2 000＋5 000)＝2.43(元)

6月13日发出材料时：

发出材料的实际成本＝4 000×2.43＝9 720(元)

结存材料成本＝17 000－9 720＝7 280(元)

(3)月末一次加权平均法的含义及应用。

月末一次加权平均法是根据期初结存存货和本期收入存货的数量和实际成本，期末一次计算存货的本月加权平均单位成本，作为计算本期发出存货的单位成本，以求得本期发出存货成本和期末结存成本的一种方法。这种方法适用于收发材料业务比较频繁的企业。计算公式为

加权平均单位成本＝(月初库存存货的实际成本＋本月收入存货的实际成本)/(月初库存存货数量＋本月收入存货数量)

本月发出存货实际成本＝本期发出存货数量×加权平均单位成本

【例3.20】 (沿用【例3.18】的资料)月末发出材料实际成本计算如下：

月末加权平均单位成本＝(6 000＋18 200)/(2 000＋8 000)＝2.42(元)

本期发出材料的实际成本＝9 000×2.42＝21 780(元)

期末结存材料成本＝1 000×2.42＝2 420(元)

(4)个别计价法的含义及应用。

个别计价法是指每次发出存货的实际成本按其购入时的实际成本分别计价的方法。需要将仓库中的每批材料分别堆放，各批材料要有记号，标明其实际单位成本，以便确定该批材料发出的实际单位成本。优点是反映的材料成本最为准确，可以均衡日常核算工作，能及时反映原材料实际成本。缺点是在收发材料业务频繁情况下核算工作量繁重。适用于企业规模不大或材料收发业务不多的企业。

3.2.3 周转材料的核算

1.周转材料的含义与分类

周转材料是指在施工生产过程中，能够多次使用，并可以基本保持原来的形态而逐渐转移其价值的材料。施工项目上的周转材料大多是用主要材料加工制成或者直接从外单位购入，在施工生产过程中发挥着劳动资料的作用。

(1)周转材料按照用途分为以下几类。

①挡板：指土方工程用的挡土板及支撑材料。

②架料：指搭脚手架用的竹竿、木杆、跳板以及钢管。

③低值易耗品：指不能作为固定资产核算的各种用具物品。如生产用具、管理用具、劳保用品以及在经营过程中周转使用的包装容器等。

④模板：指浇灌混凝土用的木模、钢模等，包括配合模板使用的支撑材料和扣件等。按固定资产管理的固定钢模和现场固定大模板则不包括在内。

⑤其他:指除以上各类之外,作为流动资产管理的其他周转材料,如塔吊使用的轻轨、枕木(不包括附属于塔吊的钢轨)以及施工过程中使用的安全网等。

(2)按照存放地点和使用情况不同,周转材料可以分为在库周转材料和在用周转材料。

(3)按照摊销方法不同,周转材料可以分为一次转销的周转材料和分次摊销的周转材料。

2. 周转材料的摊销方法

(1)一次摊销法。

领用时将其价值一次全部摊销。

(2)分次摊销法。

按周转材料使用次数摊销。

【例 3.21】 某项目部定型模板一套,原值 25 000 元,预计使用次数 50 次,预计净残值率 10%,本期使用 5 次,计算本月摊销额如下:

$$模板每次摊销额=原值×(1-残值率)/模板预计使用次数$$
$$=25\,000×(1-10\%)/50=450(元/次)$$

$$本月模板摊销额=本月使用次数×每次摊销额=5×450=2\,250(元)$$

(3)分期摊销法。

按周转材料使用期限摊销。

【例 3.22】 本月领用跳板 4 m², 单位成本 1 400 元/m², 跳板使用期限 20 个月, 预计残值率 4%, 计算每月摊销额如下:

$$模板每月摊销额=原值×(1-残值率)/模板预计使用月数$$
$$=4×1400(1-4\%)/20=268.8(元/月)$$

(4)定额摊销法。

按预算定额规定的周转材料消耗定额计算当期摊销额。

【例 3.23】 本月施工现场预制混凝土构件 60 m³, 定额消耗模板价值 70 元/m³, 计算每月摊销额如下:

$$周转材料本期摊销额=本期完成的实物工程量×单位工程量周转材料消耗定额$$
$$模板本期摊销额=60×70=4\,200(元)$$

3. 周转材料账户设置

设置"周转材料"账户:用于核算企业周转材料的增减变化情况。在"周转材料"一级账户下,设置二级科目。

(1)"周转材料——在库周转材料"账户核算库存周转材料的价值,借方登记验收入库周转材料的实际成本或计划成本,贷方登记发出周转材料的实际成本或计划成本,期末借方余额反映库存周转材料的实际成本或计划成本。

(2)"周转材料——在用周转材料"账户核算在用周转材料的价值,借方登记领用周转材料的实际成本或计划成本,贷方登记周转材料报废时冲销的实际成本或计划成本,借方余额反映在用周转材料的实际成本或计划成本。

(3)"周转材料——周转材料摊销"账户核算周转材料在使用中的损耗价值,贷方登记计提的在用周转材料的摊销额,借方登记结转报废周转材料的已提摊销额,期末贷方余额反映在用周转材料的累计摊销额。

周转材料——在库	
取得的周转材料	领用的周转材料
库存周转材料	

周转材料——在用	
领用的周转材料	冲销
使用中周转材料	

合同履约成本——工程施工	
计提摊销额	

周转材料——周转材料摊销	
冲销	计提摊销额
	已提摊销额

对周转材料进行摊销时,计入"合同履约成本——工程施工——材料费"明细账中,对低值易耗品摊销计入"合同履约成本——工程施工——间接费用"明细账中。

4. 账务处理

【例 3.24】 5月1日,某建筑企业所属龙江项目部购入木模板 160 m³,领用木模板 120 m³,模板实际成本为 310 元/m³。5月末工程竣工,盘点现场时该批模板报废转作一般材料,估计价值 2 100 元。按一次转销法进行账务处理:

①购入模板时:
借:周转材料——在库周转材料　　　　　　　　　　　　　　49 600
　　贷:银行存款　　　　　　　　　　　　　　　　　　　　　49 600

②4月份领用模板时:
借:合同履约成本——工程施工——材料费　　　　　　　　　37 200
　　贷:周转材料　　　　　　　　　　　　　　　　　　　　　37 200

③将报废周转材料的残料价值作为原材料入库时:
借:原材料　　　　　　　　　　　　　　　　　　　　　　　2 100
　　贷:合同履约成本——工程施工——材料费　　　　　　　　2 100

【例 3.25】 本月施工现场领用分期摊销的模板,实际成本 55 000 元,预计使用 30 个月,预计残值率 4%。账务处理如下:

①领用周转材料:
借:周转材料——在用周转材料　　　　　　　　　　　　　　55 000
　　贷:周转材料——在库周转材料　　　　　　　　　　　　　55 000

②本月摊销周转材料:
本月摊销额=原值×(1-残值率)/预计使用月数=55 000×(1-4%)/30=1 760(元/月)
借:合同履约成本——工程施工——材料费　　　　　　　　　1 760
　　贷:周转材料——低值易耗品摊销　　　　　　　　　　　　1 760

【例 3.26】 上述模板在使用了20个月后全部报废,残值回收500元入库。

③补提摊销额:
已提摊销额=1 760 × 20=35 200(元)
应提摊销额=55 000-500=54 500(元)

补提摊销额＝54 500－35 200＝19 300(元)

借:合同履约成本——工程施工—材料费　　　　　　　　　　　　19 300
　　贷:周转材料——周转材料摊销　　　　　　　　　　　　　　　　　　19 300

④残料入库同时结转成本冲账:

借:原材料——其他材料　　　　　　　　　　　　　　　　　　　　　　500
　　周转材料——周转材料摊销　　　　　　　　　　　　　　　　　　　54 500
　　贷:周转材料——在用周转材料　　　　　　　　　　　　　　　　　　55 000

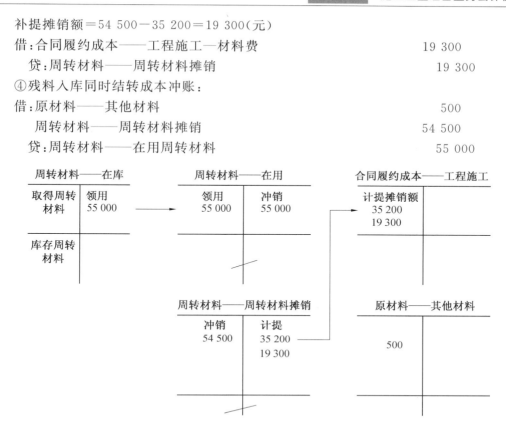

3.2.4 低值易耗品核算

低值易耗品是指单位价值较低或使用时间较短,不符合固定资产标准的各种用具物品。低值易耗品既可以在"周转材料"科目中核算,也可以单独设置"低值易耗品"科目核算,摊销方法一般也采用一次转销法和分次摊销法。低值易耗品金额较小的,可在领用时一次计入成本费用,如安全网。

1. 低值易耗品按照用途分类

(1)生产工具是指企业在施工生产过程中使用的各种生产工具和器具,如铁锹、铁镐、钻头、钳子、扳手、灰桶、手推车等。

(2)管理用具是指企业在管理和服务工作中使用的各种价值较低而又易于损耗的家具、办公用具和消防器具等,如桌、椅、柜、打字机、复印机、灭火器等。

(3)劳保用品是指企业发给职工在施工生产过程中使用的各种劳动保护用品,如工作服、工作鞋、安全帽、安全带、手套、面罩和其他防护用品等。

(4)玻璃器皿是指企业在试验、化验工作中使用的各种玻璃容器和用具,如量杯、烧瓶等。

(5)其他是指不属于上述各类的低值易耗品。

2. 低值易耗品的摊销方法

(1) 一次摊销法。

领用时将其价值一次摊销。

(2) 五五摊销法。

领用时将其价值摊销一半,报废时扣除残值摊销另外一半。

3. 设置的账户

"周转材料——在库低值易耗品"是指库存低值易耗品的成本;"周转材料——在用低值易耗品"是指使用中低值易耗品的实际成本;"周转材料——低值易耗品摊销"是指使用中低值易耗品的摊销额。

4. 账务处理

【例 3.27】 本月施工现场领用属于五五摊销的工具一批,实际成本为 5 000 元。

① 领用时从在库转入在用:

借:周转材料——在用低值易耗品　　　　　　　　　　　5 000
　　贷:周转材料——在库低值易耗品　　　　　　　　　　　5 000

② 领用同时摊销 50%:

借:间接费用　　　　　　　　　　　　　　　　　　　　2 500
　　贷:周转材料——低值易耗品摊销　　　　　　　　　　　2 500

【例 3.28】 假设本月上例工具报废,报废残料价值 90 元(报废时,另一半扣除残值,同时冲账)。

① 报废时摊销另外 50%,并扣除残值(2 500－90＝2 410):

借:间接费用　　　　　　　　　　　　　　　　　　　　2 410
　　贷:低值易耗品——低值易耗品摊销　　　　　　　　　　2 410

② 同时冲账:

借:周转材料——低值易耗品摊销　　　　　　　　　　　4 910
　　原材料——其他材料　　　　　　　　　　　　　　　　　90
　　贷:周转材料——在用低值易耗品　　　　　　　　　　　5 000

3.2.5 委托加工物资的核算

1. 委托加工物资的账户设置

"委托加工物资"账户核算委托外单位加工物资的实际成本。委托加工物资的成本,借记发送外单位加工的各种物资的实际成本、企业支付的加工费、企业应负担的运杂费,贷记加工完成并已验收入库物资的实际成本和剩余物资的实际成本,期末借方余额表示尚未加工完成物资的实际成本和发出加工物资的运杂费。

2. 委托加工物资的账务处理

【例 3.29】 某建筑公司京哈项目部委托 B 公司加工材料。原材料成本 120 000 元,支付的加工费 82 000 元(不含增值税),材料完工验收入库,加工费用等已支付。B 公司适用的增值税税率为 13%。完成以下账务处理:

(1)发出委托加工材料时:
借:委托加工物资　　　　　　　　　　　　　　　　　　　　　120 000
　　贷:原材料　　　　　　　　　　　　　　　　　　　　　　　　　120 000
(2)支付加工费用时:应纳增值税=82 000×13%=10 660(元)
借:委托加工物资　　　　　　　　　　　　　　　　　　　　　82 000
　　应交税费——应交增值税(进项税额)　　　　　　　　　　10 660
　　贷:银行存款　　　　　　　　　　　　　　　　　　　　　　　　92 660
(3)加工完成收回委托加工材料:
借:原材料　　　　　　　　　　　　　　　　　　　　　　　　202 000
　　贷:委托加工物资　　　　　　　　　　　　　　　　　　　　　　202 000

3.2.6　材料物资的其他收发业务

1. 发包单位拨入材料物资的核算

施工项目部收到发包单位转账拨入的材料物资时,应按结算价格借记"原材料"科目,贷记"合同负债"科目。

【例3.30】　某建筑公司京哈项目部收到建设单位转账拨入的钢筋100 t,抵作工程款,其结算价格(含税)为352 000元,收到了建设单位开具的增值税专用发票。账务处理如下:
借:原材料——主要材料(钢筋)　　　　　　　　　　　　　300 000
　　应交税费——应交增值税(进项税额)　　　　　　　　　　39 000
　　贷:合同负债　　　　　　　　　　　　　　　　　　　　　　　339 000

2. 对外销售材料物资的核算

施工项目部应将多余或不需用的材料物资及时对外销售,以避免积压资金。施工项目部对外销售材料物资时,应按已收或应收的价款,借记"银行存款""应收账款"等科目,按实现的营业收入贷记"其他业务收入"等科目,月末结转对外销售材料物资的实际成本时,应借记"其他业务成本"科目,贷记"原材料"等科目。

【例3.31】　企业将积压的一批钢材对外销售,不含税售价为12 000元,成本为8 500元,价款已收到并存入银行,假设该企业为增值税小规模纳税人。根据开户银行的收款通知,账务处理如下:
借:银行存款　　　　　　　　　　　　　　　　　　　　　　12 360
　　贷:其他业务收入　　　　　　　　　　　　　　　　　　　　　12 000
　　　　应交税费——应交增值税　　　　　　　　　　　　　　　　　360
月末,结转对外销售钢材的实际成本8 500元。根据领料单,账务处理如下:
借:其他业务成本　　　　　　　　　　　　　　　　　　　　 8 500
　　贷:原材料——主要材料(钢材)　　　　　　　　　　　　　　　 8 500

3.2.7　存货的期末计量

1. 存货减值的原因

(1)使用该原材料生产的产品的成本大于产品的销售价格。

(2)因产品的更新换代,原有库存原材料已不适应新产品的需要,该原材料的市场价格低于其账面成本。

(3)企业提供的商品或劳务过时,市场需求发生变化,导致市场价格逐渐下跌。

(4)该存货市场价格持续下跌,可预见未来无回升希望。

(5)其他足以证明已无使用价值和转让价值的存货。

2. 确定存货减值的方法

资产负债表日,材料物资作为存货,应当按照成本与可变现净值孰低原则计量。对于存货成本高于可变现净值部分,计提存货跌价准备,计入当期损益。如果账面成本小于可变现净值,一般不做任何会计处理。成本为历史成本。可变现净值为存货的估计售价扣除至完工时估计将发生的成本及估计的销售费用及相关税费后的价值确定。其中售价的确定为有合同价则按合同价确定,无合同价则按市价确定。

3. 不同情况下存货可变现净值的计算

(1)直接用于出售的产成品、商品。

【例 3.32】 2021 年 12 月 31 日,某建筑公司生产的 B 型机器的账面价值(成本)为 2 160 000 元,数量为 12 台,B 型机器的市场价格每台 210 000 元,估计的相关销售费用和税金为 22 000 元,甲公司没有签订有关 B 型机器的销售合同,计算 B 型机器的可变现净值。

$$B 型机器的可变现净值 = 210\,000 \times 12 - 22\,000 = 2\,498\,000(元)$$

(2)用于出售不需加工的材料。

【例 3.33】 2021 年由于产品更新换代,某建筑公司决定停止生产 C 型机器。为减少不必要的损失,某建筑公司决定将用于生产 C 型机器的 10 t 钢材出售,市场销售价格为 65 000 元/t,同时销售钢材可能发生销售费用及税金 52 000 元。计算钢材的可变现净值。

$$钢材的可变现净值 = 65\,000 \times 10 - 52\,000 = 598\,000(元)$$

(3)需要经过加工用于继续生产的材料存货。

其材料的价值体现在其生产的产成品上。因此,应首先确认产品的成本与可变现净值孰低。当产品成本大于可变现净值时则按可变现净值计价,当产品成本小于可变现净值时则按产品成本计价。

【例 3.34】 2021 年 12 月 31 日,某建筑公司库存原材料钢材的账面价值为 610 000 元,用于生产 D 型机器,D 型机器的市场销售价格为 1 355 000 元,其生产成本为 1 410 000 元。将该批钢材加工成 D 型机器尚需投入 820 000 元,估计销售费用及税金为 51 000 元。

第一步:首先确定产品的可变现净值:

$$D 型机器的可变现净值 = D 型机器估计售价 - 估计销售费用及税金$$
$$= 1\,355\,000 - 51\,000 = 1\,304\,000(元)$$

D 型机器可变现净值 1 304 000 元低于成本 1 410 000 元,则钢材按可变现净值计价。

第二步:确定钢材的可变现净值:

$$钢材的可变现净值 = D 型机器的估计售价 - 钢材加工成 D 型机器尚需投入的成本$$
$$- 估计销售费用及税金$$
$$= 1\,355\,000 - 820\,000 - 51\,000 = 484\,000(元)$$

4. 存货的账户设置

企业应当设置"存货跌价准备"账户,用于核算存货发生的跌价准备及其转回情况,其贷方登记的是各期计提的存货跌价准备金额,借方登记的是转销或转回的已提存货跌价准备金额,期末贷方余额表示企业期末已计提的存货跌价准备的累计数。

如果以前减记存货的影响因素已经消失,则减记的金额应当予以恢复,转回存货跌价准备的金额应以将"存货跌价准备"余额冲减至零为限。如果已提跌价准备的存货已经销售,那么为该存货计提的跌价准备也应同时转销,并用以冲减"主营业务成本"。

5. 存货的账务处理

【例 3.35】 丙公司 2020 年年末,B 存货的账面成本为 105 000 元,由于本年以来 B 存货的市价持续下跌,根据资产负债表日状况确定的 B 存货的可变现净值为 96 000 元,应计提存货跌价准备。账务处理如下:

借:资产减值损失　　　　　　　　　　　　　　　　　　　　　9 000
　　贷:存货跌价准备　　　　　　　　　　　　　　　　　　　　　9 000

【例 3.36】 沿用【例 3.35】,假设 2021 年年末,丙公司存货的种类和数量、账面成本和已计提的存货跌价准备均未发生变化,但是 B 存货的市场价格持续上升,市场前景明显好转,至 2021 年年末根据当时状态确定的 B 存货的可变现净值为 110 000 元。账务处理如下:

借:存货跌价准备　　　　　　　　　　　　　　　　　　　　　9 000
　　贷:资产减值损失　　　　　　　　　　　　　　　　　　　　　9 000

【例 3.37】 2020 年,胜利建筑公司库存 B 机器 6 台,每台成本 5 600 元,已经计提存货跌价准备合计 6 600 元。2021 年,该公司将库存的 6 台机器全部以每台 6 500 元的价格出售,适用的增值税税率为 13%,货款未收到。则该公司出售商品、结转存货跌价准备和主营业务成本的账务处理如下:

借:应收账款　　　　　　　　　　　　　　　　　　　　　　44 070
　　贷:主营业务收入　　　　　　　　　　　　　　　　　　　39 000
　　　　应交税费——应交增值税(销项税额)　　　　　　　　 5 070
借:存货跌价准备　　　　　　　　　　　　　　　　　　　　 6 600
　　主营业务成本　　　　　　　　　　　　　　　　　　　　27 000
　　贷:库存商品　　　　　　　　　　　　　　　　　　　　　33 600

练 习 题

一、单选题

1. 某建筑企业为增值税一般纳税人,购入材料一批,增值税专用发票上标明的价款为 250 000 元,增值税为 32 500 元,另支付材料的保险费 20 000 元(不含税)、包装物押金 20 000 元,该批材料的采购成本为(　　)元。

　　A. 270 000　　　　B. 290 000　　　　C. 310 000　　　　D. 330 000

2. 某施工企业原材料已验收入库,月末结算凭证未到,可按材料合同价格估价入账,其会计分录为( )。
   A. 借:材料采购
         应交税费——应交增值税(进项税额)
      贷:应付账款
   B. 借:原材料
      贷:应付账款
   C. 借:原材料
         应交税费——应交增值税(进项税额)
      贷:应付账款
   D. 借:原材料
      贷:材料采购

3. 某建筑企业对外销售材料物资时,应按已收或应收的价款,贷方记( )科目。
   A. "其他应收款"   B. "应收账款"
   C. "其他业务收入" D. "主营业务收入"

4. 某建筑企业采用先进先出法计算发出原材料的成本。8月2日,甲材料结存200 kg,实际成本为300元/kg;8月8日购入甲材料350 kg,实际成本为310元/kg;8月22日购入甲材料400 kg,实际成本为290元/kg;8月29日发出甲材料500 kg。8月份甲材料发出成本为( )元。
   A. 153 000   B. 155 000   C. 145 000   D. 150 000

二、多选题

1. 企业进行材料清查时,对于盘亏的材料,应先记入"待处理财产损溢"科目,待期末或报经批准后,根据不同的原因可分别记入( )等科目。
   A. "管理费用"   B. "财务费用"
   C. "营业外支出" D. "其他应收款"

2. 下列各项中,属于发出材料成本计价方法的有( )。
   A. 移动加权平均法   B. 月末一次加权平均法
   C. 个别计价法   D. 先进先出法

三、判断题

1. 购货途中的一切损失或损耗都应计入存货的采购成本。( )
2. 对于委托外单位加工的材料物资,虽仍属于企业所有,但不存于本企业仓库,所以不能在"原材料"科目进行核算。( )

四、简答题

1. 建筑企业发出存货的成本计价方法有哪几种?
2. 建筑企业项目部常用的领料凭证有哪些?
3. 建筑企业材料主要包括哪些?

五、业务题

1. 企业从某贸易公司购进钢材和木材一批。钢材 150 t,单价 3 500 元,计 525 000 元;木材 400 m²,单价 800 元,计 320 000 元,某贸易公司代垫运杂费 16 900 元。该批材料由某运输公司承运,货款及运杂费已付。上述材料验收入库时,发现钢材短缺 6 t 应由运输单位赔偿,其余材料已入库。

要求:按照上述经济业务编制会计分录。

2. 资料如下:

(1)购买甲材料一批,增值税专用发票注明价款 300 000 元,增值税税率为 9%,运杂费 1 550 元,开出转账支票结算,材料未入库。

(2)购买乙材料一批,增值税专用发票注明价款 150 000 元,增值税税率为 9%,运杂费 500 元,款未付,材料验收入库。

(3)用银行存款支付采购部门的办公费用 950 元。

(4)购买丙材料一批,增值税专用发票注明价款 180 000 元,增值税税率为 9%,运杂费 750 元,款未付,材料验收入库。(其他略)

(5)计提采购部门人员的工资 26 000 元,固定资产折旧 780 元。

(6)假设期末分配采购保管费,其中乙材料分配 500 元、丙材料分配 400 元。

(7)本月发出材料用于工程施工,其中乙材料实际成本 50 000 元,丙材料实际成本 60 000 元。

要求:根据上述经济业务编制会计分录。

3. B 公司 2020 年 9 月 1 日结存乙材料 100 kg,实际成本为 1 000 元/kg。本月发生如下有关业务:

(1)4 日,购入乙材料 50 kg,实际成本(单位成本)为 1 050 元/kg,材料已验收入库。

(2)6 日,发出乙材料 80 kg。

(3)8 日,购入乙材料 70 kg,实际成本为 980 元/kg,材料已验收入库。

(4)13 日,发出乙材料 130 kg。

(5)21 日,购入乙材料 80 kg,实际成本为 1 100 元/kg,材料已验收入库。

(6)26 日,发出乙材料 30 kg。

要求:假定 B 公司原材料采用实际成本核算,发出材料采用先进先出法,请根据上述资料,计算乙材料 4 日、6 日、8 日、13 日、21 日、26 日收入、发出材料的成本以及期末结存的成本。

4. 某建筑企业采用月末一次加权平均法计算发出原材料的成本。

2020 年 9 月 1 日,乙材料期初结存 300 kg,实际成本为 10 元/kg;9 月 10 日购入乙材料 300 kg,实际成本为 11 元/kg;8 月 25 日发出乙材料 500 kg。

要求:计算该企业 9 月份发出乙材料的成本。

5. 资料如下:

(1)某建筑公司乙工程本月领用分期摊销的新木模板一批,模板的实际成本 300 000 元,预计净残值率 5%,该批模板预计使用 8 个月,采用分期摊销法摊销。

(2)假设上述模板使用了 6 个月时报废,残料价值 12 000 元,已验收入库。

要求:根据上述经济业务编制会计分录。

6. 资料如下:
(1)本月施工现场领用属于五五摊销的工具一批,实际成本为 5 000 元。
(2)假设本月上述工具报废,报废残料价值 100 元,报废时,另一半扣除残值同时冲账。
要求:根据上列经济业务编制会计分录。
7. 某施工企业 B 项目部委托乙公司加工材料。材料成本 200 000 元,支付加工费 100 000元(不含增值税),材料加工完成验收入库,加工费已支付。乙公司适用的增值税税率为 13％。
要求:编制发出委托加工材料、支付加工费和加工完成收回委托加工材料时的会计分录。

六、综合实训

根据以下经济业务编制会计分录,并登记"在途物资、原材料、采购保管费、周转材料、委托加工物资"等丁字账。
(1)某建筑企业采购水泥一批,增值税专用发票注明材料价款 100 000 元,增值税 9 000 元,企业开出转账支票结算。
(2)企业购买木材一批,增值税专用发票注明材料价款 200 000 元,增值税 18 000 元,款未付,另外用现金支付运杂费 1 000 元。材料验收入库。
(3)企业采购钢材一批,增值税专用发票注明材料价款 300 000 元,增值税 27 000 元,运杂费 2 000 元,上述款项均采用汇兑方式结算,材料验收入库。
(4)企业采购结构件一批,增值税专用发票注明材料价款 400 000 元,增值税 36 000 元,各种运杂费 10 000 元,上述款项均采用转账支票结算,材料验收入库。
(5)企业采购机械配件一批,增值税专用发票注明材料价款 100 000 元,增值税 9 000 元,各种运杂费 500 元,上述款项均采用转账支票结算,材料验收入库。
(6)本月用银行存款支付材料供应部门办公费 800 元。
(7)本月计提材料供应部门及保管部门人员工资 15 000 元。
(8)本月计提材料供应部门及保管部门使用固定资产折旧 4 470 元。
(9)月末,按实际分配率分配采购保管费。
(10)本月施工现场领用分期摊销的模板,实际成本 100 000 元,预计使用 20 个月,预计残值率 5％,上述模板在使用了 16 个月后全部报废,残值回收 1 000 元入库。
(11)某建筑公司将一批木材委托某加工厂加工成木门,发出木材的实际成本 20 000 元,以银行存款支付加工费 1 500 元。一周后木门加工完毕验收入库。
(12)本月施工现场领用属于五五摊销的工具一批,实际成本为 8 000 元。
(13)假设本月上述工具报废,报废残料价值 200 元(报废时,另一半扣除残值同时冲账)。

任务 3.3　工程施工成本会计核算

教学目标:

1. 理解工程施工成本的含义与分类,明确施工项目成本的构成及内容,熟悉人工费、材料费归集方法,以及机械使用费、其他直接费、间接费用的分配方法,掌握工程施工各项费用的账户设置,理解专业分包、劳务分包、劳务派遣的含义与区别。

2.能够正确计算工程成本,准确地对工程项目成本归集与分配,以及分包工程、劳务分包、劳务派遣进行账务处理。

3.3.1 工程施工成本的含义与分类

1.施工项目成本的概念

施工项目成本是建筑企业的产品成本,指在建设工程项目的施工过程中发生的全部费用的总和,包括所耗费的生产资料转移价值的货币形式,即消耗原材料、建筑构配件材料、周转材料的摊销费或租赁费,所使用施工机械的台班费或租赁费等;还包括劳动者的必要劳动所创造价值的货币形式,即给生产工人支付的工资、奖金、工资性质的津贴、福利,以及进行项目施工组织与管理产生的全部费用支出等。其由直接成本和间接成本所组成。施工项目成本不包括不在施工项目价值范围内的非生产性支出以及劳动者为社会所创造的价值。

施工项目成本也称工程成本,其成本核算对象一般为项目的单位工程,施工项目成本通过各个单位工程的成本核算综合反映得到。

2.施工项目成本的分类

(1)按照成本计算的范围,可以分为全部工程成本、单项工程成本、单位工程成本、分部工程成本和分项工程成本。

①全部工程成本是指施工企业从事各种建筑安装工程施工所发生的全部施工费用,亦称总成本。施工企业各内部独立核算单位,应定期汇集和计算各项工程成本,上报工程成本表,企业财务部门应根据内部独立核算单位的工程成本表进行汇总。企业汇总后的工程成本表中所反映的工程总成本,则为企业已实际发生的各项工程施工成本。

②单项工程成本是指具有独立设计文件,建成后能独立发挥生产能力和效益的各项工程所发生的全部施工费用,如公路建设中某独立大桥的工程成本,某隧道工程成本以及沥青混凝土路面成本等。

③单位工程成本是单位工程施工所发生的全部施工费用。单位工程是单项工程的组成部分。它是指单项工程内具有独立的施工图和独立施工条件的工程。例如,某隧道单项工程可以分为土建工程、照明和通气工程等单位工程;一条公路可以分为路线工程、桥涵工程等单位工程。

④分部工程成本是指分部工程施工所发生的全部施工费用。分部工程是单位工程的组成部分,一般按照单位工程的各个部位划分,如基础工程、桥梁上下部工程、路面工程、路基工程等。

⑤分项工程成本是指分项工程施工所发生的全部施工费用。分项工程是分部工程的组成部分,按工程的不同结构、材料和施工方法等因素划分,如基础工程可以分为围堰、挖基、砌筑基础、回填等分项工程。分项工程是建筑安装工程的基本构成因素,是组织施工及确定工程造价的基础。

实际工作中施工企业核算到哪一级成本,应根据工程管理的需要和成本核算的要求确定。分项、分部、单位、单项工程成本分别从不同侧面反映了建筑安装工程施工费用支出的情况,便于考核有关施工企业和施工项目部的经济效益,为进行经济分析提供资料。

(2)按照项目的进展和成本发生的时间及成本管理需要,可以分为承包成本、计划成本和实际成本。

①承包成本也称预测成本,它是根据施工图,依据国家规定的相关定额、工程量的计算规则以及各地区的有关规定(市场价格、劳务价格、价差系数等),并按相关取费费率进行计算得到。承包成本是反映了企业竞争的成本,它不仅是确定工程造价的基础,而且是编制计划成本、评价实际成本的主要依据。

②计划成本是指在实际成本发生前,根据有关资料预先计算的成本,计划成本是反映企业在计划期内应达到的成本水平,它对建立和健全施工项目成本管理责任制,提高项目经理部的经济核算,降低控制施工项目成本及施工产生的费用起到非常重要的作用。

③实际成本是在报告期内施工项目实际产生各项费用的总和。计划成本的测算和实际成本的管理受企业经营管理者的能力、职工的素质和技术水平及项目本身的施工条件影响,并反映施工企业的成本管理水平。

3. 施工项目成本管理系统

施工项目成本管理是贯穿项目整个生产经营活动而发生的一个动态过程,从而在合理消耗下完成施工企业经营目标和合同的过程,是施工企业成本管理的重点。工程项目成本管理是指项目自开工至竣工的成本全过程管理,包括成本预测、成本计划、成本控制、成本分析、成本核算和成本考核等一系列管理过程。

(1)成本预测。

施工预测就是根据此项目具体情况及现有成本信息,科学有效地预测未来成本及管理发展趋势,其实质是在项目开工前对成本进行估算。项目经理部在满足施工单位与业主要求的前提下,通过事先分析,进行成本预测,并选择低成本、效益好的最优方案,特别在薄弱环节上要加强成本控制,以求提高预见性,减少决策的失误。如对投标时的利润预测、人工费用及材料费用的预测以及方案变化时的预测等,才能更好地保证工程成本最低,减少不必要的损失。

(2)成本计划。

成本计划是由项目经理部编制并实施的计划方案。一个施工项目成本计划应该包括从项目开工到项目竣工能够发生的所有施工成本,比如项目在计划期内的成本水平、生产费用,为降低成本所采取的方案等,它是开展成本控制和核算的基础,是降低该项目成本的指导文件,是建立项目成本管理责任制的保障,更是设立目标成本的依据。

(3)成本控制。

成本控制是指在施工过程中采用各种有效措施,严格控制施工中实际发生的人工、机械、材料的各项支出与消耗,降低工程成本,达到预期的项目成本目标所采取的一系列活动。成本控制可以分为事先控制、过程控制和事后控制。

①事先控制。为减少成本损失,项目成本控制应强调事先控制,主要通过成本预算和决策,落实降低成本措施、编制目标成本而层层展开的。事先控制由上级相关职能部门完成,内容有完善内部定额体系,确定内部计划价格,合理确定成本目标,上级部门与项目部、项目部与工段班组制定目标成本,作为成本控制的依据。项目经理部必须明确各级管理人员及员工的权限与责任,对影响项目进展的各种因素加强管理,对施工过程中的各项开支进行监督管理,及时预防随时提出意见和建议,发现问题纠正偏差,从而把计划成本控制在预定计

划之内,达到企业经营效益的目标。如针对工程材料费就应该通过材料总量、材料分阶段用量和材料的购置计划进行事前控制,避免材料费用的浪费。

事先控制具体方法如下:在对合同内容全面分析基础上,通过开展合同造价分析,建立控制目标,提出实施合同及控制造价的对策措施,根据目标成本建立相关台账。

②过程控制。过程控制主要由项目部完成,是进行动态成本控制的关键。主要是指施工过程中项目部按施工组织设计,合理配置生产要素,对其所耗数量、单价和费用进行严格控制。项目部严格按照成本计划分解的情况进行资源的配置,严格按照施工生产计划施工,抓好宏观成本监督、检查、控制工作,最终实现闭合管理。项目部要把承包合同内的人工、机械、材料费用逐项落实到班组或个人,管理费用包干使用,逐项落实到人头。

a. 施工过程成本动态控制用"四单"传递。

"四单"的内容为工长报告单(表3.9)、机械作业单(表3.10)、人工作业单(表3.11)、领料单(表3.12)。

表3.9 某施工项目工长报告单

单位:　　　　　　　　　年　月　日　　　　　　　　编号:

人 工										
连队名称	负责人	分项工程	工程细目	作业内容	桩号	工程量	人数	定额	工日	备注

机 械										
车主	名称型号	编号	分项工程	项目细目	作业内容	桩号	起止时间	工程量	定额	台班

材 料								
材料名称	规格型号	分项工程	工程细目	桩号	单位	数量	备注	

工长:　　　　　　　　工程办主任:　　　　　　　　主管经理:

表 3.10 某施工项目机械作业单

单位：　　　　　　　　　　　　　　年　月　日　　　　　　　　　　　　编号：

序号	分项工程	工程细目	作业内容	桩号	工作时间	台班单价

序号	项目型号	编号	实际完成			按定额核定			盈+亏-
			工程量	台班	金额	定额	台班	金额	
合计									
金额(大写)：									

预算员：　　　　机械统计：　　　　　　施工员：　　　　车主：

表 3.11 某施工项目人工作业单

单位：　　　　　　　　　　　　　　年　月　日　　　　　　　　　　　　编号：

序号	分项工程	工程细目	作业内容	桩号	工日单价

序号	实际完成			按定额核定			盈+亏-
	工程量	工日	金额	定额	工日	金额	
合计							
金额(大写)：							

预算员：　　　　劳资员：　　　　　　施工员：　　　　民工连队：

表 3.12　某施工项目领料单

单位：　　　　　　　　　　　　　　　年　月　日　　　　　　　　　　　　编号：

分项工程			项目明细			桩号	

类别	材料名称	规格	单位	数量	单价	金额	备注

物资负责人：　　　　　　领料员：　　　　　　保管员：　　　　　　物资统计：

"四单"传递程序：当日（最迟次日上午）工长填写报告单，一式两份交计划员，计划员填写人工作业单、机械作业单，专人填写领料单，最迟于次日把审批的工长报告单和"三单"分别送交劳资员（人工作业单）、机械统计员（机械作业单）、材料统计员（领料单）。劳资员统计人工作业单，并填写人工成本台账；机械统计员统计机械作业单，并填写机械作业成本台账；材料统计员审核领料单，并填写材料成本台账。5日结算时，劳资员做人工费结算单，机械统计员做机械费结算单，材料统计员做材料费汇总单，分别交到财务办，并做移交记录。

b.单据份数与移交存留。

工长报告单一式两份，一份计划员留存，一份工长留存。人工作业单一式三份，财务、劳资员、计划员各存一份。机械作业单一式三份，财务、机械统计、计划员各存一份。领料单一式4份，保管员、物资统计、财务、计划员各存一份。

人工费结算一式两份，财务、劳资员各存一份。机械结算单一式两份，机械统计、财务各存一份。材料消耗汇总单一式两份，物资统计、财务各存一份。

业务核算、统计核算单据保存至项目结束并上交单位成本管理责任部门，原则上保存一年或按其他有关规定执行。

c.具体填写要求。

计划内工程与计划外工程分别填写；单一质材料，按照规定的项目填写；水泥混凝土、沥青混凝土、水稳混合材料等填写混合材料数量；钢筋按照半成品出库填写数量，其中的消耗量按照各单位要求的损耗计算；临建、复测、备料发生的人工费、材料费、机械费需按日填写工长报告单；领料单中混合料的各种材料用量，按照施工配合比计算填写。

③事后控制。事后控制主要是准确进行年度、交竣工项目的结算工作，进行年度、项目的成本构成分析，与成本计划进行对比找出不足，为今后更好地开展成本管理工作创造条件。

（4）成本分析。

成本分析是基于项目成本进行的一种比较与总结的工作，成本分析作用于整个项目成本管理阶段，是利用项目成本核算及成本计划、预测等相关资料，分析了解成本水平与构成的变动情况，系统分析成本变动原因及经济指标对成本的影响，寻找降低成本的有效途径和方法,做到有效地进行成本管理。

成本分析可以采用因素分析法、比较法、比率法、差额计算法等。影响施工项目成本变动的因素主要有内部因素及外部因素,其中内部因素属于企业自身经营管理的因素,外部因素主要是来自市场经济的因素,在进行成本分析时,应把分析重点放在直接影响施工项目成本的内因上,例如,设计图是否变更过多,投资和计划阶段是否有足够的专业投资人员参与控制等都是要着重进行分析的因素。

(5)成本核算。

成本核算是对施工项目的各项费用支出及管理费用的发生进行的核算,按照规定计算出实际发生的施工费用,对已发生的成本进行分配和归集,以计算总成本和单位成本。成本核算的正确与否,直接影响企业的成本预测、计划、分析、考核和改进等控制工作,同时也对企业的成本决策和经营决策的正确与否产生重大影响。因此,成本核算对目标成本的实现起着至关重要的作用。

(6)成本考核。

成本考核是指项目完工后,对与施工项目成本有关的各管理者和工作人员,以企业的成本计划为标准,把成本实际完成具体指标的情况同计划完成情况的各项指标进行对比,考核成本的完成情况,并根据各责任者的业绩给予一定的奖惩措施,以提高经济效益为首要目标。通过成本的考核情况对责任者做到奖罚分明,不仅能够提高员工的主动性、积极性,鼓励员工努力完成成本目标,而且能够为增加企业利润、降低工程成本做出贡献。同时,可结合阶段性成本考核和月(季)度成本考核两种考核方式,保证项目在实施阶段的工程质量和工作效率,起到事半功倍的效果。

3.3.2 施工项目成本的构成

施工企业发生的费用按照经济用途,可以划分为应计入施工成本的费用和不应计入施工成本的费用两大类。

1. 应计入施工成本的费用

对应计入施工成本的费用,按生产费用计入工程成本的形式,分为直接成本和间接成本。其中直接成本是指直接消耗用于并能直接计入工程对象的费用,包括人工费、材料费、机械使用费和其他直接费;间接成本是指进行工程施工必须发生的但不直接用于也无法直接计入工程对象的费用,是施工单位在进行施工准备、组织及管理过程中所发生的各项支出,包括管理人员的人工费、劳动保护费、职工福利费、办公费、差旅费等,计算方法通常是按照直接成本的比例来计算。按施工成本构成分解如图3.1所示。

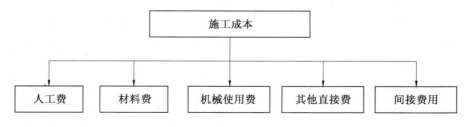

图3.1 按施工成本构成分解

(1) 人工费。

人工费指从事建筑安装工程施工人员的工资、奖金、职工福利费、工资性津贴和劳动保护费等各种薪酬。

(2) 材料费。

材料费指耗用的构成工程实体及有助于形成工程实体的原材料、辅助材料、结构件、零件、半成品的成本及周转材料的摊销额等。

(3) 机械使用费。

机械使用费指使用施工机械发生的各种费用，包括自有施工机械发生的作业费用，租用外单位施工机械支付的租赁费用，以及施工机械的安装、拆卸和进出场费等。

(4) 其他直接费。

其他直接费指除了上述费用之外的可直接计入成本核算对象的各种费用，包括施工现场材料二次搬运费、生产工具和用具使用费、检验试验费、工程定位复测费、场地清理费用、临时设施摊销费和水电费等。

(5) 间接费用。

间接费用指下属各施工单位（分公司、项目部等）为组织和管理施工生产活动所发生的费用，包括施工单位管理人员工资、奖金、职工福利费、劳动保护费、固定资产折旧及修理费、物料消耗、低值易耗品摊销、临时设施摊销费、取暖费、办公费、差旅费、财产保险费、工程保修费和排污费等。

2. 不应计入施工成本的费用

对不应计入施工成本的费用，进一步划分为管理费用和财务费用。

3.3.3 施工成本的核算程序

1. 施工成本的账户设置

"合同履约成本——工程施工"二级科目核算实际发生的工程施工成本。借方核算实际发生的施工生产费用，贷方核算工程承包合同履约成本进行结转摊销的数额。当会计不按完工进度确定收入时，借方有余额，表示实际发生的施工生产费用；当工程确认收入时，则将"合同履约成本——工程施工"全部转入"主营业务成本"科目。"合同履约成本——工程施工"应按成本核算对象设置"直接材料费""直接人工费""机械使用费""其他直接费""分包成本""间接费用"等三级明细科目。"合同履约成本——工程施工"账户成本结转如下。

合同履约成本——工程施工		主营业务成本
实际成本：人工费、材料费、机械使用费、其他直接费、间接费用、分包成本	履约成本结转摊销额 →	履约成本结转摊销额

"合同履约成本——劳务成本"科目核算劳务分包、劳务派遣发生的人工费。发生劳务

分包费、派遣费时,借记本科目,贷记应付账款、应付职工薪酬等科目。期末将当期发生的劳务成本通过"合同履约成本——劳务成本"二级科目全部转入"合同履约成本——工程施工——人工费"三级科目。

施工企业直接施工人员发生的人工费计入"合同履约成本——工程施工——直接人工费"明细科目,如果实行劳务分包、劳务派遣发生的人工费,则计入"合同履约成本——劳务成本"明细科目核算。

合同成本中合同取得成本和合同履约成本的区别:合同取得成本归集履约义务之前或建造活动之前发生的成本,记入损益类账户。合同履约成本归集履约义务开始后发生的成本,记入"合同履约成本"账户。

"机械作业"科目核算企业及内部独立核算的施工单位、机械站和运输队使用自有施工机械和运输设备进行机械作业所发生的各项费用。借方归集费用,贷方分配费用,期末无余额。可设置"承包工程""机械出租"明细账。

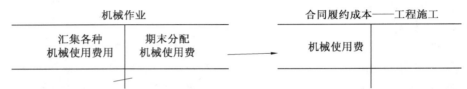

"间接费用"科目该明细账核算施工管理部门发生的各种费用。借方核算归集的各种间接费用,贷方核算分配给各工程成本核算对象的间接费用,期末无余额。

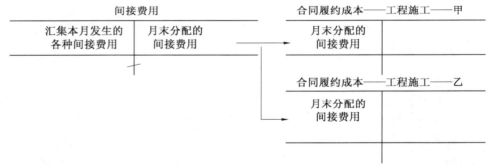

2. 合同履约成本核算程序

根据上述工程实际成本核算步骤以及有关会计科目设置方法,可以将工程成本的总分类核算程序概述如下。

(1)归集各项生产费用。即将本期发生的各项生产费用,按其用途和发生地点,归集到有关成本、费用账户中。

(2)分配辅助生产费用。期末,将归集在"辅助生产"账户的费用向各受益对象分配,记入"机械作业""合同履约成本"等账户。

(3)分配机械作业费用。期末,将归集在"机械作业"账户的费用向各受益对象分配,记入"合同履约成本"各有关明细账户。

(4)分配施工间接费用。期末,将归集在"间接费用"账户的费用向各工程分配,记入"合同履约成本"各有关明细账户。

(5)计算和结转工程成本。期末,计算本期已完工程或竣工工程的实际成本,并将竣工工程的实际成本从"合同履约成本"账户转出。合同履约成本核算程序如图3.2所示。

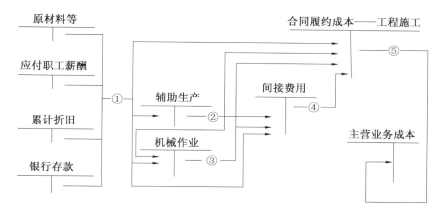

图 3.2 合同履约成本核算程序

3.3.4 人工费的核算

人工费是指直接从事建筑安装工程施工的工人和在施工现场运料、配料等的辅助工人所发生的各项薪酬,包括工资、奖金、工资性质的津贴、社会保险费、职工福利费、劳动保护费及其他薪酬等。

1.职工薪酬的内容

职工薪酬是指企业为获得职工提供的服务而给予职工的各种形式的报酬或因解除劳动关系而给予的补偿。这里的职工包括3类人员:一是与企业订立劳动合同的所有人员,含全职、兼职和临时职工;二是未与企业订立劳动合同但由企业正式任命的人员,如董事会、监事会成员;三是在企业的计划和控制下,虽未与企业订立劳动合同或未由其正式任命,但为其提供与职工类似服务的人员,如劳务用工合同人员。

职工薪酬包括短期薪酬、离职后福利、辞退福利和其他长期职工福利。

(1)短期薪酬。

①工资总额。工资、奖金、津贴和补贴是企业支付给职工的劳动报酬总额,也称为工资总额。它是企业应付给职工个人的劳动报酬,是企业生产费用的组成部分,也是职工薪酬核算的主要内容。其包括以下几项。

a.计件工资。计件工资是按照职工生产合格产品的数量和计件单价计算的工资。

b.计时工资。计时工资是根据每个职工的工资等级、工资标准、出勤情况及其他有关规定计算的工资。

c.津贴和补贴。津贴和补贴是指为了补偿职工特殊或额外的劳动消耗和因其他特殊原因支付给职工的津贴,以及为了保证职工工资水平不受物价影响支付给职工的物价补贴。

d.奖金。奖金是指支付给职工的超额报酬和增收节支的劳动报酬。

e.加班加点工资。加班加点工资是指按国家规定支付的加班工资和加点工资。

f.特殊情况下支付的工资。特殊情况下支付的工资是指根据国家法律、法规和政策规定,对因病假、工伤、产假、计划生育假、婚丧假、探亲假、定期休假、停工学习、执行国家或社会义务等原因,按规定支付给职工的工资。

除计件工资和计时工资外,工资性津贴、各种经常性奖金和特殊情况下支付的工资项目的发放标准,国家均有统一的规定,按规定执行即可,应付工资的计算公式为

应付工资＝计时工资＋计件工资＋工资性津贴＋经常性奖金－事、病假应扣工资

实发工资＝应付工资－代扣款项

②福利费。福利费包括非货币性福利和职工福利。

非货币性福利是指企业以自己的产品或外购商品发放给职工作为福利,企业提供给职工无偿使用自己拥有的资产或租赁资产,如提供给高层管理者使用的住房及车辆,或向职工提供企业支付了一定补贴的商品或服务等。

职工福利主要是指用于企业内部的食堂浴室、医务室等福利机构的经费支出、人员的工资、职工生活困难补助、未实行医疗统筹企业的职工医疗费用及其他福利支出等,也称为货币性福利。

③五险一金。"五险"是指企业按照国家及地方政府或企业年金计划规定的基准和比例计算,向社会保险机构缴纳的养老保险费、失业保险费、工伤保险费、生育保险费和医疗保险费,除工伤保险费和生育保险由企业统一上缴外,其他险种均由企业和职工个人分别负担。"一金"是指住房公积金,是企业按照《住房公积金管理条例》规定的基准和比例计算向住房公积金管理机构缴存的住房公积金,由企业和职工个人分别负担。

④工会经费和教育经费。工会经费和教育经费是指由工会组织的企业按规定应提取的工会经费,以及应由企业负担的用于职工接受教育的各种培训费用。

(2)离职后福利。

离职后福利是指企业为获得职工提供的服务,而在职工退休或与企业解除劳动关系后提供的各种形式的报酬和福利。短期薪酬和辞退福利除外。

(3)辞退福利。

辞退福利是指企业在职工劳动合同到期之前解除与职工的劳动关系,或者为鼓励职工自愿接受裁减而给予职工的补偿。

(4)其他长期职工福利。

其他长期职工福利是指除短期薪酬、离职后福利、辞退福利之外所有的职工薪酬,包括长期带薪缺勤、长期残疾福利、长期利润分享计划等。

企业提供给职工本人及其配偶子女和其他被赡养人的福利,如支付给因工伤亡职工的配偶、子女或其他被赡养人的抚恤金也属于职工薪酬。

2. 人工费的归集方法

(1)计件工资和计时工资。

①计件工资是根据工人所完成的合格工程、产品数量和计件单价计算的工资,其计算原始依据是"工程任务单"。计件工资一般能分清受益对象,直接将其计入各工程成本核算对象的"人工费"成本项目。工程任务单见表3.13。

表 3.13　工程任务单

施工项目内容	计量单位	计划完成			实际完成			超值节约	任务完成	备注
		工程量	劳动定额	定额日期	工程量	换算定额	实际日期			
路基工程	m²	20 000	1	300	20 000	1	171	5%	100%	
⋮	⋮	⋮	⋮	⋮	⋮	⋮	⋮	⋮	⋮	⋮
交底验收	技术操作质量和安全交底			工时核对		质量评定		复核		
	施工员（签字）		材料员（签字）		考勤员（签字）		定额员（签字）		班组长（签字）	

工人班组：　　　　　　　　开工日期：
工程名称：　　　　　　　　完工日期：

② 计时工资是根据计时工资标准和工作时间计算的工资，其计算原始依据是记录工人出勤情况的"考勤表"。考勤记录见表 3.14。

表 3.14　考勤记录

单位：　　　　　　　　年　月

序号	姓名	职务	1	2	3	4	⋯	30	31	作业工时	其中加班	法定假	病假	事假	工伤假	雨雪假	探亲假	⋯	备注
1																			
2																			
⋮																			
合计																			

计时工资的计算方法有月薪制和日薪制两种，目前，我国多数企业采用月薪制。

月薪制是指职工只要在月份内出全勤，则不论大月小月，都应得到固定的月标准工资。如有缺勤，则应在月标准工资中减去缺勤天数的工资。采用月薪制计时工资时，计时工资的计算公式为

应付计时工资 = 月标准工资 − 日工资额 × 缺勤天数

其中，月标准工资可以根据企业制定的统一标准及职工工资卡片的记录取得，缺勤记录可以根据考勤记录取得。

根据《中华人民共和国劳动法》第五十一条的规定,劳动者在法定休假日和婚丧假期间以及依法参加社会活动期间,用人单位应当依法支付工资。因此,月计薪天数应该按全年365天扣除104个公休假日,再除以12计算,即月计薪天数为21.75 d。而日工资额为全月标准工资除以21.75 d,即

$$月工资天数=(365\ d-104个公休假)/12月=21.75(d)$$
$$日工资额=月标准工资/21.75$$

按这种方法计算应付计时工资,公休假日不付工资,而法定假日支付工资,因而缺勤期间的公休假日既不发工资也不扣工资,法定假日即使缺勤也不应扣工资。

每月发放工资前,企业财会部门根据人事部门转来的职工录用、考勤、调动、工资级别、津贴变动等情况按部门编制的"工资结算单",并在此基础上编制"工资结算汇总表"。

发放工资时,一方面,根据"工资结算单"实付工资额支付;另一方面,根据"工资结算汇总表"中的代扣款项的内容和金额,结转代扣款项。月末,根据"工资结算汇总表"资料,进行本月工资费用的分配核算。

如果只有一个成本核算对象的,根据用工记录将计时工资直接计入该工程成本核算对象的"人工费"成本项目中,如果不能分清成本核算对象的,按照计时工资,在各核算对象之间进行分配,计入各成本核算对象的"人工费"项目中。工资结算表见表3.15。工资结算汇总表见表3.16。

表3.15 工资结算表

部门:路桥分公司　　　　　　　　年　月

编号	姓名	日工资率	计时工资	计件工资	奖金		津贴				缺勤扣款				应付职工薪酬	代扣款项			实发金额
					综合奖	单项奖	岗位津贴	夜班津贴	交通补贴	误餐补贴	副食补贴	事假天数	事假金额	病假天数	病假金额		社会保险	住房公积金	个人所得税	
1																				
2																				
3																				
⋮																				
合计																				

表 3.16　工资结算汇总表

分公司和部门		计时工资	计件工资	奖金		津贴				缺勤扣款				应付职工薪酬	代扣款项			实发金额
				综合奖	单项奖	岗位津贴	夜班津贴	交通补贴	误餐补贴	副食补贴	事假天数	事假金额	病假天数	病假金额		社会保险	住房公积金	个人所得税	
路桥分公司	施工人员																		
	管理人员																		
隧道分公司	施工人员																		
	管理人员																		
总公司																			
合计																			

【例 3.38】　龙江经济适用房项目部职工张某 11 月份基本工资为 6 525 元,津贴 600 元,月奖金 2 000 元,材料节约奖 500 元,夜班津贴 400 元,本月连续病假 3 d(因其工龄满 7 年,按企业规定病假扣发 10% 工资),事假 1 d。

张某 11 月份工资计算如下:

$$日工资率 = 6\ 525/21.75 = 300(元/d)$$

$$事假应扣工资 = 1 \times 300 = 300(元)$$

$$病假应扣工资 = 3 \times 300 \times 10\% = 90(元)$$

$$当月应付张某工资 = 6\ 525 + 600 + 2\ 000 + 500 + 400 - 300 - 90 = 9\ 635(元)$$

(2)职工福利费。

职工福利费是指企业按应付工资总额的 14% 计提,随同建筑安装工人工资,一并计入同一个成本核算对象的"人工费"成本项目。

(3)社会保险费和住房公积金。

社会保险费和住房公积金是指企业按国家规定为职工缴纳的养老保险、医疗保险、失业保险、工伤保险、生育保险等社会保险费和住房公积金应在职工为其提供服务的会计期间,根据工资总额的一定比例计提,并随同建筑安装工人的工资一并计入同一个成本核算对象的"人工费"项目。

(4)劳动保护费。

劳动保护费是指用于建筑安装工人的劳动保护的各项支出。凡是能够分清受益对象的,可以直接计入各受益的工程成本核算对象。如果是由几个工程共同发生的劳动保护费,则应按其占薪酬总额的比例分配计入相关工程成本核算对象的"人工费"项目。其计算公式为

建安工人劳动保护费占薪酬总额的比例＝建安工人劳动保护费总额/建安工人的薪酬总额

某工程当月应负担的建安工人劳动保护费＝该工程当月建安工人的薪酬总额×建安工人劳动保护费占薪酬总额的比例

3. 人工费的账户设置

(1)为了核算和反映企业根据有关规定应付给职工的各种薪酬、福利及保险费的增减变动,需要设置"应付职工薪酬"账户。

企业当月发生的职工薪酬无论是否在当月支付,均应通过"应付职工薪酬"账户核算。其贷方登记企业月末已分配计入有关成本费用项目的职工薪酬的数额,借方登记向职工支付工资、奖金、津贴、福利费、代扣的各种款项、上交工会经费和支付职工教育经费用于职工培训的款项,以及按照国家有关规定缴纳的社会保险费和住房公积金、企业以其自产产品发放给职工的福利以及转出的待领工资,期末贷方余额反映企业应付未付的职工薪酬。

企业可按"工资""职工福利""社会保险费""住房公积金""工会经费""职工教育经费""非货币性福利"等设置明细账,进行明细核算。

(2)应付职工薪酬分配的核算。

施工企业应付职工的薪酬,是生产经营活动的耗费,不论是否已经支付都应按不同人员类别和薪酬的用途将本月应付工资分配记入有关成本费用账户,具体分配如下:

①建筑安装工人的各项薪酬记入"合同履约成本——工程施工"账户。
②施工机械作业人员的薪酬记入"机械作业"账户。
③材料供应部门人员的薪酬计入"采购保管费"。
④辅助生产部门人员的薪酬记入"辅助生产"账户。
⑤施工现场管理人员的薪酬记入"间接费用"账户。
⑥企业行政管理人员、长期病假人员的薪酬记入"管理费用"账户。
⑦因解除与职工的劳动关系而给予的补偿,记入"管理费用"账户。

4. 人工费的账务处理

【例 3.39】 龙江建筑工程公司本月应发工资 446 000 元,其中:甲工程生产工人工资 100 000 元,乙工程生产工人工资 280 000 元,施工项目部管理人员工资 20 000 元,机械作业人员工资 6 000 元,行政管理人员工资 40 000 元。相关账务处理如下:

借:合同履约成本——工程施工(甲工程,直接人工费)　　　　100 000
　　　　　　　　——工程施工(乙工程,直接人工费)　　　　280 000

　　　　间接费用　　　　　　　　　　　　　　　　　　　　20 000
　　　　机械作业　　　　　　　　　　　　　　　　　　　　60 00
　　　　管理费用　　　　　　　　　　　　　　　　　　　　40 000
　　　贷:应付职工薪酬——工资　　　　　　　　　　　　　446 000

【例 3.40】 龙江建筑工程公司用现金支付劳动保护费 6 000 元,其中:甲工程 3 500 元,乙工程 2 500 元。

　　　借:合同履约成本——工程施工(甲工程,直接人工费)　　3 500
　　　　　　　　　　　——工程施工(乙工程,直接人工费)　　2 500
　　　　贷:库存现金　　　　　　　　　　　　　　　　　　　6 000

5. 非货币性福利费的核算

非货币性福利费,应当根据受益对象,按照该产品的公允价值,计入当期损益或相关资产成本。因此,在会计处理上,施工项目部一般应根据实际发生金额,将职工福利费直接计入当期合同成本。

无偿向职工提供住房等固定资产使用的,按应计提的折旧额,借记"管理费用""间接费用""合同履约成本——工程施工"等账户,贷记"应付职工薪酬",同时,借记"应付职工薪酬"账户,贷记"累计折旧"账户。

【例 3.41】 企业提供给高级管理人员免费使用汽车,本月提取折旧 1 000 元,应进行如下会计分录:

　　　借:应付职工薪酬——非货币性福利　　　　　　　　　1 000
　　　　贷:累计折旧　　　　　　　　　　　　　　　　　　1 000
　　同时将该项薪酬进行分配,计入"管理费用"。
　　　借:管理费用　　　　　　　　　　　　　　　　　　　1 000
　　　　贷:应付职工薪酬——非货币性福利　　　　　　　　1 000

3.3.5　材料费的核算

1. 材料费主要核算内容

材料费是指在工程施工过程中耗用的构成工程实体的主要材料、结构件的实际成本,有助于工程形成的其他材料的实际成本,以及周转材料的摊销额等。

施工现场储存的材料,除了用于工程施工外,还可能用于搭建临时设施,或者用于其他非生产方面。企业必须根据发出材料的用途,严格划分工程用料和其他用料的界限,只有直接用于工程施工的材料才能计入工程成本。

下列各项材料费不应计入本项目内,一是按规定应由间接费用、管理费用列支的非工程用料;二是施工机械和运输设备在经常修理及运转过程中消耗的燃润料和其他材料。

2. 材料费用的账务处理

【例 3.42】 龙江建筑工程公司仓库本月发出主要材料一批,实际成本 210 000 元。其中,甲工程使用 120 000 元,乙工程使用 80 000 元,领用机械配件 3 960 元,施工管理部门一般耗用 2 520 元。

　　　借:合同履约成本——工程施工(甲工程,直接材料费)　　120 000

    ——工程施工(乙工程,直接材料费)   80 000
  机械作业   3 960
  间接费用   2 520
  贷:原材料——主要材料   206 480

3.3.6 机械使用费的核算

1. 机械使用费的含义

  机械使用费是指建筑施工过程中使用自有施工机械所发生的机械使用费。自有机械设备是指建筑施工单位为进行施工生产自行采购的机械设备,属于企业的固定资产,是施工企业用以生产施工和提供生产服务的基础。

  机械使用费包括机上操作人员人工费、燃料及动力费、机械折旧及修理费、替换工具及部件费、润滑料及擦拭材料费、安装运输装卸费、养路费等,租用外单位施工机械的租赁费,保管机械而发生的保管费,以及按照规定支付的施工机械进出场费等。

2. 机械使用费的账户设置

  施工企业自有施工机械计入"机械作业"科目,借方归集各项机械作业发生的费用,贷方登记月末按照受益对象进行分配结转的数额,期末一般无余额。租入施工机械直接计入"合同履约成本——工程施工(机械使用费)"科目,不通过"机械作业"科目核算。

  "机械作业"科目应当按照施工机械或运输设备的种类、成本核算对象以及成本项目设置明细账,成本项目一般分为人工费、燃料及动力费、折旧及修理费、其他直接费、间接费用5个成本项目。

3. 机械使用费的账务处理

(1)机械使用费的归集。

  施工项目上使用自有施工机械或运输设备进行机械作业所发生的各项费用,主要包括下列各项内容。

  ①人工费:驾驶和操作施工机械人员的工资、奖金、职工福利费、工资性质的津贴和劳动保护费等。

  ②燃料及动力费:施工机械或运输设备运转所耗用的液体燃料、固体燃料和电力等费用。

  ③折旧及修理费:按规定对施工机械、运输设备计提的固定资产折旧,实际发生的修理费用,以及替换工具和部件(如轮胎、钢丝绳等)的摊销费和维修费等。

  ④其他直接费:施工机械、运输设备所耗用的润滑和擦拭材料费用以及预算定额所规定的其他费用,如养路费、过渡费、过闸费以及施工机械的搬运、安装、拆卸和辅助设施费等。

  ⑤间接费用:即施工企业所属内部独立核算的机械站和运输队等为组织和管理机械施工或运输作业所发生的各项费用,包括管理人员的工资、奖金、职工福利费、工资性质的津贴、劳动保护费、办公费以及管理用固定资产的折旧费、修理费等。

  【例3.43】 龙江建筑工程公司项目部自有挖掘机1台,本月发生以下业务,账务处理如下:

  ①应付挖掘机驾驶人员的工资6 000元。

账务处理见【例 3.39】。

②计提驾驶人员的职工福利费 840 元。

  借:机械作业——挖掘机   840

    贷:应付职工薪酬——职工福利   840

③发放挖掘机驾驶人员劳动保护费 400 元。

  借:机械作业——挖掘机   400

    贷:库存现金   400

④本月购买燃料费 5 100 元,增值税为 663 元。

  借:机械作业——挖掘机   5 100

    应交税费——应交增值税(进项税额)   663

    贷:银行存款   5 763

⑤计提挖掘机折旧额为 6 000 元。

  借:机械作业——挖掘机   6 000

    贷:累计折旧   6 000

⑥本月领用机械配件的实际成本为 3 960 元。

账务处理见【例 3.39】。

⑦本月以银行存款支付挖掘机维修费 1 100 元,增值税 143 元。

  借:机械作业——挖掘机   1 100

    应交税费——应交增值税(进项税额)   143

    贷:银行存款   1 243

⑧以银行存款支付养路费 600 元。

  借:机械作业——挖掘机   600

    贷:银行存款   600

根据上述会计分录,登记"机械使用费明细账"(表 3.17)。

表 3.17 机械使用费明细账

成本核算对象:挖掘机   年 月 日   单位:元

年		凭证号数	摘要	借方	贷方	余额	借方明细发生额				
月	日						人工费	燃料动力	折旧修理	其他直接费	间接费用
		3-38	分配工资	6 000		6 000	6 000				
		3-42	计提福利	840		6 840	840				
		3-42	劳动保护	400		7 240	400				
		3-42	分配燃料	5 100		12 340		5 100			

续表 3.17

成本核算对象:挖掘机　　　　　年　月　日　　　　　　　　　　　　　单位:元

年 月 日	凭证号数	摘要	借方	贷方	余额	借方明细发生额				
						人工费	燃料动力	折旧修理	其他直接费	间接费用
	3—42	计提折旧	6 000		18 340			6 000		
	3—42	领用配件	3 960		22 300			3 960		
	3—42	付维修费	1 100		23 400			1 100		
	3—42	付养路费	600		24 000				600	
		结转成本		24 000	0					
		本月合计	24 000	24 000	0	7 240	5 100	11 060	600	0

(2)机械使用费的分配。

企业因使用自有机械设备发生的各项费用,通过"机械作业"账户归集,月末再按一定的方法分配计入各受益对象的成本中,分配方法有台班分配法、作业量分配法和预算成本分配法。

①台班分配法。

$$某种机械每台班实际成本 = \frac{该种机械本期实际发生费用总额}{该种机械本期实际工作台班总数}$$

某工程成本核算对象应负担的机械使用费=该工程使用该种机械的台班数×该种机械每台班实际成本数

【例 3.44】　承接【例 3.43】,龙江建筑工程公司挖掘机实际工作 25 个台班,其中甲工程工作 15 个台班,乙工程工作 10 个台班。则分配挖掘机机械使用费及账务处理如下:

挖掘机台班实际成本=24 000/25=960(元/台班)
甲工程应分配的机械使用费=15×960=14 400(元)
乙工程应分配的机械使用费=10×960=9 600(元)

借:合同履约成本——工程施工(甲工程,机械使用费)14 400
　　　　　　　　——工程施工(乙工程,机械使用费)9 600
　贷:机械作业——挖掘机　　　　　　　　　　　　24 000

②作业量分配法也称完成产量分配法。

$$某种机械单位产量实际成本 = \frac{该种机械实际发生费用总额}{该种机械实际完成的产量}$$

某工程成本核算对象应负担的机械使用费＝某种机械为该工程完成的产量×该种机械单位产量的实际成本

【例3.45】 龙江建筑工程公司混凝土搅拌机本月实际发生费用2 800元,实际搅拌混凝土140 m³,其中甲工程80 m³,乙工程60 m³。则分配搅拌机使用费及账务处理如下:

搅拌机单位产量的实际成本＝2 800/140＝20(元/m³)
甲工程应负担的搅拌机机械使用费＝80×20＝1 600(元)
乙工程应负担的搅拌机机械使用费＝60×20＝1 200(元)

借:合同履约成本——工程施工(甲工程,机械使用费)　　1 600
　　　　　　　　——工程施工(乙工程,机械使用费)　　1 200
　贷:机械作业——搅拌机　　　　　　　　　　　　　　2 800

③预算成本分配法(也称分配系数法)。

$$某类机械使用费分配系数 = \frac{该类机械实际发生的机械使用费总额}{该工程核算对象的机械使用费预算成本}$$

某工程成本核算对象应负担的机械使用费＝该工程核算对象的机械使用费预算成本×该类机械使用费分配系数

【例3.46】 龙江建筑工程公司某小型机械本月发生的机械使用费为4 800元,各工程的机械使用费预算成本为6 000元,其中:甲工程4 000元,乙工程2 000元。则分配机械使用费及账务处理如下:

机械使用费分配系数＝4 800/6 000＝0.8
甲工程应分配的机械使用费＝4 000×0.8＝3 200(元)
乙工程应分配的机械使用费＝2 000×0.8＝1 600(元)

借:合同履约成本——工程施工(甲工程,机械使用费)　　3 200
　　　　　　　　——工程施工(乙工程,机械使用费)　　1 600
　贷:机械作业——小型机械　　　　　　　　　　　　　4 800

(3)租赁机械设备。

外租设备一般由设备管理部门根据机械设备使用台班登记表,制作机械租赁结算单,对于能够分清成本计算对象的,直接计入有关工程成本;对于分不清成本计算对象的,应按照各成本计算对象所耗用租赁机械的台班数,分配计入有关成本计算对象,借记"合同履约成本——工程施工——机械使用费""应交税费——应交增值税(进项税额)"科目,贷记"银行存款""应付账款"科目。

【例3.47】 7月27日,龙江建筑工程公司收到甲工程项目部交来付款申请单,申请支付租用某机械设备有限公司2台装载机用于现场施工,月租金19 316.24元,增值税税率13%,取得增值税专用发票,出纳网银转账支付。

借:合同履约成本——工程施工(甲工程,机械使用费)　　17 094.02
　　应交税费——应交增值税(进项税额)　　　　　　　　2 222.22
　贷:银行存款　　　　　　　　　　　　　　　　　　　19 316.24

3.3.7 其他直接费的核算

1. 其他直接费的含义及分类

其他直接费是指为完成工程项目施工,发生于该工程施工前和施工过程中非工程实体项目的费用。主要包括以下几种。

(1)环境保护费。

环境保护费是指施工现场为达到环保部门要求所需要的各项费用。

(2)文明施工费。

文明施工费是指施工现场文明施工所需要的各项费用。

(3)安全施工费。

安全施工费是指施工现场安全施工所需要的各项费用。

(4)临时设施费。

临时设施费是指施工企业为进行建筑工程施工所必须搭设的生活和生产用的临时建筑物、构筑物和其他临时设施费用等。

(5)夜间施工费。

夜间施工费是指因夜间施工所发生的夜班补助费、夜间施工降效、夜间施工照明设备摊销及照明用电等费用。

(6)二次搬运费。

二次搬运费是指因施工场地狭小等特殊情况而发生的建筑材料、成品、半成品和构配件等场内外二次搬运费用。

(7)大型机械设备进出场及安拆费。

大型机械设备进出场及安拆费是指机械整体或分体自停放场地运至施工现场或由一个施工地点运至另一个施工地点,所发生的机械进出场运输及转移费用及机械在施工现场进行安装、拆卸所需的人工费、材料费、机械费、试运转费和安装所需的辅助设施的费用。

(8)混凝土、钢筋混凝土模板及支架费。

混凝土、钢筋混凝土模板及支架费是指混凝土施工过程中需要的各种钢模板、木模板、支架等的支、拆、运输费用及模板、支架的摊销或租赁费用。

(9)脚手架费。

脚手架费是指施工需要的各种脚手架搭、拆、运输费用及脚手架的摊销或租赁费用。

(10)已完工程及设备保护费。

已完工程及设备保护费是指竣工验收前,对已完工程及设备进行保护所需费用。

(11)施工排水、降水费。

施工排水、降水费是指为确保工程在正常条件下施工,采取各种排水、降水措施所发生的各种费用。

2. 其他直接费用的账务处理

费用发生时能够明确成本核算对象归属的,直接计入"合同履约成本——工程施工(其他直接费)"科目;费用发生时不能够明确成本核算对象归属的,在费用发生时,借记"合同履约成本——工程施工——其他直接费"科目,月末按照受益原则,编制其他直接费分配表,一般按照各项工程的直接工程费比例进行分配计算,进行分配后,借记"合同履约成本——工程施工(某工程,其他直接费)"科目,贷记"合同履约成本——工程施工(其他直接费)"科目。

【例3.48】 龙江建筑工程公司因甲工程施工场地狭窄,水泥需要二次搬运,支付外部劳务人员搬运费5 000元,委托其他单位为乙工程混凝土试件进行检测,发生支出2 000元,取得发票均为增值税普通发票。领用生产工具3 000元,经统计,甲工程应摊销1 800元,乙工程应摊销1 200元。账务处理如下:

  借:合同履约成本——工程施工(甲工程,其他直接费)   5 000
         ——工程施工(乙工程,其他直接费)   2 000
    贷:银行存款   7 000
  借:合同履约成本——工程施工(甲工程,其他直接费)   1 800
         ——工程施工(乙工程,其他直接费)   1 200
    贷:周转材料   3 000

3.3.8 间接费用的核算

1. 间接费用的含义

间接费用是指企业下属的各施工单位如施工队、项目部为组织和管理工程施工所发生的各项费用,主要包括施工单位管理人员薪酬、办公费、交通差旅费、固定资产使用费、工具用具使用费、保险费、工程保修费、工程排污费、其他费用等。

2. 间接费用的账务处理

(1)间接费用的归集。

【例3.49】 龙江建筑公司项目部本月发生下列各项间接费用,账务处理如下:

①以银行存款支付各种办公费1 000元。

  借:间接费用——办公费   1 000
    贷:银行存款   1 000

②分配本月施工管理人员工资20 000元。

账务处理见【例3.39】。

③计提本月施工管理用固定资产折旧费4 000元。

  借:间接费用——折旧费   4 000
    贷:累计折旧   4 000

④以银行存款支付施工工地浴池用燃煤费900元。

  借:间接费用——其他   900
    贷:银行存款   900

⑤施工管理部门领用材料2 520元。

账务处理见【例3.42】。

⑥用银行存款支付本月施工管理用水电费1 500元。

  借:间接费用——水电费   1 500
    贷:银行存款   1 500

⑦预提本月在用的临时设施摊销费3 500元。

借:间接费用——临时设施折旧　　　　　　　　　　　　　　3 500
　　贷:累计折旧　　　　　　　　　　　　　　　　　　　　　　3 500
⑧用现金1 000元给施工管理人员报销差旅费。
借:间接费用——差旅费　　　　　　　　　　　　　　　　　1 000
　　贷:库存现金　　　　　　　　　　　　　　　　　　　　　　1 000

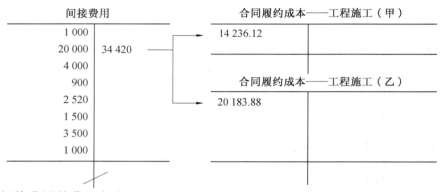

(2)间接费用的分配方法。

间接费用属于共同性费用,难以分清受益对象,企业应在"间接费用"科目,汇总本期发生的各种间接费用,期末按一定标准分配计入各受益对象。其分配标准因工程类别不同而有所不同。

①土建工程一般应以工程成本的直接费用为分配标准。
②安装工程应以安装工程的人工费用为分配标准。

土建工程间接费用的分配公式为

$$间接费用分配率 = \frac{本月实际发生的间接费用总额}{各工程本月发生的实际直接费总额}$$

某工程应分配间接费用 = 该工程本月直接费用总额 × 间接费用分配率

【例3.50】 承接【例3.49】,龙江建筑公司项目部本月发生的间接费为34 420元,甲工程发生的直接费为266 594.02元,乙工程发生的直接费为378 100元,月末分配本月间接费用(如有尾差可倒挤)。

①甲工程直接费
=100 000+3 500+120 000+14 400+1 600+3 200+17 094.02+5 000+1 800
=266 594.02(元)
②乙工程直接费
=280 000+2 500+80 000+9 600+1 200+1 600+2 000+1 200=378 100(元)
③间接费用分配率=本月实际发生间接费用总额/各工程本月发生的实际直接费总额
=34 420/(266 594.02+378 100)=34 420/644 694.02=0.053 4
④甲工程应分配的间接费=甲工程本月发生的直接费用×间接费用分配率
=266 594.02×0.053 4=14 236.12(元)
乙工程应分配的间接费=乙工程本月发生的直接费用×间接费用分配率
=34 420-14 236.12=20 183.88(元)

则账务处理如下：

借：合同履约成本——工程施工(甲工程，间接费用)　　　　14 236.12
　　　　　　　　——工程施工(乙工程，间接费用)　　　　20 183.88
　　贷：间接费用　　　　　　　　　　　　　　　　　　　　　　34 420

(3)安装工程的人工费用比例分配法。

$$间接费用分配率 = \frac{本月实际发生的间接费用总额}{各安装工程本月人工费之和}$$

(4)按年度计划分配率分配法。

该方法是按照年度开始前确定的全年度适用的计划分配率分配间接费用的方法。假定以合同收入作为分配标准，其分配计算公式为

$$年度计划分配率 = \frac{年度间接费用计划总额}{年度各工程计划合同收入总额}$$

某项工程负担的间接费用 = 某项工程实际完成合同收入额 × 年度计划分配率

间接费用科目如有年末余额，即全年间接费用的实际发生额与计划分配额的差额，一般应在年末调整工程施工成本。如实际发生额大于计划分配额，用蓝字补加，相反则用红字冲减，此外企业还可采用其他合理的方法来分配间接费用，具体选用哪种分配方法，由企业自行决定。

【例3.51】 已知【业务1】龙江建筑公司某月"工资结算汇总表"(表3.18)。

表3.18　工资结算汇总表

单位：龙江建筑公司　　　　年　月　日　　　　　　　　　　　　　　　单位：元

人员类别	计时工资	计件工资	加班工资	副食补贴	奖金	应付工资	代扣款项	实发工资
工程施工人员	5 020	30 480	2 000	2 800	5 800	46 100	700	45 400
施工现场管理人员	1 800			240	300	2 340	80	2 260
机械作业人员	2 600			280	520	3 400	60	3 340
长期病假人员	7 000			460		7 460	200	7 260
物资供应人员	2 240			200	200	2 640	40	2 500

续表 3.18

单位:龙江建筑公司　　　　　年　月　日　　　　　　　　　　　　单位:元

人员类别	计时工资	计件工资	加班工资	副食补贴	奖金	应付工资	代扣款项	实发工资
行政管理人员	6 500			500	600	7 600	160	7 440
合计	25 160	30 480	2 000	4 480	7 420	69 540	1 240	68 300

①根据"工资结算汇总表"的实发金额,以银行存款支付职工工资:

借:应付职工薪酬——工资　　　　　　　　　　　　　　68 300
　　贷:银行存款　　　　　　　　　　　　　　　　　　　68 300

②代扣款项结算:

借:应付职工薪酬——工资　　　　　　　　　　　　　　1 240
　　贷:其他应付款　　　　　　　　　　　　　　　　　　1 240

【业务 2】龙江建筑公司分别承包丙、丁两项工程。由【业务 1】已知施工人员工资总额为 46 100 元。

(1)现对发生的施工人员工资在丙、丁两项工程之间进行分配。

①本月发生的工资中能分清受益对象,工资分配表(计件工资)见表 3.19。

表 3.19　工资分配表(计件工资)

单位:龙江建筑公司　　　　　　　　年　月　　　　　　　　　　　单位:元

成本核算对象	计件工资	加班工资	合计
丙工程	17 600	1 180	18 780
丁工程	12 880	820	13 700
合计	30 480	2 000	32 480

②本月发生计时工资 5 020 元,其中丙工程耗用 1 920 工日,丁工程耗用 1 280 工日。工资分配表(计时工资)见表 3.20。

表 3.20　工资分配表(计时工资)

单位:龙江建筑公司　　　　　　　　年　月　　　　　　　　　　　单位:元

成本核算对象	耗用工时	平均日工资	分配人工费
丙工程	1 920		3 012
丁工程	1 280		2 008
合计	3 200	1.568 7	5 020

平均日工资=5 020/3 200=1.568 7(元)

③工资附加费(副食补贴、奖金)的分配见表 3.21。

表 3.21 工资分配表(工资附加费)

单位:龙江建筑公司　　　　　　　　　年　月　　　　　　　　　　　单位:元

成本核算对象	计时工资	平均日工资	分配人工费
丙工程	3 012		5 160
丁工程	2 008		3 440
合计	5 020	1.713 1	8 600

分配率＝8 600/5 020×100％＝1.713 1％

④工资总额分配见表3.22。

表 3.22 工资分配表(工资总额)

单位:龙江建筑公司　　　　　　　　　年　月　　　　　　　　　　　单位:元

成本核算对象	计时工资	计件工资	工资附加费	合计
丙工程	3 012	18 780	5 160	26 952
丁工程	2 008	13 700	3 440	19 148
合计	5 020	32 480	8 600	46 100

(3)月末分配工资费用。

借:合同履约成本——工程施工——(丙工程,直接人工费)　　26 952
　　　　　　　　　　　　　　　——(丁工程,直接人工费)　　19 148
　　间接费用　　　　　　　　　　　　　　　　　　　　　　　 2 340
　　机械作业　　　　　　　　　　　　　　　　　　　　　　　 3 400
　　采购保管费　　　　　　　　　　　　　　　　　　　　　　 2 640
　　管理费用　　　　　　　　　　　　　　　　　　　　　　　15 060
　　贷:应付职工薪酬——工资　　　　　　　　　　　　　　　69 540

【业务3】龙江建筑公司根据"工资结算汇总表"编制"职工福利费计算分配表"(提取比例为14％),见表3.23。

表 3.23 职工福利费计算分配表

　　　　　　　　　　　　　　　年　月　　　　　　　　　　　　　单位:元

应借科目	人员类别	应提取福利费的工资总额	职工福利费
合同履约成本——工程施工 　　——丙工程	工程施工人员	26 952	3 773
合同履约成本——工程施工 　　——丁工程	工程施工人员	19 148	2 681
间接费用	施工现场管理人员	2 340	328
机械作业	机械作业人员	3 400	476

续表 3.23

年　月　　　　　　　　　　　　　　　　　　　　　　　　　　　　单位:元

应借科目	人员类别	应提取福利费的工资总额	职工福利费
管理费用	长期病假人员	7 460	1 044
采购保管费	物资供应人员	2 640	370
管理费用	行政管理人员	7 600	1 064
合计		69 540	9 736

有关福利费核算如下:
借:合同履约成本——工程施工——(丙工程,直接人工费)　　3 773
　　　　　　　　　　　　　　——(丁工程,直接人工费)　　2 681
　　间接费用　　　　　　　　　　　　　　　　　　　　　　　328
　　机械作业　　　　　　　　　　　　　　　　　　　　　　　476
　　采购保管费　　　　　　　　　　　　　　　　　　　　　　370
　　管理费用　　　　　　　　　　　　　　　　　　　　　　2 108
　贷:应付职工薪酬——福利费　　　　　　　　　　　　　　9 736

【业务4】龙江建筑公司材料仓库发出以下材料,见表 3.24。

表 3.24　发出材料汇总表

年　月　日

受益对象	A 材料/t			B 材料/t			C 材料/m²			D 材料/kg			金额/元
	数量	单价	金额	数量	单价	金额	数量	单价	金额	数量	单价	金额	合计
丙工程	80	550	44 000	60	350	21 000				20	2	40	65 040
丁工程	150	550	82 500	90	350	31 500				30	2	60	114 060
机械作业				6	350	2 100				20	2	40	2 140
间接费用	20	550	11 000				80	40	3 200	20	2	40	14 240
管理费用	10	550	5 500							20	2	40	5 540
合计	260		143 000	156		54 600	80	40	3 200	110		220	201 020

根据表 3.24 的有关资料,应编制有关会计分录如下:
借:合同履约成本——工程施工——(丙工程,直接材料费)　　65 040
　　　　　　　　　　　　　——(丁工程,直接材料费)　　114 060
　　间接费用　　　　　　　　　　　　　　　　　　　　　　14 240
　　机械作业　　　　　　　　　　　　　　　　　　　　　　 2 140
　　管理费用　　　　　　　　　　　　　　　　　　　　　　 5 540
　　贷:原材料——A 材料　　　　　　　　　　　　　　　　143 000
　　　　　　——B 材料　　　　　　　　　　　　　　　　　 54 600
　　　　　　——C 材料　　　　　　　　　　　　　　　　　 3 200
　　　　　　——D 材料　　　　　　　　　　　　　　　　　 220

【业务 5】龙江建筑公司按规定计提固定资产折旧 9 600 元,其中工程处使用固定资产应计提折旧 4 600 元,机械队使用固定资产应计提折旧 2 100 元,仓库使用固定资产应计提折旧 1 800 元,企业行政管理部门使用固定资产应计提折旧 1 100 元。应编制有关会计分录如下:
借:间接费用　　　　　　　　　　　　　　　　　　　　　　 4 600
　　机械作业　　　　　　　　　　　　　　　　　　　　　　 2 100
　　采购保管费　　　　　　　　　　　　　　　　　　　　　 1 800
　　管理费用　　　　　　　　　　　　　　　　　　　　　　 1 100
　　贷:累计折旧　　　　　　　　　　　　　　　　　　　　 9 600

【业务 6】龙江建筑公司以银行存款支付施工机械修理费 6 500 元,增值税 845 元。编制会计分录如下:
借:机械作业——修理费　　　　　　　　　　　　　　　　　 6 500
　　应交税费——应交增值税(进项税额)　　　　　　　　　　 845
　　贷:银行存款　　　　　　　　　　　　　　　　　　　　 7 345

【业务 7】龙江建筑公司本月施工现场发生机械使用费共计 14 616 元,机械设备提供台班数为 85 台班,其中丙工程 39 台班、丁工程 46 台班。本月机械使用费用分配见表 3.25。

表 3.25　机械使用费分配表

单位:龙江建筑公司　　　　　　　　　　年　月

成本核算对象	台班数	分配率	分配的机械使用费/元
丙工程	39		6 706
丁工程	46		7 910
合计	85	171.95%	14 616

分配率 = 14 616/85 × 100% = 171.95%
根据分配结果编制会计分录如下:
借:合同履约成本——工程施工(丙工程,机械使用费)　　　　 6 706
　　　　　　　　——工程施工(丁工程,机械使用费)　　　　 7 910
　　贷:机械作业　　　　　　　　　　　　　　　　　　　　14 616

【业务8】龙江建筑公司本月施工现场以银行存款支付材料二次搬运费 15 000 元。根据分配计算结果,其中丙工程应分摊 6 000 元,丁工程应分摊 9 000 元,会计分录如下:

  借:合同履约成本——工程施工(丙工程,其他直接费)   6 000
         ——工程施工(丁工程,其他直接费)   9 000
    贷:银行存款   15 000

【业务9】龙江建筑公司以银行存款支付办公用品费 12 753 元,其中:项目部 6 753 元,行政管理部门 6 000 元。会计分录如下:

  借:间接费用   6 753
    管理费用   6 000
    贷:银行存款   12 753

【业务10】龙江建筑公司项目部工作人员王某报销差旅费 2 000 元,付给现金。会计分录如下:

  借:间接费用   2 000
    贷:库存现金   2 000

【业务11】龙江建筑公司本月施工现场发生间接费用 30 261 元,丙工程本月发生直接费用 108 421 元,丁工程本月发生直接费用 152 799 元,本月间接费用分配见表 3.26。

表 3.26   间接费用分配表

年   月   日

成本核算对象	分配标准/元	分配率	分配金额/元
丙工程	108 471		12 561
丁工程	152 799		17 700
合计	261 270	11.58%	30 261

间接费=14 240+2 340+328+4 600+6 753+2 000=30 261(元)
丙工程直接费用=65 040+26 952+3 773+6 706+6 000=108 471(元)
丁工程直接费用=114 060+19 148+2 681+7 910+9 000=152 799(元)
分配率=30 261/261 270×100%=11.58%

根据分配结果编制会计分录如下:

  借:合同履约成本——工程施工(丙工程,间接费用)   12 561
         ——工程施工(丁工程,间接费用)   17 700
    贷:间接费用   30 561

丙、丁工程成本明细分类账见表 3.27、表 3.28。

表 3.27 丙工程成本明细分类账

账户名称:丙工程　　　　　　　　　　　　　　　　　　　　　　　　　　　单位:元

年		凭证编号	摘要	合同成本				
月	日			材料费	人工费	机械使用费	其他直接费	间接费用
			期初余额	略	略	略	略	略
			领材料费	65 040				
			人工费		30 725			
			机械使用费			6 706		
			其他直接费用				6 000	
			间接费用					12 561
			合　　计	65 040	30 725	6 706	6 000	12 561

表 3.28 丁工程成本明细分类账

账户名称:丁工程　　　　　　　　　　　　　　　　　　　　　　　　　　　单位:元

年		凭证编号	摘要	合同成本				
月	日			材料费	人工费	机械使用费	其他直接费	间接费用
			期初余额	略	略	略	略	略
			领材料费	114 060				
			人工费		21 829			
			机械使用费			7 910		
			其他直接费用				9 000	
			间接费用					17 700
			合　　计	114 060	21 829	7 910	9 000	17 700

3.3.9　工程分包业务的会计核算

1. 专业分包和劳务分包的区别

专业工程分包是指施工总承包企业将其所承包工程中的专业工程发包给具有相应资质的其他建筑企业,即专业分包工程承包人完成的活动。劳务分包是指施工总承包企业或者专业承包企业将其承包工程中的劳务作业发包给具有相应资质的劳务承包企业,即劳务作业承包人完成的活动。其区别如下。

①分包条件的限制不同。总承包人对工程分包有一系列的限制,并且必须具备的一个重要条件是,事先需经发包人的同意;而总包人包括工程分包人的劳务分包则无须事先获得

发包人的同意。

②承担责任的范围不同。专业工程分包条件下,总包要对分包工程实施管理,总包分包双方要对分包的工程以及分包工程的质量缺陷向发包人承担连带责任;而劳务分包条件下,分包人可自行进行管理,并且只对总包或者工程分包人负责,总包和工程分包人对发包人责任,劳务分包人对发包人不直接承担责任。

③分包主体的资质不同。专业工程分包持有的是专业承包企业的资质,其不同资质条件共有地基与基础工程等60种;劳务分包人持有的是劳务作业企业资质,其不同资质条件共有木工作业等13种。

④合同标的的指向不同。专业工程分包合同指向的标的是分部分项的工程,计取的是工程款,其表现形式主要体现为包工包料;劳务分包合同指向的是工程施工的劳务,计取的是人工费,其表现形式为包工不包料,俗称"清包工"。

2. 专业分包的账务处理

施工企业将部分工程分包的,成本核算时可以设置"分包成本"项目,也就是将分包工程款作为总承包公司的工程施工成本来进行核算。

【例3.52】 7月9日,预付产业园办公楼项目分包单位某建筑安装工程有限公司分包工程款197 727.28元,增值税税率9%,出纳网银转账支付。账务处理如下:

借:预付账款——建安公司　　　　　　　　　　　　　　　197 727.28
　　贷:银行存款　　　　　　　　　　　　　　　　　　　　197 727.28

【例3.53】 7月26日,分包单位建筑安装工程有限公司某办公楼工程桩基础工程发票247 727.28元,增值税税率9%,结转原预付款197 727.28元,余款50 000元暂欠。账务处理如下:

① 开出发票时:

借:合同履约成本——工程施工(分包成本)　　　　　　　227 272.73
　　应交税费——应交增值税(进项税额)　　　　　　　　 20 454.55
　　贷:预付账款　　　　　　　　　　　　　　　　　　　　197 727.28
　　　　应付账款　　　　　　　　　　　　　　　　　　　　 50 000

② 支付分包余款时:

借:应付账款　　　　　　　　　　　　　　　　　　　　　 50 000
　　贷:银行存款　　　　　　　　　　　　　　　　　　　　 50 000

③ 分包单位价款结算:

借:预收账款　　　　　　　　　　　　　　　　　　　　　197 727.28
　　应收账款——建安公司　　　　　　　　　　　　　　　 50 000
　　贷:合同结算——价款结算　　　　　　　　　　　　　　227 272.73
　　　　应交税费——应交增值税(销项税额)　　　　　　　 20 454.55

3. 劳务分包业务的账务处理

劳务分包属于建筑工程分包范畴,是以提供劳务为目的的分包,是承包人内部劳务清包的一种形式;建筑劳务分包开具的发票商品名称大类为"建筑服务"。施工企业实行劳务分包的,应将劳务费用计入"人工费"成本项目。收到发票时,借记"合同履约成本——劳务成本、应交税费——应交增值税(进项税额)"科目,贷记"应付账款"科目;支付时,借记"应付账款"科目,贷记"银行存款"科目;结转时,借记"合同履约成本——工程施工(人工费)"科目,贷记"合同履约成本——劳务成本"科目。

【例3.54】 A建筑公司承包一项住宅楼项目,该工程为一般计税方式,该公司将该工程的劳务分包给了B劳务分包公司。2022年5月16日,A建筑公司确认劳务分包工程并收到了B劳务分包公司开具的增值税专用发票1 030万元,劳务分公司选择简易计税计征增值税。账务处理如下:

①开出增值税专用发票:

借:合同履约成本——劳务成本　　　　　　　　　　　　　　　10 000 000
　　应交税费——应交增值税(进项税额)　　　　　　　　　　　　300 000
　　贷:应付账款——B劳务公司　　　　　　　　　　　　　　　10 300 000

②支付分包款:

借:应付账款——B劳务公司　　　　　　　　　　　　　　　　10 300 000
　　贷:银行存款　　　　　　　　　　　　　　　　　　　　　10 300 000

③结转劳务成本:

借:合同履约成本——工程施工(人工费)　　　　　　　　　　　10 000 000
　　贷:合同履约成本——劳务成本　　　　　　　　　　　　　10 000 000

4. 劳务分包与劳务派遣的区别

劳务派遣是指劳务派遣单位与劳动者订立劳动合同,把劳动者派往用工单位给付劳务,由用工单位向派遣单位支付服务费用的一种用工形式。劳务派遣公司开具的发票是"劳务费"发票。

劳务派遣业务不属于分包业务,会计处理不同于劳务分包,劳务派遣费属于职工薪酬范畴。分配劳务派遣费时,借记"合同履约成本——劳务成本、应交税费——应交增值税(进项税额)",贷记"应付职工薪酬";发放派遣费时,借记"应付职工薪酬",贷记"银行存款";结转派遣费时,借记"合同履约成本——工程施工(人工费)",贷记"合同履约成本——劳务成本"。

【例3.55】 收到产业园办公楼项目部交来付款单位付款申请单,申请支付某劳务派遣有限公司劳务费50 000元,增值税税率6%,出纳网银转账支付。

①分配派遣费时:

借:合同履约成本——劳务成本　　　　　　　　　　　　　　　　47 169.81
　　应交税费——应交增值税(进项税额)　　　　　　　　　　　　2 830.19
　　贷:应付职工薪酬　　　　　　　　　　　　　　　　　　　　50 000

②发放派遣费时:

借:应付职工薪酬　　　　　　　　　　　　　　　　　　　　　　50 000
　　贷:银行存款　　　　　　　　　　　　　　　　　　　　　　50 000

③结转派遣费时:

借:合同履约成本——工程施工(人工费)　　　　　　　　　　　　47 169.81
　　贷:合同履约成本——劳务成本　　　　　　　　　　　　　　47 169.81

练 习 题

一、单选题

1. 为工程施工所发生的(　　)和间接费用构成了工程的合同成本。
   A. 管理费用　　　B. 财务费用　　　C. 制造费用　　　D. 直接费用

2. 施工企业的工区、施工队、项目经理部为组织和管理施工生产活动所发生的费用称为(　　)。
   A. 管理费用　　　B. 财务费用　　　C. 间接费用　　　D. 直接费用

3. (　　)账户核算施工企业为组织和管理经营活动所发生的各种费用。
   A. 制造费用　　　B. 间接费用　　　C. 采购保管费　　　D. 管理费用

4. 企业生产过程中的期间费用不包括(　　)。
   A. 销售费用　　　B. 财务费用　　　C. 管理费用　　　D. 间接费用

5. 下列费用中属于建筑安装工程直接费的是(　　)。
   A. 项目经理工资危险作业　　　　　B. 意外伤害保险
   C. 施工企业施工所需的材料　　　　D. 工程定额测定费

6. 下列各项中可以直接计入工程对象的费用是(　　)。
   A. 支付给管理人员的工资　　　　　B. 办公费
   C. 支付给生产工人的工资　　　　　D. 差旅交通费

7. 施工过程中耗费的构成工程实体或有助于工程实体形成的各项费用支出称为(　　)。
   A. 施工成本　　　B. 经营成本　　　C. 直接成本　　　D. 间接成本

8. 按经济内容分类,"合同履约成本——工程施工"账户属于(　　)。
   A. 所有者权益类账户　　　　　　　B. 成本类账户
   C. 损益类账户　　　　　　　　　　D. 负债类账户

9. 施工现场承包工程领用材料应计入(　　)。
   A. 合同履约成本——工程施工　　　B. 管理费用
   C. 采购保管费　　　　　　　　　　D. 间接费用

10. "合同履约成本"账户的期末余额表示(　　)。
    A. 期末尚未完工的建造合同成本
    B. 期末企业为在建工程准备的各种物资的成本
    C. 期末竣工工程成本
    D. 期末原材料成本

11. 施工现场项目部用现金150元购买办公用品,应借记(　　)账户,贷记"库存现金"账户。
    A. 采购保管费　　　B. 管理费用　　　C. 间接费用　　　D. 营业费用

12. 施工企业本期承包工程耗用原材料3 500元,公司管理部门维修用原材料2 500元,会计分录是(　　)。

A. 借：合同履约成本　　　　　　　　　　　　　　　　　　　6 000
　　　贷：原材料　　　　　　　　　　　　　　　　　　　　　　　　6 000
B. 借：管理费用　　　　　　　　　　　　　　　　　　　　6 000
　　　贷：原材料　　　　　　　　　　　　　　　　　　　　　　　　6 000
C. 借：合同履约成本　　　　　　　　　　　　　　　　　　　3 500
　　　　采购保管费　　　　　　　　　　　　　　　　　　　2 500
　　　贷：原材料　　　　　　　　　　　　　　　　　　　　　　　　6 000
D. 借：合同履约成本　　　　　　　　　　　　　　　　　　　3 500
　　　　管理费用　　　　　　　　　　　　　　　　　　　　2 500
　　　贷：原材料　　　　　　　　　　　　　　　　　　　　　　　　6 000

13. 施工企业月末计算本月现场项目部使用的机器设备等固定资产的折旧费 8 000 元，会计分录是（　　）。
A. 借：间接费用　　　　　　　　　　　　　　　　　　　　8 000
　　　贷：累计折旧　　　　　　　　　　　　　　　　　　　　　　　8 000
B. 借：采购保管费　　　　　　　　　　　　　　　　　　　8 000
　　　贷：累计折旧　　　　　　　　　　　　　　　　　　　　　　　8 000
C. 借：管理费用　　　　　　　　　　　　　　　　　　　　8 000
　　　贷：累计折旧　　　　　　　　　　　　　　　　　　　　　　　8 000
D. 借：间接费用　　　　　　　　　　　　　　　　　　　　8 000
　　　贷：固定资产　　　　　　　　　　　　　　　　　　　　　　　8 000

14. 月末结转已办理竣工结算的完工工程的价款 96 000 元，对冲处理的正确会计分录为（　　）。
A. 借：合同履约成本　　　　　　　　　　　　　　　　　　96 000
　　　贷：工程结算　　　　　　　　　　　　　　　　　　　　　　　96 000
B. 借：主营业务成本　　　　　　　　　　　　　　　　　　96 000
　　　贷：主营业务收入　　　　　　　　　　　　　　　　　　　　　96 000
C. 借：合同结算——价款结算　　　　　　　　　　　　　　96 000
　　　贷：合同结算——收入结转　　　　　　　　　　　　　　　　　96 000
D. 借：价款结算　　　　　　　　　　　　　　　　　　　　96 000
　　　贷：合同履约成本　　　　　　　　　　　　　　　　　　　　　96 000

15. 施工企业自有机械作业所发生的各项费用，首先应通过（　　）账户归集。
A. 机械作业　　　B. 机械使用费　　　C. 其他直接费　　　D. 间接费用

16. 下列支出不应计入建筑安装工程成本中材料费的是（　　）。
A. 周转材料的摊销　　　　　　　　B. 周转材料的租赁费用
C. 临时设施的摊销　　　　　　　　D. 构筑件

17. 建筑安装工程在施工过程中发生的材料费、人工费和其他直接费用，应直接计入（　　）账户的借方。
A. 合同履约成本——工程施工　　　B. 主营业务成本
C. 机械作业　　　　　　　　　　　D. 其他业务成本

18. 为施工准备组织和管理施工生产的全部费用的支出,称为( )。
   A. 直接成本   B. 间接成本   C. 施工成本   D. 计划成本
19. 下列费用中属于建筑安装工程间接费的是( )。
   A. 施工机械使用费 B. 项目部办公费 C. 业务招待费 D. 广告宣传费
20. G#工程本月完工,月初未完工程成本为60万元,本月发生直接费用245万元,本月应分配间接费用是直接费用的20%;月末尚有部分未完工程,其未完工程成本占本月发生的施工生产费用的6%,则本月已完工程的合同成本是( )万元。
   A. 348.8   B. 300   C. 334.16   D. 336.17

二、多选题

1. 施工企业项目部发生的管理人员工资应计入( )。
   A. 管理费用   B. 制造费用   C. 间接费用   D. 机械费用
2. 施工现场发生的二次搬运费应计入( )成本项目。
   A. 其他直接费   B. 间接费用   C. 直接人工费   D. 直接材料费
3. 施工成本构成的内容包括( )。
   A. 人工费   B. 材料费
   C. 利润   D. 税金   E. 设备工器具
4. 建筑安装工程直接工程费中的人工费包括( )。
   A. 生产工人的工具、用具、使用费   B. 医疗保险费
   C. 因气候影响的停工工资   D. 劳动保护费
   E. 按规定标准发放的物价补贴、交通补贴
5. 建设工程项目施工成本包括直接成本和间接成本等,属于施工直接成本的有( )。
   A. 生产工人工资   B. 管理人员工资   C. 办公费   D. 施工机械使用费
6. 关于施工企业成本核算对象的确定,下列说法中正确的有( )。
   A. 一般情况下,以每一独立编制施工预算的单位工程为成本核算对象
   B. 如果一个单位工程有几个专业施工单位分包施工,以由各施工单位各自施工部分单位工程为成本核算对象
   C. 规模大、工期长的单位工程,可将工程划分为若干分部工程,以各分部工程作为成本核算对象
   D. 同一建设项目或同一施工单位中,有若干单位工程的施工地点相同、结构类型相同、开竣工时期接近或者若干预算造价较低的单位工程,则可以将其合并为一个成本核算对象
7. "间接费用"账户核算的项目有( )。
   A. 施工现场管理人员的工资薪酬   B. 现场施工生产人员的工资薪酬
   C. 公司管理部门设备的修理费   D. 施工现场办公室水电费
8. 施工企业应该在月末计算本月应支付给职工的工资总额,并形成一项负债,借记( ),贷记应付职工薪酬。
   A. "合同履约成本——工程施工(人工费)" B. "间接费用"
   C. "采购保管费"   D. "管理费用"

9. 施工企业材料物资的采购成本由( )组成。
   A. 采购保管费　　B. 销售费用　　C. 材料的买价　　D. 运杂费
10. 施工企业建造合同的合同成本由( )项目组成。
    A. 其他直接费用　　　　　　　B. 间接费用
    C. 材料费和人工费用　　　　　D. 机械使用费

三、判断题

1. 工程施工领用材料所发生的材料费应计入企业"管理费用"账户。( )
2. 企业的期间费用和工程成本的实质都属于资金耗费。( )
3. 在施工生产过程中发生的各种耗费称为施工生产费用。( )
4. 成本是指企业为生产产品提供劳务而发生的各种耗费,它与一定期间相联系,是对象化的费用。( )
5. 费用是企业所实际发生的各项开支和损失。( )
6. 企业支付的职工退职金应记入"营业外支出"科目。( )
7. 企业为职工缴纳的基本养老保险金、补充养老保险费,以及为职工购买的商业养老保险,均属于企业提供的职工薪酬。( )
8. 职工薪酬包括职工在职期间提供给职工的全部货币性薪酬和非货币性福利,不包括离职后提供的福利。( )
9. 企业以其外购产品作为非货币性福利发放给职工的,应当根据受益对象,按照该产品的公允价值,计入相关资产成本或当期损益,同时确认应付职工薪酬。( )
10. 企业在职工因病、工伤、产假等特殊情况下,按照日工资额及缺勤天数计算并从工资总额中扣除。( )

四、简答题

1. 工程项目成本按照经济用途分哪几类?
2. 合同履约成本账务处理流程有哪些?
3. 职工薪酬主要包括哪些内容?
4. 施工项目工资总额包括哪些内容?
5. 自有施工机械使用费的分配方法有哪些?
6. 间接费用的分配方法有哪些?

五、业务题

1. 计提本月职工工资,其中:甲工程生产工人工资215 000元,乙工程生产工人工资130 000元,施工管理人员工资50 000元,行政管理人员工资20 000元,机械作业人员工资40 000元。
   要求:编制工资分配的会计分录。
2. 计提本月福利费,其中:甲工程生产工人工资20 300元,乙工程生产工人工资7 200元,施工管理人员工资3 500元,行政管理人员工资2 300元,机械作业人员工资1 100元。
   要求:编制职工福利费分配的会计分录。

3. 某建筑公司第一分公司 2020 年 5 月的人工费资料如下：

(1)应付计件工资 52 000 元，其中甲合同项目 26 00 元,乙合同项目 24 000 元。

(2)应付计时工资 42 000 元。

(3)应付其他工资 7 200 元，工日数为 1 800,其中甲合同项目 1 050 工日、乙合同项目 750 工日。

(4)随同其他工资一并发放建安工人劳动保护用品购置费 3 600 元。

(5)工日利用统计见表 3.29。

表 3.29　工日利用统计表

收益对象	计时工日	计件工日	合计工日
甲合同项目	500	800	1 300
乙合同项目	300	400	700
合计	800	1 200	2 000

①根据上述资料编制人工费分配表(表 3.30)。

表 3.30　人工费分配表

项目	工日数	分配率	甲合同项目		乙合同项目		合计/元
			工日	金额	工日	金额	
工资							
计件工资							
计时工资							
其他工资							
劳动保护费							
合计							

②根据上述有关资料编制职工福利费计提表(表 3.31)。

表 3.31　职工福利费计提表

工程成本核算对象	甲合同项目	乙合同项目	合计
应付工资			
计提比例	14%	14%	—
计提的职工福利费			

4. 某建筑工程公司根据工资汇总表(表 3.32)的实发工资数签发现金支票一张,金额 175 000 元,发放工资并代扣水电费 8 200 元。要求对以下经济业务编制会计分录。

(1)发放工资时。

(2)代扣各种扣款时。

表 3.32 工资分配表　　　　　　　　　　　　　　　　　　　　　　单位:元

人员类别	生产工人			管理人员		合计
受益对象	建安工人	机上人员	辅助生产工人	行政管理人员	施工管理人员	
工程施工	140 000					140 000
机械作业		5 000				5 000
辅助生产			8 000			8 000
管理费用				10 000		10 000
间接费用					20 000	20 000
合计	1 400 000	5 000	8 000	10 000	20 000	183 000

(3)根据工资分配表,分配工资。
(4)分配职工福利费。
(5)某建筑工程公司本月工资总额 182 000 元,按 2% 提取工会经费,开出转账支票拨交工会。
(6)某建筑工程公司本月工资总额 183 000 元,按 1.5% 提取职工教育经费,并支付培训费。
(7)某建筑公司开出一张 6 000 元的转账支票,购买职工食堂用粮食。

5.某工程有限公司仓库发出主要材料一批,实际成本 20 000 元,其中,甲工程使用 120 000 元,乙工程使用 80 000 元。要求编制发出材料的会计分录。

6.月末,某施工企业根据审核无误的各种领料凭证、大堆材料耗用量计算单、集中配料耗用量计算单、周转材料摊销分配表等,编制材料费用分配表(表 3.33)。要求:采用实际成本法编制会计分录。

表 3.33 材料分配表

单位:某工程有限公司　　　　　　年　月　日

项目	主要材料				燃料		结构件/元	机械配件/元	其他材料/元	合计/元
	黑金属(3 600元/t)		硅酸盐(250元/t)		柴油(6元/t)					
	数量/t	金额/元	数量/t	金额/元	数量/t	金额/元				
黄河大桥	15	54 000	200	50 000			110 000			214 000
济青高速	20	72 000	100	25 000			120 000			217 000
搅拌车间									9 000	9 000
预制车间								18 000		18 000
机械作业					4 000	24 000		20 000		44 000
路桥管理									6 000	6 000

7.某建筑公司 3 台挖土机领用燃油料 1 500 元,分配机械操作人员工资 5 000 元,分配本月机械操作人员职工福利费 700 元,以银行存款支付挖土机的维修费 1 200 元,本月挖土机应计提折旧费 2 600 元,本月挖土机发生大修理费用 1 300 元,挖土机外购电费 1 100 元,以银行存款支付。

要求:完成施工机械费用的账务处理。

8.假设塔吊本月实际发生的费用为 7 200 元,实际工作 50 个台班,其中为甲工程工作 33 个台班,为乙工程工作 17 个台班。

要求:采用使用台班分配法分配机械使用费并编制会计分录。

9.假设混凝土搅拌机本月实际发生费用 12 000 元,实际搅拌混凝土 300 m³,其中:甲工程 210 m³,乙工程 90 m³。

要求:采用完成产量分配法分配机械使用费并编制会计分录。

10.假设某小型机械本月发生的实际成本为 16 200 元,各工程的机械使用费预算成本为 18 000 元,其中:甲工程 12 000 元,乙工程 6 000 元。

要求:采用预算成本法分配机械使用费并编制会计分录。

11.某工程有限公司与某租赁公司(一般纳税人)签订设备租赁合同,租赁 2 台装载机用于黄河大桥工程现场施工,每月租金 100 000 元,增值税税率为 13%。每月支付租金时,编制如下会计分录:

12.某企业本月以银行存款支付各种其他直接费 3 824.02 元,已知甲工程工料机成本

212 997 元、乙工程工料机成本 169 405 元。要求：填写其他直接费分配表（表 3.34），并编制会计分录。

表 3.34 其他直接费分配表

成本核算对象	工料机成本	分配率	分配金额
甲工程			
乙工程			
合计			

13. 某施工企业承包某项设备安装工程，安装任务包括中央空调、炼油设备和过滤设备。第四季度共计发生间接费用 600 000 元，该季度安装工程发生的人工费为：中央空调 200 000 元、炼油设备 1 000 000 元、过滤设备 800 000 元。企业按照直接人工费比例分配间接费用。

要求：完成相关会计账务处理。

14. 某施工公司发放管理人员工资 50 000 元，奖金 20 000 元；管理用固定资产折旧费 100 000 元；现金支付办公费 5 000 元、差旅费 8 000 元；临时设施摊销 20 000 元；向环保局转账支付排污费 3 000 元。

要求：完成相关业务的会计账务处理。

任务 3.4　工程价款结算会计核算

教学目标：

1. 理解建造合同的含义，熟悉建造合同成本和收入的确认和计量方法，明确工程价款结算、工程成本结算的含义和方法，理解预交税款的含义及相关规定，熟练掌握工程价款结算、利润构成的账户设置。

2. 能够准确对工程结算业务、工程应交税费、预交增值税、预交附加税、质保金、押金、差额征税、其他应交税费及利润形成进行账务处理。

在工程结算过程中，一方面向委托单位点交工程并进行工程价款结算，另一方面进行建造合同收入及建造合同成本的确认及核算，并按照国家税法和有关规定计算各种税金及附加。

3.4.1　建造合同概述

1. 建造合同的含义

建造合同是指为建造一项或数项在设计、技术、功能、最终用途等方面密切相关的资产而订立的合同。

2. 合同的分立合并

（1）合同分立。

有的资产建造虽然形式上只签订了一项合同，但各项资产在商务谈判、设计施工、价款结算等方面都是可以相互分离的,实质上是多项合同,在会计上应当作为不同的核算对象。

一项包括建造数项资产的建造合同,同时满足下列3项条件的,每项资产应当分立为单项合同。

①每项资产均有独立的建造计划。

②与客户就每项资产单独进行谈判,双方能够接受或拒绝与每项资产有关的合同条款。

③每项资产的收入和成本可以单独辨认。

【例3.56】 某建筑公司与客户签订一项合同,为客户建造一栋宿舍楼和一座食堂。在签订合同时,建筑公司与客户分别就所建宿舍楼和食堂进行谈判,并达成一致意见:宿舍楼的工程造价为400万元,食堂的工程造价为150万元。宿舍楼和食堂均有独立的施工图预算,宿舍楼的预计总成本为370万元,食堂的预计总成本为130万元。

根据上述资料分析,由于宿舍楼和食堂均有独立的施工图预算,因此符合条件①;由于在签订合同时,建筑公司与客户分别就所建宿舍楼和食堂进行谈判,并达成一致意见,因此符合条件②;由于宿舍楼和食堂均有单独的造价和预算成本,因此符合条件③。建筑公司应将建造宿舍楼和食堂分立为2个单项合同进行会计处理。

如果不同时满足上述3个条件,则不能将合同分立,而应将其作为一个合同进行会计处理。假如上例中,没有明确规定宿舍楼和食堂各自的工程造价,而是以550万元的总金额签订了该项合同,也未做出各自的预算成本。这时,不符合条件③,则建筑公司不能将该项合同分立为2个单项合同进行会计处理。

(2)合同合并。

有的资产建造虽然形式上签订了多项合同,但各项资产在设计、技术、功能、最终用途上是密不可分的,实质上是一项合同,在会计上应当作为一个核算对象。

一组合同无论对应单个客户还是多个客户,同时满足下列3项条件的,应当合并为单项合同。

①该组合同按一揽子交易签订。

②该组合同密切相关,每项合同实际上已构成一项综合利润率工程的组成部分。

③该组合同同时或依次履行。

【例3.57】 为建造一个冶炼厂,某建造承包商与客户一揽子签订了3项合同,分别建造一个选矿车间、一个冶炼车间和一个工业污水处理系统。根据合同规定,这3个工程将由该建造承包商同时施工,并根据整个项目的施工进度办理价款结算。

根据上述资料分析,由于这3项合同是一揽子签订的,表明符合条件①;对客户而言,只有这3项合同全部完工交付使用时,该冶炼厂才能投料生产,发挥效益;对建造承包商而言,这3项合同的各自完工进度,直接关系到整个建设项目的完工进度和价款结算,并且建造承包商对工程施工人员和工程用料实行统一管理。因此,该组合同密切相关,已构成一项综合利润率工程项目,表明符合条件②;该组合同同时履行,表明符合条件③。因此,该建造承包商应将该组合同合并为一个合同进行会计处理。

(3)追加资产的建造合同。

追加资产的建造合同,满足下列条件之一的,应当作为单项合同。

①该追加资产在设计、技术或功能上与原合同包括的一项或数项资产存在重大差异。

②议定该追加资产的造价时,不需要考虑原合同价款。

【例 3.58】 某建筑商与客户签订了一项建造合同。合同规定,建筑商为客户设计并建造一栋办公楼,办公楼的工程造价(含设计费用)为 500 万元,预计总成本为 460 万元。合同履行一段时间后,客户决定追加建造一座地上车库,并与该建筑商协商一致,变更了原合同内容。

根据上述资料分析,由于该地上车库在设计、技术和功能上与原合同包括的办公楼存在重大差异,表明符合条件①,因此该追加资产的建造应当作为单项合同。

3.4.2 建造合同成本的确认和计量

1. 成本核算对象的确定

成本核算对象(也就是成本计算对象)的确定,不仅仅是财务部门的事情,它涉及责任、权利的具体归属和认定问题,属于成本管理的重要问题,必须与单位的经济责任制相联系。

对同一企业来讲,确定不同的会计核算对象,会产生不同的核算结果。一般情况下,企业应以所订立的单项合同为对象,分别确认合同收入和合同成本、费用和利润。

施工企业的成本核算一般在合同签订后以项目经理部为基本的成本核算单位。

2. 合同成本的构成

合同成本是指为建造某项合同而发生的相关费用。合同成本包括从合同签订开始至合同完成所发生的、与执行合同有关的直接费用和间接费用。

(1) 直接费用。

直接费用是指为完成合同所发生的、可以直接计入合同成本核算对象的各项费用支出。包括 4 项内容:耗用的材料费用、耗用的人工费用、耗用的机械使用费和其他直接费用。

(2) 间接费用。

间接费用是指为完成合同所发生的、不宜直接归属于合同成本核算对象而应分配计入有关合同成本核算对象的各项费用支出。

3. 与建造合同相关的借款费用

建造承包商为客户建造资产,通常是客户筹集资金,并根据合同约定,定期向建造承包商支付工程进度款。但是,建造承包商也可能在合同建造过程中因资金周转等原因向银行借入款项,发生借款费用。建造承包商在合同建造期间发生的借款费用,符合《企业会计准则第 17 号——借款费用》规定的资本化条件的,应当计入合同成本。合同完成后发生的借款费用,应计入当期损益,不再计入合同成本。

4. 不计入合同成本的各项费用

下列各项费用属于期间费用,应在发生时计入当期损益,不计入建造合同成本。
① 企业行政管理部门为组织和管理生产经营活动所发生的管理费用。
② 销售费用。
③ 企业为建造合同借入款项所发生的、不符合《企业会计准则第 17 号——借款费用》规定的资本化条件的借款费用。例如,企业在建造合同完成后发生的利息净支出、汇兑净损失、金融机构手续费以及筹资发生的其他财务费用。

3.4.3 建造合同收入确认和计量

1. 建造合同收入的组成

《企业会计准则——建造合同》规定了合同收入的组成内容。

①合同中规定的初始收入。即建造承包方与客户在双方签订的合同中最初商定的合同总金额,它构成合同收入的基本内容。

②因合同变更、索赔、奖励等形成的收入。这部分收入不构成合同双方在签订合同时已在合同中商定的合同总金额,而是在执行合同过程中由于合同变更、索赔、奖励等原因而形成的追加收入。

(1)合同变更收入。

合同变更是指客户为改变合同规定的作业内容而提出的调整。

例如,某建造承包商与客户签订了一项建造图书馆的合同,建设期3年。第二年,客户要求将原设计中采用的铝合金门窗改为塑钢门窗,并同意增加合同造价50万元。

合同变更款同时满足下列条件的,才能构成合同收入。

①客户能够认可因变更而增加的收入。

②该收入能够可靠地计量。

上例中,建造承包商可在第二年将因合同变更而增加的收入50万元认定为合同收入的组成部分。假如建造承包商认为此项变更应增加造价50万元,但双方最终只达成增加造价45万元的协议,则只能将45万元认定为合同收入的组成部分。

(2)索赔收入。

索赔款是指因客户或第三方的原因造成的、向客户或第三方收取的、用以补偿不包括在合同造价中成本的款项。

例如,某建造承包商与客户签订了一项建造水电站的合同。合同规定的建设期是2019年3月至2022年8月;同时规定,发电机由客户采购,于2021年8月交付建造承包商进行安装。该项合同在执行过程中,客户于2022年1月才将发电机交付建造承包商。建造承包商因客户交货延期要求客户支付延误工期款100万元。

索赔款同时满足下列条件的,才能构成合同收入。

①根据谈判情况,预计对方能够同意该项索赔。

②对方同意接受的金额能够可靠地计量。

上例中,假如客户不同意支付延误工期款,则不能将100万元计入合同总收入。假如客户只同意支付延误工期款60万元,则只能将60万元认定为合同收入的组成部分。

(3)奖励收入。

奖励款是指工程达到或超过规定的标准,客户同意支付的额外款项。

例如,某建造承包商与客户签订一项建造大桥的合同,合同规定的建设期为2020年12月20日至2022年12月20日。2022年9月,主体工程已基本完工,工程质量符合设计要求,有望提前3个月竣工,客户同意向建造承包商支付提前竣工奖100万元。

奖励款同时满足下列条件的,才能构成合同收入。

①根据合同目前完成情况,足以判断工程进度和工程质量能够达到或超过规定的标准。

②奖励金额能够可靠地计量。

上例中,假如该项合同的主体工程虽于 2022 年 9 月基本完工,但是经工程监理人员认定,工程质量未达到设计要求,还需进一步施工。这种情况下,不能认定奖励款构成合同收入。

2. 合同收入的确认和计量

合同收入包括合同中规定的初始收入以及因合同变更、索赔、奖励等形成的收入。在确认和计量合同收入时,首先应判断建造合同的结果能否可靠地估计。

如果建造合同的结果能够可靠地估计,应在资产负债表日根据完工百分比法确认当期合同收入。

如果是一个会计年度内完成的建造合同,应在完成时确认合同收入。

如果建造合同的结果不能可靠地估计,则不能根据完工百分比法确认合同收入,而应区别以下 2 种情况进行处理。

①合同成本能够收回的,合同收入根据能够收回的实际合同成本加以确认。

②合同成本不可能收回的,应在发生时立即确认为费用,不确认收入。

建造合同的类型不同,判断其结果能否可靠地估计的前提条件也不同。

①固定造价合同的结果能可靠地估计,必须同时满足以下 4 个条件。

a. 合同总收入能够可靠地计量。合同总收入一般根据建造承包商与客户订立的合同中的合同总金额来确定,如果在合同中明确规定了合同总金额,且订立的合同是合法的,则说明合同总收入能够可靠地计量;反之,则意味着合同总收入不能可靠地计量。

b. 与合同相关的经济利益很可能流入企业。经济利益是指直接或间接地流入企业的现金或现金等价物,表现为资产的增加,或表现为负债的减少,或两者兼而有之。与合同相关的经济利益能够流入企业意味着企业能够收回合同价款。合同价款能否收回,取决于双方能否正常履行合同,主要根据直接经验或从其他方面取得的信息进行判断。

c. 实际发生的合同成本能够清楚区分和可靠地计量。已经发生的合同成本能否清楚地区分和可靠地计量,关键在于建造承包商能否做好合同成本核算工作,能否准确计算合同成本。如果能够正确划分当期成本和下期成本的界限,能够划清已完工程成本和未完工程成本之间的界限,能够划清不同成本核算对象的界限,则说明已经发生的成本能够清楚地区分和可靠地计量,以便实际合同成本能够与以前的预计成本相比较;反之,则意味着不能够清楚地区分和可靠地计量。

d. 合同完工进度和为完成合同尚需发生的成本能够可靠地确定。合同完工进度能够可靠地确定,意味着建造承包商能够严格履行合同条款,已经或正在为完成合同而进行工程施工,并已完成了一定的工程量,达到了一定的工程形象进度,能够科学、可靠地确定将要完成的工程量。为完成合同尚需发生的成本能否可靠地确定,关键在于建造承包商是否已经建立了完善的内部成本核算制度和有效的内部财务预算及报告制度,能否对为完成合同尚需发生的合同成本做出可靠的估计。

②成本加成合同的结果能可靠地估计,必须同时满足以下 2 个条件。

a. 与合同相关的经济利益很可能流入企业。

b. 实际发生的合同成本,能够清楚地区分并且能够可靠地计量。

3. 零星收益

与合同有关的零星收益,是指在合同执行过程中取得的,但不计入合同收入而应冲减合同成本的非经常性的收益。例如,完成合同后处置残余物资,在施工过程中产生的一些材料物资的下脚料等取得的收益。由于工程领用材料时已将领用材料的价值直接计入了工程成本,材料物资的下脚料已包括在合同成本中,因此,处置这些残余物资取得的收益应冲减合同成本。

应该注意的是在建造合同执行过程中,每隔一个周期有必要调整一次预计合同总收入和预计合同总成本。调整的周期可以是一季度、半年度、一年或两年,企业可以根据合同履行的实际情况确定。

中、小项目建设周期短。一般为1～3年施工期,企业半年度调整一次预算。大项目建设周期长。一般为3～5年施工期,企业一个年度调整一次预算后,预算基本上能够真实反映项目经营的基本情况。

3.4.4 建造合同收入和费用的核算

1. 建造合同的结果能够可靠估计的核算

(1)完工进度的确定。

建造合同的结果能够可靠估计的,企业应根据完工百分比法在资产负债表日确认合同收入和合同费用。完工百分比法是根据合同完工进度确认合同收入和费用的方法,运用这种方法确认合同收入和费用,能为报表使用者提供有关合同进度及本期业绩的有用信息,体现了权责发生制的要求。确定合同完工进度有以下3种方法。

①根据累计实际发生的合同成本占合同预计总成本的比例确定。该方法是确定合同完工进度比较常用的方法,计算公式为

$$合同完工进度 = \frac{累计实际发生的合同成本}{合同预计总成本} \times 100\%$$

累计实际发生的合同成本是指形成工程完工进度的工程实体和工作量所耗用的直接成本和间接成本,不包括下列内容。

a. 与合同未来活动相关的合同成本。包括施工中尚未安装、使用或耗用的材料成本。材料物资从仓库运抵施工现场,如果尚未安装、使用或耗用,则没有形成工程实体,就其资金的占用形态而言,仍属于"原材料"占用的资金,而非"产成品"占用的资金。因此,为保证确定完工进度的可靠性,不应将这部分成本计入累计实际发生的合同成本中来确定完工进度。

【例3.59】 某公司承建A工程,工期2年,A工程的预计总成本为1 000万元。第一年,该建筑公司的"工程施工——A工程"账户的实际发生额为680万元。其中:人工费150万元,材料费380万元,机械使用费100万元,其他直接费20万元,工程间接费30万元。经查明,A工程领用的材料中有一批虽已运到施工现场但尚未使用,尚未使用的材料成本为80万元。根据上述资料计算第一年的完工进度为

$$合同完工进度 = (680 - 80)/1\,000 \times 100\% = 60\%$$

b. 在分包工程的工作量完成之前预付给分包单位的款项。对总承包商来说,分包工程是其承建的总体工程的一部分,分包工程的工作量也是其总体工程的工作量。总承包商在确定总体工程的完工进度时,应考虑分包工程的完工进度。在分包工程的工作量完成之前预付给分包单位的备料款项虽然是总承包商的一项资金支出,但是该项支出并没有形成相应的工作量,因此不应将这部分支出计入累计实际发生的合同成本中来确定完工进度。但

是,根据分包工程进度支付的分包工程进度款,应构成累计实际发生的合同成本。

【例 3.60】 甲公司与客户一揽子签订了一项建造合同,承建 A、B 两项工程。该项合同的 A、B 两项工程密切相关,客户要求同时施工,一起交付,工期为 2 年。合同规定的总金额为 1 100 万元。甲公司决定 A 工程由自己施工,B 工程以 400 万元的合同金额分包给乙公司承建,甲公司已与乙公司签订了分包合同。

第一年,甲公司自行施工的 A 工程实际发生工程成本 450 万元,预计为完成 A 工程尚需发生工程成本 150 万元;甲公司根据乙公司分包的 B 工程的完工进度,向乙公司支付了 B 工程的进度款 250 万元,并向乙公司预付了下年度备料款 50 万元。甲公司根据上述资料计算确定该项建造合同第一年的完工进度为

$$合同完工进度 = (450+250)/(450+150+400) \times 100\% = 70\%$$

②根据已经完成的合同工作量占合同预计总工作量的比例确定。该方法适用于合同工作量容易确定的建造合同,如道路工程、土石方挖掘、砌筑工程等。计算公式为

$$合同完工进度 = \frac{已经完成的合同工作量}{合同预计总工作量} \times 100\%$$

③根据实际测定的完工进度确定。该方法是在无法根据上述两种方法确定合同完工进度时所采用的一种特殊的技术测量方法,适用于一些特殊的建造合同,如水下施工工程等。需要指出的是,这种技术测量并不是由建造承包商自行随意测定,而应由专业人员现场进行科学测定。

例如,某建筑公司承建一项水下作业工程,在资产负债表日,经专业人员现场测定,已完工作量已达合同总工作量的 70%,则该合同的完工进度为 70%。

(2)当期确认的合同收入和费用的计算。

确定建造合同的完工进度后,就可以根据完工百分比法确认和计量当期的合同收入和费用。

当期确认的合同收入=合同总收入×完工进度-以前会计期间累计已确认的收入

当期确认的合同费用=合同预计总成本×完工进度-以前会计期间累计已确认的费用

上述公式中的完工进度指累计完工进度。

在计算最后一年的合同收入时,应采用倒挤的方式处理,以避免出现误差。具体计算公式为

最后一年的合同收入=实际合同总收入-以前年度累计确认的收入

最后一年的合同费用=实际发生的总成本-以前年度累计已确认的费用

(3)账户设置。

①"合同结算"账户。合同结算账户是用来核算施工企业根据建造合同约定向业主办理结算的累计金额。设置"合同结算——价款结算""合同结算——收入结转"两个二级明细账户。"合同结算——价款结算"科目核算定期与客户进行结算的金额,计入本账户贷方;"合同结算——收入结转"科目反映按履约进度结转的收入金额,计入本账户借方。"合同结算"账户是双重性质的账户,期末贷方余额反映企业尚未确认收入已办理结算的金额,期末借方余额表示已按履约进度确认收入尚未向客户结算的金额。"合同结算"科目设置的目的就是反映结算过程,设置该账户的原因是实务中收入确认和价款结算不同步。

资产负债表日,"合同结算"科目的期末余额在借方的,根据其流动性,在资产负债表中

分别列示为"合同资产"或"其他非流动资产"项目,即已干活未结算。期末余额在贷方的,根据其流动性,在资产负债表中分别列示为"合同负债"或"其他非流动负债"项目,即已结算未干活。

合同结算账户应用如下:

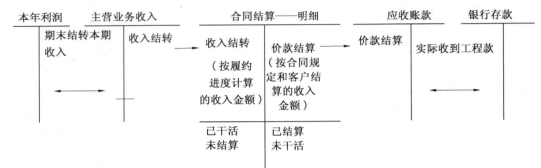

② "主营业务收入"账户。"主营业务收入"账户是损益类账户,用来核算施工企业当期确认的合同收入即承包工程收入,贷方登记当期确认的合同收入,借方登记期末转入"本年利润"的合同收入,结转后本账户无余额。

③ "主营业务成本"账户。"主营业务成本"账户是损益类账户,用来核算施工企业当期确认的合同费用。借方登记当期确认的合同费用,期末本账户余额全部转入"本年利润"账户,结转后本账户无余额。

合同收入与合同费用账户处理如下:

④ "应收账款"账户。"应收账款"账户用来核算应收和实际收入的工程进度款,已向客户开出工程价款结算账单上列明的应收的工程进度款计入本账户借方,实际收到的工程进度款计入本账户贷方。期末一般有借方余额,表示尚未收回的应收账款。"应收账款"需按债务人设置明细分类账户。

应收账款	
应收取的款项	已收取的款项
未收取的款项	

工程成本和收入核算账务处理流程如下:

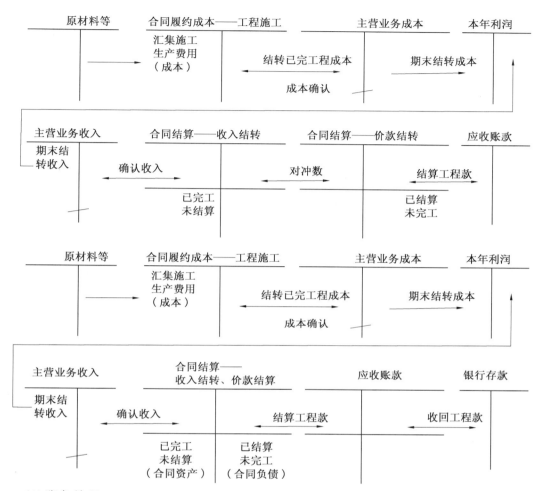

(4)账务处理。

【例3.61】 某建筑公司签订了一项总金额为9 000 000元(不含增值税)的建造合同,承建一座桥梁。工程已于2022年7月开工,预计2024年10月完工。最初预计工程总成本为8 000 000元,到2023年底,预计工程总成本已为8 100 000元。建造该项工程的其他有关资料见表3.35。

表3.35 建造该项工程的其他有关资料   单位:元

项目	2022年	2023年	2024年	合计
合同总价款				9 000 000
到目前为止已发生的成本	2 000 000	5 832 000	8 100 000	
完成合同尚需发生成本	6 000 000	2 268 000	—	
已结算工程价款	1 962 000	5 232 000	2 616 000	9 810 000
实际收到价款	1 500 000	3 500 000	4 810 000	9 810 000

假设每年结算金额与开出增值税专用发票金额一致。根据上述资料,具体会计处理

如下。

某建筑公司在进行合同核算时,应根据所发生的经济业务,及时登记合同发生的实际成本,登记已办理结算的工程价款和实际已收取的工程价款,并根据工程施工进展情况准确地确定工程履约进度,计量和确认当年的合同收入和费用。

(1)2022年账务处理如下:

①登记实际发生的合同成本:

借:合同履约成本——工程施工　　　　　　　　　　　　　　　2 000 000
　　贷:应付职工薪酬、原材料等　　　　　　　　　　　　　　　2 000 000

②开出账单结算工程价款:

(实务中按实际结算的工程款纳税,而不是按会计上确认的收入纳税)

借:应收账款　　　　　　　　　　　　　　　　　　　　　　　1 962 000
　　贷:合同结算——价款结算　　　　　　　　　　　　　　　　1 800 000
　　　　应交税费——应交增值税(销项税额)　　　　　　　　　　162 000

③收到当期工程款:

借:银行存款　　　　　　　　　　　　　　　　　　　　　　　1 500 000
　　贷:应收账款　　　　　　　　　　　　　　　　　　　　　　1 500 000

④确认和计量当年的合同收入、合同成本:

　　2022年合同完工进度=2 000 000/(2 000 000+6 000 000)×100%=25%
　　　　当年确认的合同收入=9 000 000×25%=2 250 000(元)
　　　　当年确认的合同成本=8 000 000×25%=2 000 000(元)

借:合同结算——收入结转　　　　　　　　　　　　　　　　　2 250 000
　　贷:主营业务收入　　　　　　　　　　　　　　　　　　　　2 250 000
借:主营业务成本　　　　　　　　　　　　　　　　　　　　　2 000 000
　　贷:合同履约成本——工程施工　　　　　　　　　　　　　　2 000 000

(2)2023年的会计分录如下:

①登记当期实际发生合同成本:

借:合同履约成本——工程施工　　　　　　　　　　　　　　　3 832 000
　　贷:应付职工薪酬、原材料等　　　　　　　　　　　　　　　3 832 000

②开出账单结算当期已完工程价款:

借:应收账款　　　　　　　　　　　　　　　　　　　　　　　5 232 000
　　贷:合同结算——价款结算　　　　　　　　　　　　　　　　4 800 000
　　　　应交税费——应交增值税(销项税额)　　　　　　　　　　432 000

③收到当期工程价款:

借:银行存款　　　　　　　　　　　　　　　　　　　　　　　3 500 000
　　贷:应收账款　　　　　　　　　　　　　　　　　　　　　　3 500 000

④确认和计量当年的合同收入、合同成本:

　　2023年完工进度=5 832 000/(5 832 000+2 268 000)100%=72%
　　　　当年确认的合同收入=9 000 000×72%-2 250 000=4 230 000(元)
　　　　当年确认的合同成本=8 100 000×72%-2 000 000=3 832 000(元)

借:合同结算——收入结转	4 230 000
贷:主营业务收入	4 230 000
借:主营业务成本	3 832 000
贷:合同履约成本——工程施工	3 832 000

(3)2024年的会计分录如下:

①登记实际发生合同成本:

借:合同履约成本——工程施工	2 268 000
贷:应付职工薪酬、原材料等	2 268 000

②开出账单结算工程价款:

借:应收账款	2 616 000
贷:合同结算——价款结算	2 400 000
应交税费——应交增值税(销项税额)	216 000

③收到当期工程价款:

借:银行存款	4 810 000
贷:应收账款	4 810 000

④确认和计量当年的合同收入、合同成本:

当年确认的合同收入=9 000 000-2 250 000-4 230 000=2 520 000(元)

当年确认的合同成本=8 100 000-2 000 000-3 832 000=2 268 000(元)

借:合同结算——收入结转	2 520 000
贷:主营业务收入	2 520 000
借:主营业务成本	2 268 000
贷:合同履约成本——工程施工	2 268 000

工程完工时,将"合同结算——收入结转"科目的余额与"合同结算——价款结算"科目的余额对冲。

借:合同结算——价款结算	9 000 000
贷:合同结算——收入结转	9 000 000

2.建造合同结果不能可靠估计的账务处理

在建造合同的结果不能可靠地估计的情况下,企业不能采用完工百分比法确认合同收入和费用,而应区别以下两种情况进行处理。

(1)合同成本能够收回的。

合同收入根据能够收回的实际合同成本加以确认,合同成本在其发生的当期确认为合同费用。

【例3.62】 某建筑公司与客户签订了一项总金额为110万元的建造合同。第一年实际发生工程成本60万元,双方均能履行合同规定的义务,但建筑公司在年末时对该项工程的完工进度无法可靠确定。

本例中,该公司不能采用完工百分比法确认收入。由于客户能够履行合同,当年发生的成本均能收回,所以公司可将当年发生的成本金额同时确认为当年的收入和费用,当年不确定利润。其账务处理如下:

借:主营业务成本

  贷：主营业务收入 60

(2)合同成本不可能收回的。

【例 3.63】 承接【例 3.62】，如果该建筑公司第一年与客户只办理价款结算 40 万元，其余款项可能收不回来。这种情况下，该公司只能将 40 万元确认为当年的收入，60 万元确认为当年的费用。其账务处理如下：

 借：主营业务成本 60
  贷：合同履约成本——工程施工 60
 借：合同结算——收入结转 40
  贷：主营业务收入 40

3. 合同成本结果由不可靠转为可靠的账务处理

【例 3.64】 承接【例 3.63】，该建筑公司与客户签订建造合同总金额 110 万元，如果到第二年，完工进度无法可靠确定的因素消除。第二年实际发生成本为 30 万元，预计为完成合同尚需发生的成本 10 万元，则企业应当计算合同收入和费用如下：

  第二年完工进度＝(60＋30/60＋30＋10)×100%＝90%
  合同收入＝110×90%－40＝59(万元)
  合同成本＝(60＋30＋10)×90%－60＝30(万元)

 借：主营业务成本 30
  贷：合同履约成本——工程施工 30
 借：合同结算——收入结转 59
  贷：主营业务收入 59

4. 合同预计损失的会计处理

在工程施工中，承包价格偏低、材料费上涨、管理不善等，会导致工程承包合同出现亏损。根据《企业会计准则第 13 号——或有事项》的相关规定，待执行合同变成亏损合同的，该亏损合同产生的义务满足相关条件的，则应当对亏损合同确认预计负债。

【例 3.65】 某公司 2020 年承揽了一份建造合同，合同标的为一座桥梁，为固定造价合同，合同总收入为 1 000 万元(不含增值税)，预计总成本为 800 万元，工程期为 3 年，2021 年底由于水泥价格上涨致使工程成本上涨为 1 200 万元，工程于 2022 年 9 月提前完工，并达到了优质工程标准，根据合同获得了 400 万元奖励。相关款项于 2022 年末结清。每年的与施工有关的资料见表 3.36。

表 3.36 建造该项工程的其他有关资料 单位：万元

项目	2020 年	2021 年	2022 年	合计
合同总价款				1 200
至目前为止已发生的成本	160	480	1 200	
完成合同尚需发生成本	640	720	0	
已结算合同价款	218	218	1 090	1 526
实际收到价款	180	220	1 126	1 526

根据以上资料,具体会计处理如下:
(1)2020年的会计处理。
①登记当期实际发生的合同成本:
借:合同履约成本——工程施工　　　　　　　　　　　　　　　160
　　贷:原材料、应付职工薪酬、累计折旧等　　　　　　　　　　　　160
②结算合同价款:
借:应收账款——业主——工程款　　　　　　　　　　　　　　218
　　贷:合同结算——价款结算　　　　　　　　　　　　　　　　　200
　　　　应交税费——应交增值税(销项税额)　　　　　　　　　　　18
③实际收到合同价款:
借:银行存款　　　　　　　　　　　　　　　　　　　　　　　180
　　贷:应收账款　　　　　　　　　　　　　　　　　　　　　　　180
④确认和计量当年的收入、费用和毛利:
　　　　2020年度的完工进度=160/(160+640)×100%=20%
　　　　2020年应确认的合同收入=1 000×20%-0=200(万元)
借:主营业务成本　　　　　　　　　　　　　　　　　　　　　　160
　　贷:合同履约成本——工程施工　　　　　　　　　　　　　　　160
借:合同结算——收入结转　　　　　　　　　　　　　　　　　　200
　　贷:主营业务收入　　　　　　　　　　　　　　　　　　　　　200
(2)2021年的会计处理。
①登记当期发生的合同成本:
借:合同履约成本——工程施工　　　　　　　　　　　　　　　320
　　贷:原材料、应付职工薪酬、累计折旧等　　　　　　　　　　　　320
②结算合同价款:
借:应收账款——业主——工程款　　　　　　　　　　　　　　218
　　贷:合同结算——价款结算　　　　　　　　　　　　　　　　　200
　　　　应交税费——应交增值税(销项税额)　　　　　　　　　　　18
③实际收到合同价款:
借:银行存款　　　　　　　　　　　　　　　　　　　　　　　220
　　贷:应收账款　　　　　　　　　　　　　　　　　　　　　　　220
④确认和计量当年的合同收入、合同成本:
　　　　2021年度的完工进度=480/(480+720)×100%=40%
　　　　确认的合同收入=1 000×40%-200=200(万元)
　　　　确认的合同成本=1200×40%-160=320(万元)
借:主营业务成本　　　　　　　　　　　　　　　　　　　　　　320
　　贷:合同履约成本——工程施工　　　　　　　　　　　　　　　320
借:合同结算——收入结转　　　　　　　　　　　　　　　　　　200
　　贷:主营业务收入　　　　　　　　　　　　　　　　　　　　　200
年末由于该合同预计总成本为1 200万元,大于合同总收入1 000万元,预计总亏损为

200万元。由于其中 80 万元已经反映在损益中,因此,应将剩余的、未完成工程将发生的预计损失 120 万元确认为当期损益:

$$合同预计损失=(1\,200-1\,000)\times(1-40\%)=120(万元)$$

借:主营业务成本　　　　　　　　　　　　　　　　　　　　　　120
　　贷:预计负债　　　　　　　　　　　　　　　　　　　　　　　　120

(3)2022 年的会计处理。

①登记当期发生的合同成本:

借:合同履约成本——工程施工　　　　　　　　　　　　　　　　720
　　贷:原材料、应付职工薪酬、累计折旧等　　　　　　　　　　　　720

②结算合同价款:

借:应收账款　　　　　　　　　　　　　　　　　　　　　　　1 090
　　贷:合同结算——价款结算　　　　　　　　　　　　　　　　1 000
　　　　应交税费——应交增值税(销项税额)　　　　　　　　　　　90

③收到当期合同价款:

借:银行存款　　　　　　　　　　　　　　　　　　　　　　　1 126
　　贷:应收账款　　　　　　　　　　　　　　　　　　　　　　1 126

④确认和计量当年的合同收入、合同成本:

$$确认的合同收入=1\,000+400-200-200=1\,000(万元)$$

$$确认的合同成本=1\,200-160-320=720(万元)$$

借:主营业务成本　　　　　　　　　　　　　　　　　　　　　　720
　　贷:合同履约成本——工程施工　　　　　　　　　　　　　　　720
借:合同结算——收入结转　　　　　　　　　　　　　　　　　1 000
　　贷:主营业务收入　　　　　　　　　　　　　　　　　　　　1 000

工程结束后该工程未来损失为 0,即预计负债的余额应该为 0,需将预计负债全部转回,账务处理如下:

借:预计负债　　　　　　　　　　　　　　　　　　　　　　　　120
　　贷:主营业务成本　　　　　　　　　　　　　　　　　　　　　120

⑤工程完工时,将"合同结算——收入结转"二级科目的余额和"合同结算——价款结算"二级科目的余额对冲。

借:合同结算——价款结算　　　　　　　　　　　　　　　　　1 400
　　贷:合同结算——收入结转　　　　　　　　　　　　　　　　1 400

3.4.5　工程结算

1. 工程价款结算的含义

工程价款结算是指企业按照合同规定,向建设单位或发包单位点交已完工程,收取工程价款的结算行为。通过结算,可以用取得的主营业务收入及时补偿企业在施工生产活动中发生的资金耗费,保证企业的再生产活动顺利进行。

《建设工程价款结算暂行办法》中的定义为:"建设工程价款结算是指对建设工程的发承包合同价款进行约定和依据合同约定进行工程预付款、工程进度款、工程竣工价款结算的活动。"

2. 工程成本结算的含义

工程成本结算是指计算和确认工程预算成本、实际成本以及成本节约超支额,为考核成本计划的完成情况提供依据。应本着与工程价款结算期相一致的原则,确定工程成本的结算方式。

3. 工程价款结算的依据

①《建设工程工程量清单计价规范》。

②工程合同。

③发承包双方实施过程中已确认的工程量及其结算的合同价款。

④发承包双方实施过程中已确认的调整后追加(减)的合同价款。

⑤建设工程设计文件及相关资料。

⑥投标文件。

⑦国务院财政部门、各级地方政府财政部门、国务院建设行政主管部门、各级地方建设行政主管部门在各自职责范围内负责工程价款结算的监督管理。

⑧从事工程价款结算活动应当遵循合法、平等、诚信的原则,并符合国家有关法律、法规规定和政策。

4. 工程价款结算方式

①按月结算与支付。即实行按月支付进度款,竣工后清算的办法。合同工期在 2 个年度以上的工程,在年终进行工程盘点,办理年度结算。

②分段结算与支付。即当年开工、当年不能竣工的工程按照工程形象进度,划分不同阶段支付工程进度款。具体划分办法在合同中明确。

按照国家财政部、国家建设部颁布的《建设工程价款结算暂行办法》的规定,根据确定的工程计量结果,承包人向发包人提出支付工程进度款申请,14 d 内发包人应按不低于工程价款的 60%、不高于工程价款的 90% 向承包人支付工程进度款。按约定时间发包人应扣回的预付款,与工程进度款同期结算抵扣。发包人超过约定的支付时间不支付工程进度款,承包人应及时向发包人发出要求付款的通知,发包人收到承包人通知后仍不能按要求付款的,可与承包人协商签订延期付款协议,经承包人同意后可延期支付,协议应明确延期支付的时间和从工程计量结果确认后第 15 d 起计算应付款的利息(利率按同期银行贷款利率计)。发包人不按合同约定支付工程进度款,双方又未达成延期付款协议,导致施工无法进行的,承包人可停止施工,由发包人承担违约责任。

5. 工程价款结算程序

①按月分段竣工后一次结算,按实际完成的工程量,计算已完工程价值。

②编制"已完工程列表"和"工程价款结算账单"。

③经发包单位审查签证后,办理工程价款结算。如果合同结果能够可靠估计,可采用"建造合同"方法处理。

3.4.6 工程价款结算的账务处理

为了总括地核算和监督与发包单位的工程价款结算情况,施工企业应设置"应收账款"

"合同结算""合同负债"等科目。

【例 3.66】 某建筑企业承建一项土石方工程,开工前施工,项目部按工程承包合同的规定收到发包单位通过银行转账拨付的工程备料款 33 万元。月末,企业以工程价款结算账单与发包单位办理工程价款结算,本月已完工程价款 19 万元,按规定应扣还预收备料款 16.5 万元。施工项目部收到发包单位支付的工程价款 2.5 万元。该笔工程款在办理工程价款结算时满足增值税纳税义务条件,适用税率为 9%。施工项目部相关账务处理如下:

①开工前预收工程备料款:
  借:银行存款   330 000
    贷:合同负债   330 000

②月末办理结算:
  借:应收账款——应收工程款   25 000
    合同负债   165 000
    贷:合同结算——价款结算   174 311.93
      应交税费——应交增值税(销项税额) 15 688.07

③收到发包单位支付的工程价款 2.5 万元:
  借:银行存款   25 000
    贷:应收账款——应收工程款   25 000

【例 3.67】 某工程按月结算,根据本月工程成本和价款结算资料,账务处理如下:

①结转本月已完工程实际成本 100 000 元:
  借:主营业务成本   100 000
    贷:合同履约成本——工程施工   100 000

②确认并结转本月工程价款收入 150 000 元:
  借:合同结算——收入结转   150 000
    贷:主营业务收入   150 000

③建设单位(发包单位)结算工程款 160 000 元,增值税率 9%:
  借:应收账款   174 400
    贷:合同结算——价款结算   160 000
      应交税费——应交增值税(销项税额) 14 400

④收到银行收款通知,收到 100 000 元工程款:
  借:银行存款   100 000
    贷:应收账款   100 000

3.4.7 工程成本的结算

1. 主要结算的内容

工程成本结算是指计算和确认工程预算成本、实际成本以及成本节超额,为考核成本计划的完成情况提供依据。主要结算的内容包括:计算工程预算成本;计算工程实际成本;计算工程成本降低额、降低率。

工程预算成本是考核工程成本节超额的依据,一般由预算人员提供。

$$工程成本降低额 = 工程预算成本 - 工程实际成本$$

工程成本降低率＝工程成本降低额/工程预算成本×100%

2. 工程成本结算的方式

工程成本结算应和工程价款结算期相一致，结算方式主要有中间结算和竣工后一次结算。

对于工期短、造价低，竣工后一次结算工程价款的工程，其成本结算也应于竣工后一次进行。工程竣工前，"工程成本卡"中归集的施工生产费用，均为该工程未完施工的实际成本。

对于工期长、造价高，定期结算工程价款的工程，应采用定期计算与竣工结算相结合的方式进行工程成本结算。因为建筑工程施工周期长，如果等到工程竣工后再进行成本结算，就不能及时反映各期工程成本的节超情况，不便于及时采取成本降低的措施。因此，企业必须按期计算已完工程的实际成本，并与预算成本比较，以分析成本节超。工程竣工后，再进行工程成本的总结算。

3. 中间结算方式下已完工程成本的结算

对于采用中间结算办法的工程，确定当期已完工程和未完工程的数量是办理工程价款结算的依据。应先计算本期"未完工程"成本，然后计算本期"已完工程"成本。

（1）已完工程和未完工程的确定。

采用中间结算工程价款的工程，期末往往既有"已完工程"，又有"未完工程"，因此必须在期末进行未完施工盘点，确定已完工程和未完工程的数量，作为办理工程结算的依据。

①已完工程是指已经完成了预算定额规定的全部工序内容，不需要再进行施工的分部分项工程。

②未完工程是指已经投入人工、材料等进行施工，但尚未完成预算定额规定的全部工序内容，不能办理工程价款结算的分部分项工程。如墙面抹灰工程，预算定额规定抹3遍，如果期末只抹了2遍，即为未完施工或未完工程。

（2）已完工程实际成本的计算。

在中间结算成本时，必须将归集在"工程成本卡"中的施工生产费用在已完工程和未完工程之间进行分配。计算已完工程的实际成本公式为

本期已完工程实际成本＝期初未完工程成本＋本期发生的施工生产费用
－期末未完工程成本

公式中："期初未完工程成本"及"本期发生的施工生产费用"，分别反映在"合同履约成本——工程施工"明细账中，所以只要计算出"期末未完工程成本"，即可计算出"本期已完工程实际成本"。

（3）期末未完工程成本的计算。

期末未完工程成本的计算方法有按预算单价计算和按实际费用计算。

①按预算单价计算未完工程成本。如果期末未完工程在当期施工的工程中所占比例较小，而且期初、期末未完施工的数量变化也不大，为了简化核算手续，可以计算出期末未完施工的预算成本，将其视同为实际成本，据以计算本期已完工程的实际成本。期末未完施工预算成本的计算方法主要有估量法和估价法。

a. 估量法（又称约当产量法）。估量法是指根据完工进度，将施工现场盘点确定的未完

工程数量折合为相当于已完分部分项工程的数量,然后乘以分部分项工程的预算单价,计算其预算成本。这种方法一般适用于均衡投料、便于划分的分部分项工程。计算公式为

期末未完工程预算成本＝期末未完施工数量×估计完工进度×分部分项工程预算单价

【例 3.68】 假设公司承建的甲工程按月结算工程款。月末对工程进行盘点,确定砖墙抹灰工程有未完施工 1 000 m²,根据完工进度,编制"未完施工盘点表"(表3.37)。

表 3.37 未完施工盘点表

年　月

单位工程名称	分部分项工程		已完工序					其中			
	名称	预算单价/元	工序名称	完工程度	数量/m²	约当产量/m²	预算成本	人工费/元	材料费/元	机械使用费/元	其他直接费/元
甲工程	砖墙抹灰	6	略	60%	1 000	600	3 600	600	2 400	200	400
合计											

b.估价法(又称工序成本法)。估价法是指先确定分部分项工程各个工序的直接费占整个预算单价的百分比,用以计算出每个工序的预算单价,然后乘以未完工程各工序的工程量,确定出未完工程的预算成本。这种方法适用于不均衡投料或各工序工料定额有显著不同的分部分项工程。其计算公式为

某工序单价＝分部分项工程预算单价×该工序费用占预算单价的百分比

期末未完工程预算成本＝Σ(未完工程中某工序的完成量×该工序单价)

【例 3.69】 假设某分部分项工程由 3 道独立工序组成,各工序占该分部分项工程的比例为 3∶2∶5,该分部分项工程的预算单价为 20 元/m²。月末现场盘点,完成甲工序的有 400 m²,完成乙工序的有 300 m²,完成丙工序的有 200 m²。则未完施工成本计算为

甲工序单价＝20×30%＝6(元)

乙工序单价＝20×20%＝4(元)

丙工序单价＝20×50%＝10(元)

未完施工预算成本＝400×6＋300×4＋200×10＝5 600(元)

应当注意的是,按估价法计算未完施工的预算成本,如果期末未完工程的材料费成本占比较大,也可将未完施工的材料预算成本作为未完施工的成本,以简化计算手续。

②按实际成本计算未完工程成本。当期末未完施工占全部工程量的比例较大,且实际成本与预算成本的差异较大时,如果将未完施工的预算成本视同为实际成本,就会影响已完工程实际成本的正确性。因此,还应以预算成本为基础,分配计算未完施工的实际成本。公式为

$$期末未完工程实际成本＝\frac{期初未完施工实际成本＋本期发生的施工生产费用}{累计已完工程预算成本＋期末未完施工预算成本}×期末未完施工预算成本$$

【例 3.70】 假设某单位工程本期发生的施工费用为 1 880 000 元,期初未完施工成本

为 20 000 元,本期已完工程预算成本为 1 600 000 元,期末未完施工预算成本为 250 000 元,则期末未完施工实际成本为

$$期末未完施工实际成本 = \frac{20\ 000 + 1\ 880\ 000}{1\ 600\ 000 + 250\ 000} \times 250\ 000 = 256\ 756.76(元)$$

3.4.8 应交税费的核算

建筑施工企业按规定缴纳的各种税费主要包括增值税、消费税、所得税、资源税、土地增值税、城市维护建设税、房产税、土地使用税、车船使用税、教育费附加等。其中,增值税是对企业所取得的收入征收的一种流转税,它是施工企业从事工程施工生产经营业务应缴纳的主要税种;所得税是对企业从事生产经营所得和其他所得的应纳税所得额为计税依据征收的一种税;城市维护建设税是为了加强城乡建设维护、扩大和稳定城乡建设资金来源而征收的一种地方税,按增值税和规定的税率计算缴纳;房产税、土地使用税和车船使用税,分别是以房产价值、土地使用面积、车船数量货吨为计税依据征收的一种税;教育费附加是为了发展地方教育事业,扩大地方教育经费的来源征收的一种费用,建筑施工企业按增值税的一定比例计税。

1. 预交税款的规定

建筑企业的纳税义务发生时间以收款、业主批复验工计价、发票开具时间孰早来确认,当然,业主验工计价并不立即支付工程款给建筑施工企业的情况并不影响纳税义务时间的确定。

根据《财政部税务总局关于建筑服务等营改增试点政策的通知》(财税〔2017〕58号),纳税人提供建筑服务取得预收款,应在收到预收款时,以取得的预收款扣除支付的分包款后的余额,均须按规定预缴增值税。需要注意的是,在建筑服务发生地预缴,还是在机构所在地预缴,或者说不管是发生地还是机构注册地,取得预付款都要预缴增值税。

(1)跨县(市、区)提供建筑服务增值税征收的规定。

国家税务总局发布《纳税人跨县(市、区)提供建筑服务增值税征收管理暂行办法》(2016年第17号公告)第二条规定:跨县(市、区)提供建筑服务,是指单位和个体工商户(以下简称纳税人)在其机构所在地以外的县(市、区)提供建筑服务。纳税人在同一直辖市、计划单列市范围内跨县(市、区)提供建筑服务的,由直辖市、计划单列市税务局决定是否适用本办法。其他个人跨县(市、区)提供建筑服务,不适用本办法。

《国家税务总局关于进一步明确营改增有关征管问题的公告》(国家税务总局公告2017年第11号)规定:纳税人在同一地级行政区范围内跨县(市、区)提供建筑服务,不适用《纳税人跨县(市、区)提供建筑服务增值税征收管理暂行办法》(国家税务总局公告2016年第17号)。

纳税人按照规定从取得的全部价款和价外费用中扣除支付的分包款,应当取得符合法律、行政法规和国家税务总局规定的合法有效凭证,否则不得扣除。

有效凭证是指从分包方取得的2016年5月1日后开具的,备注栏注明建筑服务发生地所在县(市、区)、项目名称的增值税发票。应在增值税发票的备注栏注明建筑服务发生地所在县(市、区)以及项目名称。需要分建筑工程项目分别计算应预缴税款,分别预缴。需要注意的是,扣除金额为含税金额。

①扣除的分包款应当取得分包方开具给总包方的增值税发票（普通发票或专用发票）。

②纳税人取得的全部价款和价外费用扣除支付的分包款后的余额为负数的，可结转下次预缴税款时继续扣除。

③纳税人应按照工程项目分别计算应预缴税款，分别预缴。

④纳税人预缴的税款可以在当期增值税应纳税额中抵减，抵减不完的，结转下期继续抵扣。以预缴税款抵减应纳税额，应以完税凭证作为合法有效凭证。

本规定明确了预缴税款可以结转扣除。由于纳税人在申报当期可能应税收入较少，或者其他项目的进项较多，汇总之后当期纳税申报税额不足以抵减后期。

预缴税款要取得税务机关合法的完税证明。跨县（市）提供建筑服务要在项目所在地进行预缴，并取得完税凭证作为机构所在地抵扣税款依据。即取得的预缴税款的完税凭证作为合法有效凭证才能够结转到下期扣减。当然这种情况下，意味着预缴税款的完税凭证需要在结转扣减的当期多次使用，要注意保存原件及复印件。其他个人提供建筑服务，无论是否异地，均可以直接到建筑服务发生地主管税务机关申报缴纳税款，并按规定申请代开增值税发票。

财税〔2016〕36号文件规定：一般纳税人跨省（自治区、直辖市或者计划单列市）提供建筑服务，在机构所在地申报纳税时，计算的应纳税额小于已预缴税额，且差额较大的，由国家税务总局通知建筑服务发生地省级税务机关，在一定时期内暂停预交增值税。

同时应注意以下几点：

①暂停预缴必须是一般纳税人才适用，但不一定必须要使用一般计税方法。

②一定是跨省（自治区、直辖市或者计划单列市）的项目，不是跨县市区的不执行暂停预缴。

③暂停预缴中的"差额较大"目前政策上还没有给出具体标准与范围。

④暂停预缴也只是在一定时期内，不是无限期。

(2)跨县（市、区）建筑工程项目预缴税款的计算。

根据"财税〔2016〕36号文"、国家税务总局2016年第17号公告、国家税务总局2016年23号公告，纳税人跨县（市、区）提供建筑服务增值税处理，具体见表3.38。

【例3.71】 黑龙江省某建筑工程集团公司，机构所在地是哈尔滨市南岗区，是增值税一般纳税人。2021年6月发生如下相关交易。

①在吉林省长春市为甲项目提供建筑服务，当月分别取得建筑服务收入（含税）1 308万元、支付分包款545万元，取得增值税专用发票上注明的增值税额45万元，该项目采用一般计税方法。

②在辽宁省辽阳市某区提供乙项目的建筑服务，当月分别取得建筑服务收入（含税）1 854万元，支付分包款824万元，取得增值税普通发票。该项目企业自愿采用简易计税方法。

③在哈尔滨市支付办公用房租金545万元，取得增值税专用发票上注明的增值税额45万元。

④购入建筑材料565万元，取得增值税专用发票上注明的增值税额56万元。

⑤支付劳务派遣公司的建筑工人劳务费用320万元，取得增值税专用发票含税金额233.2万元，增值税普通发票为86.8万元。

项目 3　施工企业经营业务会计核算

表 3.38　建筑服务增值税处理

纳税人	计税方法		税率或征收率	预缴税率	预缴税款的确认	销项税额的确定	进项抵扣	发票开具
一般纳税人	一般计税		9%	2%	应预缴税款＝(全部价款和价外费用－支付的分包款)/(1＋9%)×2%	销项税额＝(取得的全部价款＋价外费用)/(1＋9%)×9%	可以抵扣进项	①自行开具增值税发票②可以是专票也可以是普票③以销售全额开具
	简易计税	甲工程	3%	3%		应纳税额＝(取得的全部价款＋价外费用－支付的分包款)/(1＋3%)×3%	不得抵扣进项	①自行开具增值税发票②可以是专票也可以是普票③以销售全额开具
		清包工	3%					
		老项目	3%					
小规模纳税人	简易计税		3%	3%	应预缴税款＝(全部价款和价外费用－支付的分包款)/(1＋3%)×3%		不得抵扣进项	①可以自行开具增值税普通发票,按需要向税务机关申请开具专用发票②向税务机关申请开具增值税专用发票和普通发票③向劳务发生地国税机关申请开具④以销售全额开具

(1)预缴异地税款。

按照纳税人跨县(市、区)提供建筑服务预缴税款纳税义务时间,7月应该分别对哈尔滨市某建筑工程集团公司在吉林省和辽宁省的项目进项预缴税款。

①就吉林省长春市建筑服务计算并向吉林省长春市的主管税务机关预交增值税:
当期预缴税款＝(1 308－545)/(1＋9%)×2%＝14(万元)

②就辽宁省辽阳市的建筑服务计算并向辽宁省辽阳市的主管税务机关预交增值税:
当期预缴税款＝(1 854－824)/(1＋3%)×3%＝30(万元)

(2)某建筑工程集团公司7月应该在机构所在地哈尔滨市南岗区申报纳税。

①就吉林省长春市建筑服务计算并向哈尔滨市南岗区主管税务机关申报的增值税:
当期应纳税额＝1 308/(1＋9%)×9%－14＝94(万元)

②就辽宁省辽阳市的建筑服务计算并向哈尔滨市南岗区主管税务机关申报的增值税:

当期应纳税额=(1 854-824)/(1+3%)×3%=30(万元)
③其他进项税额合计=45+56+233.2/(1+6%)×6%=114.20(万元)
④应纳税额合计=跨省项目机构所在地应纳税款-当月进项税额合计-预缴税款合计=(94+30)-114.20-(14+30)=-34.20(万元)

经过计算,7月当月增值税应纳税款为-34.20万元,7月某建筑工程集团公司实际在哈尔滨市南岗区缴纳的增值税额为零,可进行零申报。同时,存在-34.20万元的预缴税款没有扣减完毕,按照相关政策规定,可以结转到8月或以后月份继续税前扣除。

2. 一般计税方法下预缴增值税的账务处理

一般计税方法下预缴税款计算公式为

预缴税金=(全部价款和价外费用-支付并取得发票的分包款)/(1+9%)×2%

收到预收款当月产生纳税义务,当月预交增值税分录:

借:应交税费——预交增值税
　　贷:银行存款

【例3.72】 某建筑有限公司属于一般纳税人,有2个建筑项目均采用一般计税方法,统一核算。2021年6月,注册地A项目与工程发包方办理验工计价468.70万元,合同约定实际付款为结算金额的80%,应收款374.96万元,已开具发票,但未收款。接受小规模纳税人乙公司提供的清运服务92.7万元,款项已支付,取得税务机关代开的增值税专用发票。

按照施工合同,异地B项目进场时收取预付款不含税320万元,未开具发票;预付专业分包甲企业款含税金额207.10万元,未取得增值税专用发票;预付专业分包丁企业款含税金额87.2万元,取得增值税专用发票。

(1)6月A项目账务处理。

①验工计价,确认工程结算。

由于A项目不属于跨区项目,无须预缴税款,且已经开具发票,因此直接计提销项税额。

借:应收账款　　　　　　　　　　　　　　　　　　　　　　3 749 600
　　贷:合同结算　　　　　　　　　　　　　　　　　　　　　3 440 000
　　　　应交税费——应交增值税(销项税额)(A项目)　　　　　309 600

②外购服务。

借:合同履约成本——合同成本　　　　　　　　　　　　　　900 000
　　应交税费——应交增值税(进项税额)　　　　　　　　　　27 000
　　贷:银行存款　　　　　　　　　　　　　　　　　　　　　927 000

(2)6月B项目账务处理。

①建筑服务项目收到预付款,不需要计提增值税销项税额,因为207.10万元分包款没有取得合法凭证,所以不能在预缴时扣除。

预收款含税额=3 200 000×(1+9%)=3 488 000(元)
预交增值税=(34 880 000-872 000)/(1+9%)×2%=48 000(元)

借:银行存款　　　　　　　　　　　　　　　　　　　　　　3 488 000
　　贷:预收账款　　　　　　　　　　　　　　　　　　　　　3 488 000

借:应交税费——预交增值税　　　　　　　　　　　　　　　48 000
　　贷:银行存款　　　　　　　　　　　　　　　　　　　　　48 000
月末结转将"预交增值税"明细余额转入"未交增值税"明细科目。
借:应交税费——未交增值税　　　　　　　　　　　　　　　48 000
　　贷:应交税费——预交增值税　　　　　　　　　　　　　　48 000

②支付专业分包款。由于872 000元预付款已经取得增值税专用发票,则该笔款项要计提进项税额:

借:预付账款——甲企业　　　　　　　　　　　　　　　2 071 000
　　　　　　——丁企业　　　　　　　　　　　　　　　　872 000
　　贷:银行存款　　　　　　　　　　　　　　　　　　　2 943 000
借:合同履约成本——合同成本(专业分包成本)　　　　　　800 000
　　应交税费——应交增值税(进项税额)　　　　　　　　　　72 000
　　贷:预付账款——丁企业　　　　　　　　　　　　　　　872 000

③7月,某建筑企业汇总应纳税额:

　　　　销项税额＝309 600(元)
　　　　进项税额＝27 000＋72 000＝99 000(元)
　　　　已交税金＝48 000(元)
　　　　当月应纳增值税额＝销项税额－进项税额－预交税金
　　　　　　　　　　　　＝309 600－99 000－48 000＝162 600(元)

借:应交税费——应交增值税(转出未交增值税)　　　　　　210 600
　　贷:应交税费——未交增值税　　　　　　　　　　　　　210 600

【例3.73】 甲建筑装饰公司为增值税一般纳税人,机构所在地为A县,2023年6月1日到B县承接某装饰装修工程项目,并将该项目中的部分施工项目分包给了乙公司,6月30日发包方按进度支付工程价款218万元,当月该项目甲公司购进材料取得增值税专用发票上注明的税额8万元;6月甲公司支付给乙公司工程分包款54.5万元,乙公司开具给甲公司增值税专票,税额4.5万元;对该工程项目甲建筑装饰装修公司选择适用一般计税法计算应纳税额,在项目所在地预缴增值税税率2%,该公司6月需缴纳多少增值税?

　　　　该公司6月销项税额＝218/(1＋9%)×9%＝18(万元)
　　　　该公司6月进项税额＝8＋4.5＝12.5(万元)
　　　　该公司6月应纳增值税额＝18－12.5＝5.5(万元)
　　　　在B县预缴增值税为(218－54.5)/(1＋9%)×2%＝3(万元)
　　　　在A县全额申报,扣除预缴增值税后应缴纳5.5－3＝2.5(万元)

账务处理如下:
①预缴增值税额。
借:应交税费——预交增值税　　　　　　　　　　　　　　　30 000
　　贷:银行存款　　　　　　　　　　　　　　　　　　　　　30 000

②月份终了,将当月预缴的增值税额应自"应交税费——预交增值税"科目转入"未交增值税"科目,月末预交增值税科目无余额。

借:应交税费——未交增值税　　　　　　　　　　　　　　　30 000

        贷:应交税费——预交增值税   30 000
    ③月份终了,将当月应交未交的增值税额自"应交税费——应交增值税"科目转入"未交增值税"科目。
        借:应交税费——应交增值税(转出未交增值税)   55 000
            贷:应交税费——未交增值税   55 000
    ④次月,缴纳上月未交的增值税额。
        借:应交税费——未交增值税   25 000
            贷:银行存款   25 000

3. 简易计税方法下预交税款的账务处理

简易计税工程项目按照总包扣除分包后的差额作为销售额时,按照应抵减的增值税记入"应交税费——简易计税"科目处理,当然也可以在计提增值税税金时直接抵减。
        借:应交税费——简易计税
            贷:合同履约成本

简易计税项目应预缴税款＝(全部价款和价外费用－支付的分包款)/(1＋3%)×3%

简易计税方法下的建筑服务在所在地预缴3%税款,而后期在机构所在地也是按照3%计算申报税款,其预缴税额的计算和应纳税额的计算一致。也就是,采用简易计税方法计税的纳税人所有的增值税实际上都是缴在建筑服务所在地,在机构所在地实际缴纳税款为零。

【例3.74】 通河县某建筑有限公司为一般纳税人,承包北街旧城改造建筑项目,采用简易计税方法核算。2021年3月,按照建筑承包合同约定的日期收到预收工程款155 000元,接受采用简易征收方式计税的丙公司提供的建筑服务,价值48 000元,款项已支付,取得普通发票。账务处理如下:

①收到预付数:
        借:银行存款   155 000
            贷:预收账款   155 000
        预交增值税＝(155 000－48 000)/(1＋3%)×3%＝3 116.50(元)
        借:应交税费——预交增值税   3 116.50
            贷:银行存款   3 116.50
②支付分包款:
        借:合同履约成本——合同成本   48 000
            贷:银行存款   48 000
③冲减分包业务的增值税额:
            抵减增值税额＝48 000/(1＋3%)×3%＝1 398.06(元)
        借:应交税费——简易计税   1 398.06
            贷:合同履约成本   1 398.06

3. 暂未收到结算款的账务处理

企业提供建筑服务,在向业主办理工程价款结算时,借记"应收账款"等科目,贷记"合同结算""应交税费——应交增值税(销项税额)"等科目。

【例3.75】 某建筑工程公司承接甲工程项目,适用一般计税方法计税。2021年11月,业主对其10月已完工程量计量金额1 526万元,款项尚未支付,合同约定的付款日期未到,某建筑工程公司未对业主开具发票。

①2021年11月末,某建筑工程公司甲项目部会计处理如下:

借:应收账款　　　　　　　　　　　　　　　　　　　　　　　　　15 260 000
　　贷:合同结算——价款结算　　　　　　　　　　　　　　　　　14 000 000
　　　　应交税费——应交增值税(销项税额)　　　　　　　　　　 1 260 000

②若2021年12月30日,收取工程款1 199万元,同日开具增值税专用发票,金额1 100万元,增值税税额99万元,纳税义务发生,则:

借:银行存款　　　　　　　　　　　　　　　　　　　　　　　　　11 990 000
　　贷:应收账款　　　　　　　　　　　　　　　　　　　　　　　　11 990 000

4. 质保金、押金增值税的账务处理

纳税人提供建筑服务,被工程发包方从应支付的工程款中扣押的质押金、保证金,未开具发票的,以纳税人实际收到质押金、保证金的当天为纳税义务发生时间。实务中,业务流程比较复杂,开票、收款不能完全匹配,存在属于"会计上已经确认收入而未达到增值税的纳税义务发生时间"的情况。按照最新的增值税会计处理规定,可以使用"应交税费——待转销项税额"科目进行核算。

【例3.76】 甲公司承建乙公司住宅楼装修工程,2020年7月开工,按照一般计税方法计税。2021年10月10日,工程项目完工后与乙公司办理工程结算,不含税工程价款为2 200万元。乙公司支付了90%的工程价款,甲公司开具了增值税专业发票。其余10%部分作为质保金6个月后于2022年4月10日支付。

甲企业增值税会计处理。若其他条件不变,2021年10月10日,乙企业通知甲方,由于装修工程出现缺陷,决定扣除质保金21.8万元并自行维修,2022年4月10日支付剩余质保金218万元。则甲企业会计处理如下:

(1)2021年10月10日办理工程价款结算,收到部分工程款时:

当日结算工程款=2 200×(1+9%)×90%=2 158.20(万元)
未结算工程款=2 200×(1+9%)×10%=239.80(万元)
销项税额=2 158.2/(1+9%)×9%=178.20(万元)
待转销项税额=239.8/(1+9%)×9%=19.80(万元)

①结转收入:

借:合同结算——收入结转　　　　　　　　　　　　　　　　　　　22 000 000
　　贷:主营业务收入　　　　　　　　　　　　　　　　　　　　　 22 000 000

②收到工程款:

借:银行存款　　　　　　　　　　　　　　　　　　　　　　　　　21 582 000
　　贷:合同结算——价款结算　　　　　　　　　　　　　　　　　19 800 000
　　　　应交税费——应交增值税(销项税额)　　　　　　　　　　 1 782 000

(2)若2022年4月10日甲公司收到全额质保金时,结转待转销项税额,则:

借:银行存款　　　　　　　　　　　　　　　　　　　　　　　　　 2 398 000
　　贷:合同结算——价款结算　　　　　　　　　　　　　　　　　 2 200 000
　　　　应交税费——应交增值税(销项税额)　　　　　　　　　　　 198 000

(3)如果2022年1月12日,扣除质保金21.8万元并自行维修,则:
借:主营业务收入　　　　　　　　　　　　　　　　　　　200 000
　　贷:合同结算——收入结转　　　　　　　　　　　　　　　　200 000
(4)2022年4月10日,甲公司收到剩余质保金218万元时:
剩余质保金＝239.80－21.8＝218(万元)
借:银行存款　　　　　　　　　　　　　　　　　　　　　2 180 000
　　贷:合同结算——价款结算　　　　　　　　　　　　　　　2 000 000
　　　　应交税费——应交增值税(销项税额)　　　　　　　　　180 000
如果甲企业通过"甲供材""清包工"等方式采用简易计税方法,则核算时需要把"应交税费——应交增值税(销项税额)"科目换为"应交税费——简易计税"。

5.预缴附加税的账务处理

《财政部国家税务总局关于纳税人异地预缴增值税有关城市维护建设税和教育费附加政策问题的通知》(财税〔2016〕74号)规定:纳税人跨地区提供建筑服务、销售和出租不动产的,应在建筑服务发生地、不动产所在地预缴增值税时,以预缴增值税税额为计税依据,并按预缴增值税所在地的城市维护建设税适用税率和教育费附加征收率就地计算缴纳城市维护建设税和教育费附加。预缴增值税的纳税人在其机构所在地申报缴纳增值税时,以其实际缴纳的增值税税额为计税依据,并按机构所在地的城市维护建设税适用税率和教育费附加征收率就地计算缴纳城市维护建设税和教育费附加。

跨地区预缴增值税款的附加税发生在计提预交增值税分录之后,每月按照计提的增值税同时计提附加税,可以设置明细科目。

借:税金及附加
　　贷:应交税费——应交城市维护建设税
　　　　　　　　——应交教育费附加
　　　　　　　　——应交地方教育费附加

【例3.77】 黑龙江省哈尔滨市某建筑工程公司(一般纳税人)2021年7月在长春市净月区提供建筑服务,适用一般计税方法,当月取得建筑服务收入(含税)3 270万元,支付购入建筑材料款价款合计为1 039.60万元(取得增值税专用发票上注明的增值税额为119.6万元)。长春市净月区所在地城建税税率为7%,教育费附加征收率为3%,地方教育费附加征收率为2%;哈尔滨市所在地城建税税率为5%,教育费附加征收率为3%,地方教育费附加征收率为2%。假定不考虑其他涉税因素,则附加税计算及账务处理如下。

(1)长春市净月区提供建筑服务发生税费:
预缴增值税＝3 270/(1＋9%)×2%＝60(万元)
缴纳城建税、教育费附加和地方教育费附加＝60×(7%＋3%＋2%)＝7.2(万元)
借:银行存款　　　　　　　　　　　　　　　　　　　　32 700 000
　　贷:合同结算——价款结算　　　　　　　　　　　　　　30 000 000
　　　　应交税费——应交增值税(销项税额)　　　　　　　　2 700 000
借:应交税费——预交增值税　　　　　　　　　　　　　　　600 000
　　贷:银行存款　　　　　　　　　　　　　　　　　　　　　600 000
借:税金及附加　　　　　　　　　　　　　　　　　　　　　72 000

贷：应交税费——应交城市维护建设税		42 000
——应交教育费附加		18 000
——应交地方教育费附加		12 000
借：应交税费——应交城市维护建设税		42 000
——应交教育费附加		18 000
——应交地方教育费附加		12 000
贷：银行存款		72 000

（2）在哈尔滨市汇算清缴。

实际申报缴纳增值税＝3 270/(1＋9％)×9％－60－119.6＝90.4（万元）

缴纳城建税、教育费附加和地方教育费附加＝90.4×(5％＋3％＋2％)＝9.04（万元）

借：合同履约成本　　　　　　　　　　　　　　　9 200 000
　　应交税费——应交增值税（进项税额）　　　　1 196 000
　　贷：银行存款　　　　　　　　　　　　　　　10 396 000

转出未缴增值税＝2 700 000－1 196 000＝1 504 000

借：应交税费——应交增值税（转出未交增值税）　1 504 000
　　贷：应交税费——未交增值税　　　　　　　　1 504 000
借：应交税费——未交增值税　　　　　　　　　　600 000
　　贷：应交税费——预交增值税　　　　　　　　600 000
借：税金及附加　　　　　　　　　　　　　　　　90 400
　　贷：应交税费——应交城市维护建设税　　　　45 200
　　　　　　　　——应交教育费附加　　　　　　27 120
　　　　　　　　——应交地方教育费附加　　　　18 080
借：应交税费——应交城市维护建设税　　　　　　45 200
　　　　　　——应交教育费附加　　　　　　　　27 120
　　　　　　——应交地方教育费附加　　　　　　18 080
　　贷：银行存款　　　　　　　　　　　　　　　90 400

6. 差额征税的会计处理

建筑企业增值税差额征税是指建筑企业总承包方发生分包业务时，在工程项目所在税务局进行差额预缴增值税的纳税业务。

根据《纳税人跨县（市、区）提供建筑服务增值税征收管理暂行办法》（2016年公告第17号）的规定，建筑企业差额征增值税分为两类：第一类是工程施工所在地差额预缴增值税，计税方法有一般计税和简易计税两种方法；第二类是公司注册地差额申报增值税，采用简易计税方法计算差额并申报增值税。

根据国家税务总局2016年公告第17号文件和国家税务总局2016年公告第53号文件的规定，建筑企业差额征增值税必须同时具备以下条件。

（1）建筑企业总承包方必须发生分包行为，其中分包包括专业分包、清包工分包和劳务分包。

（2）如果是在工程施工所在地差额预缴增值税，则建筑企业必须跨县（市、区）提供建筑服务。如果建筑企业公司注册地与建筑服务发生地是同一个国税局管辖地，则不在建筑服务发生地预缴增值税。

(3)建筑企业跨县(市、区)提供建筑服务或建筑企业公司注册地与建筑服务发生地是同一个国税局管辖地,简易计税方法计税的总承包方,只要发生分包业务行为,总承包方都在公司注册地差额零申报增值税。

(4)分包方向总承包方开具增值税发票时,在增值税发票上的"备注栏"中必须注明建筑服务发生地所在县(市、区)、项目的名称。

(5)建筑企业跨县(市、区)提供建筑服务,在向建筑服务发生地主管国税机关预缴税款时,需填报"增值税预缴税款表",并出示以下资料。

①与发包方签订的建筑合同复印件(加盖纳税人公章)。

②与分包方签订的分包合同复印件(加盖纳税人公章)。

③从分包方取得的发票复印件(加盖纳税人公章)。

企业发生相关成本费用允许扣减销售额的账务处理,按现行增值税制度规定,企业发生相关成本费用允许扣减销售额的,发生成本费用时,按应付或实际支付的金额,借记"主营业务成本""存货""合同履约成本"等科目,贷记"应付账款""应付票据""银行存款"等科目。待取得合规增值税扣税凭证且纳税义务发生时,按照允许抵扣的税额,借记"应交税费——应交增值税(销项税额抵减)""应交税费——简易计税"科目(小规模纳税人应借记"应交税费——应交增值税"科目),贷记"主营业务成本""存货""合同履约成本"等科目。

企业预缴增值税时:

借:应交税费——预交增值税

　　贷:银行存款

月末企业将"预交增值税"明细科目余额转入"未交增值税"明细科目。

借:应交税费——未交增值税

　　贷:应交税费——预交增值税

【例3.78】 黑龙江省某建筑工程公司中标长春市某小区改造工程,合同标的额为3 914万元(含增值税),该公司将部分项目分包给具有相应资质的A公司,标的额824万元。工程完工后,该工程项目最终结算值为3 914万元(含增值税)。假设该项目属于老项目,两家公司均采取简易计税。黑龙江省某建筑工程公司完成工程累计发生合同成本2 650万元。

(1)总承包方黑龙江省某建筑工程公司的会计处理。

①完成合同成本。

借:合同履约成本——工程施工——合同成本　　　　　　　26 500 000

　　贷:原材料等　　　　　　　　　　　　　　　　　　　26 500 000

②收到总承包款39 140 000元,应交税费为1 140 000元。

借:银行存款　　　　　　　　　　　　　　　　　　　　　39 140 000

　　贷:合同结算——价款结算　　　　　　　　　　　　　38 000 000

　　　　应交税费——简易计税　　　　　　　　　　　　　 1 140 000

③分包工程结算。

借:合同履约成本——工程施工——合同成本　　　　　　　 8 240 000

　　贷:应付账款——A公司　　　　　　　　　　　　　　　 8 240 000

④全额支付分包工程款并取得分包方开具的增值税普通发票时。

借:应付账款——A公司 8 240 000
　　贷:银行存款 8 240 000
同时,借:应交税费——简易计税 240 000
　　　　贷:合同履约成本——工程施工——合同成本 240 000

黑龙江某建筑工程公司确认该项目成本＝2 650＋824－24＝3 450(万元)
　　　　　　　　　　收入＝3 914－114＝3 800(万元)

借:合同结算——收入结转 38 000 000
　　贷:主营业务收入 38 000 000
借:主营业务成本 34 500 000
　　贷:合同履约成本 3 450 000

结平"合同结算"科目。

借:合同结算——价款结算 38 000 000
　　贷:合同结算——收入结转 38 000 000

向项目所在地长春市税务局预缴税款＝(3 914－824)/(1＋3％)×3％＝90(万元)

借:应交税费——预交增值税 900 000
　　贷:银行存款 900 000
借:应交税费——未交增值税 900 000
　　贷:应交税费——预交增值税 900 000

(2)全额开票,差额计税。

黑龙江某建筑工程公司纳税申报按差额计算税额＝(3 914－824)/(1＋3％)×3％＝90(万元)

发票备注栏填写:税额为114万元[3 914÷(1＋3％)×3％],销售金额为3 800万元(3 914－114)以及建筑服务发生地所在县(市、区)及项目名称。简易计税的情况下,一般预缴税款等于向机构所在地主管税务机关纳税申报的税额。

7. 其他应交税费的账务处理

企业为了正确计算损益,月末根据当期实际应交增值税额按税率计算城市维护建设税、教育费附加等各种应缴纳的税金,然后根据有关凭证,借记"税金及附加"账户,贷记"应交税费"账户,或按税法规定计算的房产税、土地使用税、车船使用税等,借记"税金及附加"账户,贷记"应交税费"账户。企业缴纳印花税直接借记"税金及附加",贷记"银行存款"账户。

【例3.79】 某建筑公司本月应交增值税42 000元,按增值税的7％计算城市维护建设税为2 940元,按增值税的3％缴纳教育费附加1 260元。

这笔经济业务由于纳税而使税金及附加增加,由于税金尚未支付而使应交税费增加,应记入"税金及附加"账户的借方和"应交税费"账户的贷方。编制会计分录如下。

借:税金及附加 4 200
　　贷:应交税费——应交城市维护建设税 2 940
　　　　　　　　　——应交教育费附加 1 260

【例3.80】 某建筑公司本月应交房产税800元,土地使用税1 400元,车船使用税600元。

这笔经济业务由于纳税而使管理费用增加,由于税金尚未支付而使应交税费增加,应记入"税金及附加"账户的借方和"应交税费"账户的贷方。编制会计分录如下。

借：税金及附加　　　　　　　　　　　　　　　　　　　2 800
　　贷：应交税费——应交房产税　　　　　　　　　　　　　800
　　　　　　　　——应交土地使用税　　　　　　　　　　1 400
　　　　　　　　——应交车船使用税　　　　　　　　　　　600

(2)缴纳税金。施工企业按税务机关规定程序办理纳税手续后，根据纳税缴款书，借记"应交税费"账户，贷记"银行存款""库存现金"账户。

【例 3.81】 某建筑公司以银行存款 49 000 元，上交本月各种税金。

这笔经济业务由于缴纳税金而使应交税费减少，同时使银行存款减少。应记入"应交税费"账户的借方和"银行存款"账户的贷方。编制会计分录如下：

借：应交税费——应交增值税　　　　　　　　　　　　　42 000
　　　　　　——应交城市维护建设税　　　　　　　　　 2 940
　　　　　　——应交教育费附加　　　　　　　　　　　 1 260
　　　　　　——应交房产税　　　　　　　　　　　　　　 800
　　　　　　——应交土地使用税　　　　　　　　　　　 1 400
　　　　　　——应交车船使用税　　　　　　　　　　　　 600
　　贷：银行存款　　　　　　　　　　　　　　　　　　49 000

3.4.10 利润形成的核算

利润是施工企业在一定时期内全部经营活动在财务上反映的最终成果，是衡量企业经营管理水平、评价企业经济效益的重要指标。企业的利润由营业利润、利润总额、净利润 3 个层次构成。

1. 利润的构成

(1)营业收入。

营业收入是指施工企业经营业务所确认的收入总额，包括主营业务收入和其他业务收入。

(2)营业成本。

营业成本是指施工企业经营业务所发生的实际成本总额，包括主营业务成本和其他业务成本。

(3)资产减值损失。

资产减值损失是指施工企业计提各项资产减值准备所形成的损失。

(4)公允价值变动收益(或损失)。

公允价值变动收益(或损失)是指施工企业交易性金融资产等的公允价值变动形成的应计入当期损益的利得(或损失)。

(5)投资收益(或损失)。

投资收益(或损失)是指施工企业以各种方式对外投资所取得的收益(或发生的损失)。

(6)营业外收入。

营业外收入是指施工企业发生的与其日常活动无直接关系的各项利得，主要包括非流动资产处置利得、盘盈利得、捐赠利得、确实无法支付而按规定程序经批准后转作营业外收入的应付款项等。

(7)营业外支出。

营业外支出是指施工企业发生的与其日常活动无直接关系的各项损失,主要包括非流动资产处置损失、盘亏损失、公益性捐赠支出、非常损失等。

(8)所得税费用。

所得税费用是指施工企业确认的应从当期利润总额中扣除的所得税费用。

2. 利润计算公式

营业利润＝营业收入－营业成本－税金及附加－销售费用－管理费用－财务费月－资产减值损失＋公允价值变动收益(－公允价值变动损失)＋投资收益(－投资损失)

营业利润是企业利润的主要来源,施工企业的营业利润是指企业一定时期内从事施工的经营活动中实现的利润,包括工程结算利润、劳务作业利润、材料销售利润、其他经营利润等。

利润总额＝营业利润＋营业外收入－营业外支出

净利润＝利润总额－所得税费用

3. 利润形成的账户设置

(1)"其他业务收入"账户。

"其他业务收入"账户是损益类账户,用来核算企业除主营业务收入以外的其他销售或其他业务收入,如材料销售、提供劳务等收入。它的贷方登记本期各项其他业务收入的发生数,借方登记期末转入"本年利润"账户的数额,结转后应无余额。

(2)"其他业务成本"账户。

"其他业务成本"账户是损益类账户,用来核算除主营业务成本以外的其他销售或其他业务所发生的支出,包括销售材料、提供劳务而发生的相关成本、费用等。它的借方登记本期各项其他业务成本的发生数,贷方登记期末转入"本年利润"账户的数额,结转后应无余额。

"其他业务收入"与"其他业务成本"账户应按其他业务种类,如材料销售、提供劳务等设置明细分类账。

(3)"税金及附加"账户。

"税金及附加"是损益类账户,用来核算企业日常活动应负担的税金及附加,包括除增值税以外的消费税、城市维护建设税、资源税、土地增值税和教育费附加等。它的借方登记按规定税率计算应负担的各种税金及附加,贷方登记期末转入"本年利润"账户的数额,结转后应无余额。

(4)"财务费用"账户。

"财务费用"账户是损益类账户,用来核算企业为筹集生产经营所需资金而发生的各项费用。发生财务费用时,记入本账户借方,发生应冲减财务费用的利息收入时记入本账户贷方。月终,将本账户余额全部转入"本年利润"账户,计入当期损益。结转后,本账户应无余额。

(5)"营业外收入"账户。

"营业外收入"账户是损益类账户,用来核算企业发生的与企业生产经营无直接关系的各项收入,包括固定资产盘盈、处理固定资产净收益、无法支付的应付款项等。本账户的贷方登记企业发生的各项营业外收入,借方登记期末余额转入"本年利润"账户数额,结转后本账户无余额。

(6)"营业外支出"账户。

"营业外支出"账户是损益类账户,用来核算企业发生的与企业生产经营无直接关系的各项支出,如固定资产盘亏、处理固定资产净损失、出售无形资产损失、罚款支出、捐赠支出非常损失等。本账户的借方登记企业发生的各项营业外支出,贷方登记期末余额转入"本年利润"账户数额,结转后本账户无余额。

(7)"投资收益"账户。

"投资收益"账户是损益类账户,用来核算企业对外投资所取得的收益或发生的损失,本账户的贷方登记被投资单位宣告发放的现金股利或利润中属于本企业的部分,借方登记被投资单位亏损中属于本企业的部分,期末余额转入"本年利润"账户后,本账户无余额。

(8)"本年利润"账户。

"本年利润"账户是所有者权益类账户,用来核算企业在本年度内实现的净利润。它的贷方登记由"主营业务收入""其他业务收入""营业外收入"等账户转入的余额;借方登记由"主营业务成本""销售费用""管理费用""财务费用""其他业务成本""税金及附加""营业外支出"账户及"所得税费用"账户转入的余额,期末,企业应将本期的收入和支出相抵后得出累计余额,贷方余额表示本期的利润总额,借方余额表示本期的亏损总额。年度终了,根据本期(年度)"利润总额"计算出应交所得税,从"本年利润"账户中减去。利润总额减"所得税"后的余额为"净利润","净利润"全部转入"利润分配"账户的贷方,如为净亏损则做相反分录。年度结转后,"本年利润"账户应无余额。

(9)"所得税费用"账户。

"所得税费用"账户是损益类账户,用来核算企业按规定从本期损益中扣除的所得税,它的借方登记本期按应纳税所得额计算的应交所得税,贷方登记期末转入"本年利润"账户的所得税余额,结转后本账户无余额。

4. 利润形成的核算

【例 3.82】 出售材料一批,价值 80 000 元,增值税额 10 400 元,款已收到,存入银行。

这笔经济业务属于企业建筑施工及建筑安装以外的其他销售业务,该业务一方面使企业其他业务收入和增值税销项税额增加,另一方面使企业银行存款增加。应记入"其他业务收入"账户和"应交税费"账户的贷方和"银行存款"账户的借方。编制会计分录如下。

借:银行存款　　　　　　　　　　　　　　　　　　　　　　　　　90 400
　　贷:其他业务收入　　　　　　　　　　　　　　　　　　　　　80 000
　　　　应交税费——应交增值税(销项税额)　　　　　　　　　10 400

【例 3.83】 结转出售甲材料的实际成本 70 000 元。

这笔经济业务一方面表明销售材料实际成本增加,应记入"其他业务成本"账户的借方,另一方面表明库存材料减少,应记入"原材料"账户的贷方。编制会计分录如下。

借:其他业务成本　　　　　　　　　　　　　　　　　　　　　　70 000
　　贷:原材料——甲材料　　　　　　　　　　　　　　　　　　70 000

【例 3.84】 以银行存款支付滞纳金 52 000 元。

支付滞纳金属于营业外支出,这笔经济业务表明企业营业外支出增加 52 000 元,应记入"营业外支出"账户的借方和"银行存款"账户的贷方。编制会计分录如下。

  借:营业外支出   52 000
   贷:银行存款   52 000

【例 3.85】 公司根据合同规定收到客户交来的由于其延期交货而支付的罚款 65 000 元,银行存款收讫。

收到罚款属于营业外收入。这笔经济业务表明企业营业外收入增加 65 000 元,应记入"营业外收入"账户的贷方和"银行存款"账户的借方。编制会计分录如下。

  借:银行存款   65 000
   贷:营业外收入   65 000

【例 3.86】 某建筑公司 2023 年 12 月 31 日各类损益类账户余额见表 3.39。

表 3.39 各类损益类账户余额   单位:元

账户名称	账户余额
主营业务收入	1 500 000(贷)
主营业务成本	700 000(借)
税金及附加	50 000(借)
管理费用	68 000(借)
财务费用	12 000(借)
其他业务收入	80 000(贷)
其他业务成本	70 000(借)
投资收益	80 000(贷)
营业外收入	65 000(贷)
营业外支出	52 000(借)

根据上述资料,有关会计处理如下。

(1)将各收入类账户余额转入"本年利润"科目:

  借:主营业务收入   1 500 000
   其他业务收入   80 000
   投资收益   80 000
   营业外收入   65 000
   贷:本年利润   1 725 000

(2)将各成本费用类账户余额转入"本年利润"科目:

  借:本年利润   952 000
   贷:主营业务成本   700 000
    税金及附加   50 000
    管理费用   68 000
    财务费用   12 000
    其他业务成本   70 000

营业外支出 52 000

【例3.87】 按利润总额773 000元计算和结转应交所得税(所得税税率为25%,假定无纳税调整事项)。

按利润总额773 000元和税率25%计算,得出应交所得税193 250元。这笔经济业务一方面表明所得税增加193 250元,应记入"所得税费用"账户的借方;另一方面表明应交所得税增加193 250元,应记入"应交税费——应交所得税"账户的贷方。编制会计分录如下。

借:所得税费用 193 250
　　贷:应交税费——应交所得税 193 250

【例3.88】 将"所得税费用"账户余额结转"本年利润"账户。应记入"本年利润"账户的借方和"所得税费用"账户的贷方。编制会计分录如下。

借:本年利润 193 250
　　贷:所得税费用 193 250

通过上述结转,"本年利润"账户的贷方、借方本期发生额的差额为579 750元,即企业本期实现的净利润。

【例3.89】 假定该企业12月期初"本年利润"账户贷方余额为1 850 000元,年末,将税后净利润2 429 750元转入利润分配。编制会计分录如下。

借:本年利润 2 429 750
　　贷:利润分配 2 429 750

练 习 题

一、单选题

1. 施工企业代扣当月职工应交的水电费800元,代扣水电费时应贷记(　　)科目。
   A. 应付职工薪酬　　B. 应付账款　　C. 其他应付款　　D. 银行存款
2. 下列各项中,属于施工企业工程承包合同收入的是(　　)。
   A. 装卸搬运收入　　　　　　　　B. 工程索赔收入
   C. 设备租赁收入　　　　　　　　D. 工程剩余物资销售收入
3. 根据企业会计准则的规定,下列各项中,不应包括在工程承包合同收入之中的是(　　)。
   A. 工程承包合同变更所取得的收入　　B. 向客户索赔所取得的收入
   C. 因可变对价变化所取得的收入　　　D. 取得的工程废余料销售收入
4. 在资产负债表日,项目部应当根据(　　)确认工程承包合同收入与费用。
   A. 加权平均法　　B. 履约进度　　C. 个别计价法　　D. 销售百分比法
5. 2021年7月1日,某建筑公司与客户签订一项固定造价工程承包合同承建一幢办公楼,预计2021年12月31日完工;不含税合同总金额为12 000万元,预计总成本为10 000万元。截至2021年12月31日,该建筑公司实际发生合同成本3 000万元。假定该合同按照投入法计算履约进度,2021年度对该项工程承包合同确认的收入为(　　)万元。
   A. 3 500　　　　B. 3 600　　　　C. 3 000　　　　D. 3 200

6. 按照企业会计准则的规定,下列各项中不属于工程承包合同收入内容的是(　　)。
   A. 因奖励形成的收入　　　　　　B. 因合同变更形成的收入
   C. 合同中规定的初始收入　　　　D. 客户预付的定金
7. 下列关于工程承包合同收入和成本内容的表述中,不正确的是(　　)。
   A. 工程承包合同成本包括从合同签订开始至合同完成为止为履约所发生的直接费用和间接费用
   B. 不包括可变对价、合同中存在的重大融资成分、非现金对价以及应付客户对价等
   C. 工程承包合同收入包括合同中规定的初始收入和因合同变更、索赔、奖励等形成的收入
   D. 因合同变更、索赔、奖励等形成的收入不构成合同初始收入

二、多选题

1. 下列各项中,属于收入确认范围的有(　　)。
   A. 工程承包合同收入　B. 罚没收入　　　　C. 处置固定资产净收益
   D. 商品销售收入　　　E. 投资者投入资本
2. 下列各项中,属于施工企业的其他业务收入的有(　　)。
   A. 销售辅助材料产生的收入　　　　B. 提供运输劳务所取得的收入
   C. 出售无形资产所有权所取得的收入　D. 出租固定资产的租金收入
   E. 处置固定资产收益
3. 下列各项中,列入企业营业外支出项目的有(　　)。
   A. 捐赠支出　　　　B. 固定资产盘亏　　　C. 非常损失
   D. 所得税支出　　　E. 资产减值损失
4. 下列各项收入中,可增加企业营业利润的有(　　)。
   A. 工程承包合同收入　B. 出售固定资产的收入　C. 罚没收入
   D. 银行存款的利息收入　E. 投资收益
5. 工程承包合同可分为(　　)等几类。
   A. 固定造价合同　　　B. 成本加成合同　　　C. 固定成本合同　　D. 成本造价合同
6. 采用累计实际发生的合同成本占合同预计总成本的比例确定合同履约进度的,累计实际发生的合同成本不包括(　　)。
   A. 施工中使用的材料成本
   B. 施工中发生的人工成本
   C. 施工中尚未安装或使用的材料成本
   D. 在分包工程的工作量完成之前预付给分包单位的款项
7. 下列项目中,不构成合同履约成本的有(　　)。
   A. 因订立合同而发生的有关费用
   B. 合同订立前发生的费用
   C. 从合同签订开始至合同完成所发生的、与履约有关的直接费用
   D. 从合同签订开始至合同完成所发生的、与履约有关的间接费用

三、判断题

1. 为订立合同而发生的差旅费、投标费等,如当年取得合同,可以计入合同取得成本,不满足上述条件的,应当计入当期损益。(　　)

2. 工程竣工,成本投入完毕,客户办理完竣工决算后在质保期内项目所发生的收账费用、质量缺陷修复等费用应于发生时计入当期损益,不再按照企业会计准则规定的方法确认成本。(　　)

3. 企业应交的各种税费,均应通过"应交税费"科目核算。(　　)

4. 因合同奖励形成的收入,在实际收到工程发包方的奖励款项时确认,并在当季末按实际收到的奖励款项金额调增合同预计总收入。(　　)

5. 工程承包合同收入是指客户能够认可的,金额能够可靠计量的,通过履行该合同所能取得的各项收入,包括与客户签订的合同中最初商定的合同总金额以及合同执行期间以不同形式追加的与该合同相关的净增加收入。(　　)

6. 合同履约成本是指为建造某项合同而发生的相关费用,包括从合同签订开始至合同结束期间所发生的、与履行合同义务有关的费用。(　　)

7. 合同执行过程中的预计总成本等于累计实际发生的成本＋剩余工程量尚需发生的成本。(　　)

四、简答题

1. 工程承包合同收入确认和计量大致分为哪几个步骤?
2. 合同合并的条件有哪些?
3. 履约进度的确定方法有哪两种?
4. 工程价款结算方式有哪几种?
5. 应交税费的内容包括哪些?如何进行核算?

五、业务题

1. 某企业签订了一项合同总金额为 1 000 万元的固定造价合同(不含增值税),合同规定的工期为 3 年。假定第一年履约进度为 30%,第二年履约进度为 80%,前两年的合同预计总成本均为 800 万元,第三年工程全部完成,累计实际发生合同成本 750 万元。假定不考虑增值税等税费因素。

要求:计算各年度应确认的合同收入并编制相应的会计分录。

2. 某建筑公司签订了一项总金额为 2 000 万元(不含税)的工程承包合同,承建了一项铁路工程,该项工程于 2020 年 1 月 1 日开工,合同规定的建造日期为 3 年。从 2020 年 1 月 1 日至 2020 年 12 月 31 日,预计的合同总成本为 1500 万元。到 2021 年底,由于原材料价格上涨等原因,调整了预计总成本,预计总成本为 2 100 万元。该项工程在 2022 年 12 月 31 日完工,由于工程质量较好,客户支付奖励款 300 万元。假定该公司承建的该项工程在各年发生的成本支出均为职工薪酬等,适用的增值税税率为 9%。建造该工程的其他资料见表 3.40。

表 3.40 某铁路工程相关资料表　　　　　　　　　　　　　　　　单位:万元

项目	2020年12月31日	2021年12月31日	2022年12月31日
到目前为止已发生的成本	600	1 470	2 100
完成合同尚需发生的成本	900	630	0
已结算工程价款	981	654	872
实际收到的价款(含税)	654	545	1 308

要求:(1)确定2020年、2021年的合同履约进度。
(2)计算确认各年的收入。
(3)编制2020年至2022年各年的有关会计分录。

3.某施工企业为增值税一般纳税人,月初对外销售预制构件一批,不含税售价为25 000元,增值税税额为3 250元。以银行存款代垫运杂费1 600元,货已运达购货单位,委托银行收款手续已办妥。

要求:(1)编制开出销售发票、确认销售收入时的会计分录;
(2)编制收到货款时的会计分录。

4.甲建筑公司与客户签订了一项总金额为2 000万元的建造合同,合同规定建设期为3年,假设增值税税率为9%。2020年实际发生合同成本700万元,实际确认的合同收入为840万元,年末预计为完成合同尚需发生成本950万元,双方结算合同价款800万元,甲公司实际收到价款790万元;2021年实际发生合同成本650万元,实际确认的合同收入为760万元,年末预计为完成合同尚需发生成本330万元,双方结算合同价款780万元,甲公司实际收到价款750万元;2022年实际发生合同成本330万元,实际确认的合同收入为400万元,年末合同竣工,结算全部工程款。

要求:(1)按完工百分比法确认各年的完工进度。
(2)编制各年会计分录。

5.某施工企业10月31日收到乙分包单位开出的"工程价款结算账单",应付工程价款20万元(含9%增值税),可扣回的已预付分包单位工程款和备料款共计8万元。10月2日,以银行存款支付剩余的工程价款。

要求:编制相关经济业务的会计分录。

6.要求:根据下列经济业务编制会计分录。
资料:有关施工企业经营活动业务如下。
(1)企业采购一批钢材,增值税专用发票注明材料价款300 000元,增值税27 000元,运杂费2 000元,上述款项均采用汇兑方式结算,材料未入库。
(2)企业采购一批结构件,增值税专用发票注明材料价款400 000元,增值税36 000元,各种运杂费10 000元,款未付,材料验收入库。
(3)企业采购一批机械配件,增值税专用发票注明材料价款100 000元,增值税9 000元,各种运杂费500元,上述款项均采用转账支票结算,材料验收入库。
(4)本月用银行存款支付材料供应部门办公费800元。
(5)本月计提材料供应部门及保管部门人员工资15 000元。

(6)月末,分配并结转采购保管费3 000元。

(7)本月施工现场领用分期摊销的模板,实际成本100 000元,预计使用20个月,预计残值率5%。上述模板在使用了16个月后全部报废,残值回收1 000元入库。

(8)某建筑公司将一批木材委托某加工厂加工成木门,发出木材的实际成本20 000元,以银行存款支付加工费1 500元。一周后木门加工完毕验收入库。

(9)本月施工现场领用属于五五摊销的工具一批,实际成本为8 000元。

(10)假设上例工具报废,报废残料价值200元。(报废时,摊销另一半扣除残值同时冲账)

(11)各工程领用砂石,按价格1 000元/t转账,其中:甲工程领用10 t;乙工程领用20 t。

(12)各工程领用结构件,其中:甲工程领用120 000元,乙工程领用90 000元。

(13)结转本月各类人员的工资。其中:甲工程工人工资160 000元、乙工程工人工资110 000元;施工机械操作人员工资20 000元;施工管理人员工资60 000元。

(14)计提福利费,本月实际发生福利费如下,其中:甲工程工人工资16 000元、乙工程工人工资11 000元;施工机械操作人员工资2 000元;施工管理人员工资6 000元。

(15)以银行存款支付施工现场管理用水电费500元。

(16)以银行存款支付机械租赁费80 000元,其中:甲工程60 000元,乙工程20 000元。

(17)摊销周转材料使用费8 700元,其中:甲工程5 000元,乙工程3 700元。

(18)以银行存款支付塔吊的修理费3 000元。

(19)本月共发生施工机械使用费100 000元,按各工程使用施工机械台班数分配本月份发生的自有机械使用费成本。其中:为甲工程工作台班75个台班、乙工程25个台班。

(20)以银行存款支付甲工程材料二次搬运费1 700元。

(21)按月综合折旧率0.5%计提本月固定资产折旧,其中:施工机械2 100 000元,施工管理部门用固定资产460 000元。

(22)本月共发生施工管理费15 000元,按各工程实际发生的直接费成本分配本月施工管理费,其中:甲工程直接费300 000元,乙工程直接费200 000元。

(23)摊销低值易耗品价值3 000元,其中:甲工程2 000元,乙工程1 000元。

(24)结转本月已完工程实际成本200 000元。

(25)确认并结转本月工程价款收入290 000元。

(26)向建设单位(发包单位)结算工程款150 000元,增值税率9%。

(27)收到银行收款通知,收到120 000元工程款。

7. 综合练习

(1)要求:完成施工生产过程的费用核算及工程成本核算,填制工程成本明细账。

(2)资料1:某建筑公司在本年某月月初余额见表3.41、表3.42。

表 3.41　仓库工程施工明细分类账

账户名称：仓库工程　　　　　　　　　　　　　　　　　　　　　　　　　　　　　单位：元

年		凭证		摘要	人工费	材料费	机械使用费	其他直接费	间接费用
月	日	种类	编号						
				月初余额	175 500	27 000	40 500	8 100	18 900

表 3.42　住宅工程施工明细分类账

账户名称：住宅工程　　　　　　　　　　　　　　　　　　　　　　　　　　　　　单位：元

年		凭证		摘要	人工费	材料费	机械使用费	其他直接费	间接费用
月	日	种类	编号						
				月初余额	214 500	33 000	49 500	9 900	23 100

资料2：该月施工生产过程的经济业务如下。

(1)仓库发出库存材料共计850 000元，其中：仓库工程为380 000元、住宅工程为460 000元、现场项目部仪器检验设备维修为4 500元、公司办公楼维修为5 500元。

(2)应付市机械租赁公司的塔吊租赁费80 000元，其中：仓库工程为36 000元、住宅工程为44 000元。

(3)应付职工薪酬104 000元，其中：仓库工程为34 000元、住宅工程为43 000元、材料供应部门为4 500元、现场项目部为9 000元、公司行政机关为13 500元。

(4)用现金支付现场材料及物品的多次搬运费6 000元，其中：仓库工程为2 700元、住宅工程为3 300元。

(5)现场项目部发生施工管理费用7 300元，其中：差旅费为2 000元、办公费为2 500元、保险费为2 000元、有关文具、纸张及账表等为800元，除由现金付出为2 000元外，其余均由银行存款支付。

(6)应付本月水费、电费共计8 000元，其中：仓库工程为2 600元、住宅工程为2 900元、现场项目部为500元、材料供应部门为500元、公司行政机关为1 500元。

(7)工地架料摊销费 6 500 元,其中:仓库工程为 2 660 元、住宅工程为 3 840 元。

(8)工地工具用具摊销费 2 500 元,其中:仓库工程 1 180 元、住宅工程 1 320 元。

(9)本月固定资产计提折旧 7 000 元,其中:材料供应部门固定资产的折旧费为 1 500 元、现场项目部固定资产的折旧费为 2 800 元、公司管理部门固定资产的折旧费为 2 700 元。

(10)月末,以本月发生的仓库工程、住宅工程的实际直接成本为标准,计算、分配仓库工程、住宅工程本月应负担的间接费用,并结转本月发生的间接费用。

(11)月末,本月仓库工程全部完工,该工程合同收入为 1 000 000 元,计算其完工工程的合同成本,并结转其合同成本,确认合同收入。

(12)月末,本月住宅工程的部分工程(按月结算法)已完工,尚有 120 000 元未完工程的合同成本(其中材料费占 70%,人工费占 15%,机械使用费占 10%,其他直接费占 5%),该工程本月已完工程的合同收入为 1 200 000 元,计算本月已完工程的合同成本,并结转其合同成本,确认合同收入。

(13)月末,本月出售库存超储的水泥 50 t,实际成本为 15 000 元。

会计分录见表 3.43。仓库工程施工明细分类账见表 3.44。住宅工程施工明细分类见表 3.45。

表 3.43 会计分录表

单位:浩月建筑公司　　　　　　　　　年　月　日　　　　　　　　　　单位:元

年		凭证种类	编号	摘要	总账账户	明细分类账户	借方金额	贷方金额	√
月	日								

表 3.44 仓库工程施工明细分类账

账户名称:仓库工程　　　　　　　　　年　月　日　　　　　　　　　　单位:元

年		凭证类别	编号	摘要	合同成本				
月	日				材料费	人工费	机械使用费	其他直接费	间接费用

表 3.45　住宅工程施工明细分类账

账户名称：住宅工程　　　　　　　　　年　月　日　　　　　　　　　　　　单位：元

年		凭证		摘要	合同成本				
月	日	类别	编号		材料费	人工费	机械使用费	其他直接费	间接费用

项目 4　施工企业投资业务会计核算

教学目标：
1. 掌握固定资产初始计量、后续计量以及处置的会计核算方法。
2. 掌握无形资产初始计量、后续计量以及处置的会计核算方法。
3. 掌握金融资产的初始计量、后续计量以及处置的会计核算方法。
4. 能够进行固定资产、无形资产、金融资产相关的会计核算。

任务 4.1　固定资产投资业务核算

教学目标：
1. 理解固定资产的概念及确认条件。
2. 掌握固定资产初始计量、后续支出、固定资产处置的核算方法。
3. 能够独立进行固定资产初始计量、后续支出、固定资产处置的核算。
4. 掌握固定资产折旧方法。

4.1.1　固定资产的概念、特点及确认条件

固定资产是指同时具有下列特征的有形资产：为生产商品、提供劳务、出租或经营管理而持有的；使用寿命超过一个会计年度。

其特点如下。
①固定资产是有形资产。
②持有该有形资产不是为了出售。
③使用寿命超过一个会计年度。
④固定资产同时满足下列条件的，才能予以确认。
⑤与该固定资产有关的经济利益很可能流入企业。
⑥该固定资产的成本能够可靠地计量。

4.1.2　固定资产分类

施工项目常用的固定资产种类繁多、规格不一，为加强管理，便于组织会计核算，企业有必要对其进行合理的分类。施工企业可以根据《企业会计准则》的规定，结合自身的具体情况，对施工项目常用固定资产做如下分类，并按照此分类方法进行明细核算。

1. 施工机械

施工机械包括起重机、挖掘机、土方铲运机、凿岩机、凿井机、筑路机、架梁机、铺轨、铺碴、整道机、打夯机、混凝土搅拌机、盾构等用于施工的各种机械。

2. 运输设备

运输设备包括载货汽车、自卸汽车、牵汽车、轨道车、拖车、客车、轿车、吉普车等月于运输的各种设备和工具。

3. 生产设备

生产设备包括木工加工设备、金属切削设备、锻压设备、焊接及切割设备、铸造及热处理设备、动力设备、传导设备等用于加工、维修的各种生产设备。

4. 测量及试验设备

测量及试验设备包括试验机、测量仪器、计量仪器、测绘仪器等用于测量及试验的设备。

5. 临时设施

施工现场的办公用房、厂房、库房、构筑物、停车场、道路、水塔、储油罐、围墙以及与房屋不可分割的各种附属设备,如水、暖、电、通风、电梯等设备。

6. 其他固定资产

其他固定资产是指不属于以上各类的固定资产,包括各类计算机、电子设备、复印机、办公家具、消防用具、炊事用具、医疗器具等。

企业除了施工项目上用的固定资产按照以上进行分类外,施工企业管理部门用的固定资产可以分为房屋建筑物、运输设备、办公设备等。

4.1.3 固定资产的初始计量

固定资产初始计量主要采用历史成本计量。

历史成本是指企业购置、建造、改建及扩建某项固定资产达到可以使用状态前所发生的一切合理必要的支出。

4.1.4 科目设置

1."固定资产"账户

"固定资产"用于核算持有固定资产原价,该账户属于资产类账户,借方登记固定资产取得时的历史成本即原值,贷方登记固定资产出售、报废、毁损、投资转出、非货币性资产交换及债务重组等减少的固定资产,余额在借方,表示期末持有固定资产的原值。该账户可按照固定资产的类别进行明细核算。

2."在建工程"账户

"在建工程"账户属于资产类账户,用以核算企业基建、更新改造等在建工程发生的支出。

该账户借方登记企业各项在建工程的实际支出,贷方登记工程达到预定可使用状态时转出的成本等。期末余额在借方,反映企业期末尚未达到预定可使用状态的在建工程的成本。

该账户可按"建筑工程""安装工程""在安装设备""待摊支出"等进行明细核算。

3."累计折旧"账户

"累计折旧"账户属于固定资产账户的备抵账户,用以核算企业固定资产计提的累计折旧。属于资产类账户,该账户贷方登记按月提取的折旧额,借方登记因减少固定资产而转出的累计折旧。期末余额在贷方,反映期末固定资产计提的累计折旧额。

4."工程物资"账户

该账户属于资产类,核算企业为在建工程而准备各种物资的实际成本。借方登记购入工程物资的实际成本,贷方登记工程领用物资的实际成本,余额在借方,反映工程物资期末的实际成本。

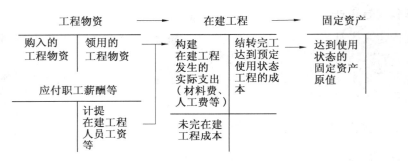

4.1.5 购入不需安装的固定资产的核算

固定资产入账成本＝买价＋相关税费＋装卸费＋运输费＋专业人员服务费

其中相关税费是使固定资产达到预定可使用状态的必要支出。

例如:契税、车辆购置税等,增值税一般纳税人购入固定资产支付的增值税,符合抵扣条件的,可以作为进项税额予以抵扣,因此可抵扣的增值税不构成固定资产入账成本,不符合抵扣条件的增值税计入固定资产成本中。专业人员培训费应计入当期损益,不构成外购固定资产入账成本。

【例4.1】 A公司为增值税一般纳税人,2019年1月15日购入一台生产设备并立即投入使用。取得增值税专用发票上注明价款300万元,增值税税额39万元。当日预付未来一年的设备维修费,取得增值税专用发票上注明的价款为10万元,增值税税额为1.3万元,不考虑其他因素,计算该设备的入账价值。

该设备的入账价值为300万元。

支付未来一年的设备维修费和增值税不计入固定资产入账成本,因为该固定资产已经达到使用状态,未来发生的费用不计入固定资产的初始入账成本中。

【例4.2】 某建筑公司为增值税一般纳税人,项目部购入一台推土机,取得的增值税专用发票上注明的设备价款为200 000元,增值税进项税额为26 000元,取得增值税专用发票注明的运输费2 000元,增值税税额180元,均以银行存款支付,假定不考虑其他相关税费。

账务处理如下:

项目部购置设备的成本＝200 000＋2 000＝202 000(元)

借:固定资产——运输设备　　　　　　　　　　　　　202 000
　　应交税费——应交增值税(进项税额)　　　　　　　 26 180
　　贷:银行存款　　　　　　　　　　　　　　　　　　228 180

若企业以一笔款项购入多项没有单独标价的固定资产,应当按照各项固定资产的公允价值占购入固定资产公允价值总额的比例对固定资产的总成本进行分配,分别确定各项固定资产的入账价值。

【例 4.3】 2019 年 4 月 21 日,甲施工企业为一般纳税人,向乙公司一次购入三套不同型号运输设备 A、B 和 C。甲公司为该批设备共支付货款 5 000 000 元,增值税专用发票税额 650 000 元,保险费 17 000 元,运输装卸费 3 000 元,全部以银行转账支付。

假定:A、B、C 设备公允价值分别为 1 560 000 元、2 340 000 元和 1 300 000 元。

步骤:(1)确定固定资产总成本。

(2)按公允价值计算 A、B、C 设备分配比例。

(3)分别确定 A、B、C 设备成本并做出相关的会计处理。

(1)固定资产总成本＝买价＋运杂费＋保险费＝5 000 000＋3 000＋17 000
　　　　　　　　　　＝5 020 000 元

(2)按公允价值分配比例:

A 设备分配比例＝1 560 000/(1 560 000＋2 340 000＋1 300 000)＝30%

B 设备分配比例＝2 340 000/(1 560 000＋2 340 000＋1 300 000)＝45%

C 设备分配比例＝1 300 000/(1 560 000＋2 340 000＋1 300 000)＝25%

(3)确定 A、B、C 设备成本:

A 设备成本＝5 020 000×30%＝1 506 000(元)

B 设备成本＝5 020 000×45%＝2 259 000(元)

C 设备成本＝5 020 000×25%＝1 255 000(元)

借:固定资产——A 设备　　　　　　　　　　　　　1 506 000
　　　　　　——B 设备　　　　　　　　　　　　　2 259 000
　　　　　　——C 设备　　　　　　　　　　　　　1 255 000
　　应交税费——应交增值税(进项税额)　　　　　　 650 000
　　贷:银行存款　　　　　　　　　　　　　　　　5 670 000

4.1.6　购入需要安装的固定资产的核算

有些外购的固定资产,需要经过安装才能够正常使用。施工项目部可根据生产经营的特殊需要,利用自有的人力、物力条件对固定资产进行安装或改造,包括各种机器设备的安装、机械设备的改造、大修理等。固定资产的安装可以通过自营工程或发包工程的方式进行。

1. 通过自营工程方式

使用"工程物资"科目核算企业为改造或安装固定资产准备的各种物资的实际成本,企业为安装固定资产购买的物资,按实际买价和专用发票上注明的增值税税额,借记"工程物资""应交税费——应交增值税(进项税额)"等科目,贷记"银行存款""应付账款""应付票据"

等科目。

自营工程领用工程用材料物资时,按实际成本,借记"在建工程"等科目,贷记"工程物资"等科目;自营工程领用本企业的产品(如自制结构件)时,按产品的实际成本入账,借记"在建工程"等科目,贷记"库存商品"等科目;自营工程应负担的职工薪酬,借记"在建工程"等科目,贷记"应付职工薪酬"科目;辅助生产部门为安装固定资产提供的水、电、设备安装、修理、运输等劳务,按月根据实际成本,借记"在建工程"等科目,贷记"辅助生产"等科目。

工程物资在建设期间发生的盘亏、报废及毁损,其处置损失报经批准后,借记"在建工程"科目,贷记"工程物资"科目;盘盈的工程物资或处置收益,借记"工程物资"科目,贷记"在建工程"科目。

在建工程达到预定可使用状态前进行负荷联合试车发生的费用,借记"在建工程"科目,贷记"银行存款""库存商品"等科目;获得的试车收入或按预计售价将能对外出售的产品转为库存商品的,借记"银行存款""库存商品"等科目,贷记"在建工程"科目。

建造工程完工后应进行清理,已领出的剩余材料,应办理退库手续,借记"工程物资"科目,贷记"在建工程"科目。

建造工程完工达到预定可使用状态时,借记"固定资产"科目,贷记"在建工程"等科目。

会计分录如下。

购入工程物资时:

借:工程物资
　　应交税费——应交增值税(进项税额)
　　贷:银行存款 等

领用工程物资时:

借:在建工程
　　贷:工程物资

安装使用本企业自产产品或外购原材料时:

借:在建工程
　　贷:库存商品、原材料

发生其他相关支出时:

借:在建工程
　　贷:银行存款
　　　　应付职工薪酬 等

达到预定可使用状态时:

借:固定资产
　　贷:在建工程

【例4.4】 施工企业购入需要安装的动力传导设备一台,用银行存款支付买价625 000元,增值税81 250元。以自营方式交付安装,领用施工用材料计划成本36 000元,成本差异率1%,发生人工费5 000元,设备安装完毕交付施工项目部使用(其他略)。

(1)设备投入安装。

借:在建工程——动力传导设备　　　　　　　　　　　　625 000
　　应交税费——应交增值税(进项税额)　　　　　　　　81 250

贷:银行存款　　　　　　　　　　　　　　　　　　　　　　　706 250
（2）发生材料费、人工费：
　　借:在建工程——动力传导设备　　　　　　　　　　　　　　36 360
　　　贷:原材料　　　　　　　　　　　　　　　　　　　　　　36 000
　　　　材料成本差异　　　　　　　　　　　　　　　　　　　　　360
　　借:在建工程——动力传导设备　　　　　　　　　　　　　　 5 000
　　　贷:应付职工薪酬—工资　　　　　　　　　　　　　　　　 5 000
（3）安装完毕投入使用：
　　借:固定资产——动力传导设备　　　　　　　　　　　　　 665 360
　　　贷:在建工程——动力传导设备　　　　　　　　　　　　 665 360

【例4.5】　某建筑公司项目部购入一台需安装的设备,取得的增值税专用发票上注明的设备买价为700 000元,增值税税额为91 000元,购买安装设备需要的物资买价100 000元,增值税专用发票税额13 000元,并全部领用,支付运输费2 000元,增值税税额为180元。安装设备时,领用原材料2 000元,支付安装工人工资3 000元。

账务处理。
（1）购买需要安装的设备：
　　借:在建工程——X设备　　　　　　　　　　　　　　　　 700 000
　　　应交税费——应交增值税（进项税额）　　　　　　　　　 91 000
　　　贷:银行存款　　　　　　　　　　　　　　　　　　　　 791 000
（2）购买工程物资：
　　借:工程物资　　　　　　　　　　　　　　　　　　　　　 100 000
　　　应交税费——应交增值税（进项税额）　　　　　　　　　 13 000
　　　贷:银行存款　　　　　　　　　　　　　　　　　　　　 113 000
（3）安装领用工程物资：
　　借:在建工程——X设备　　　　　　　　　　　　　　　　 100 000
　　　贷:工程物资　　　　　　　　　　　　　　　　　　　　 100 000
（4）领用原材料：
　　借:在建工程——X设备　　　　　　　　　　　　　　　　　 2 000
　　　贷:原材料　　　　　　　　　　　　　　　　　　　　　　 2 000
（5）支付运费：
　　借:在建工程——X设备　　　　　　　　　　　　　　　　　 2 000
　　　应交税费——应交增值税（进项税额）　　　　　　　　　　　180
　　　贷:银行存款　　　　　　　　　　　　　　　　　　　　　 2 180
（6）计提安装人员工资：
　　借:在建工程——X设备　　　　　　　　　　　　　　　　　 3 000
　　　贷:应付职工薪酬——工资　　　　　　　　　　　　　　　 3 000
（7）支付薪酬：
　　借:应付职工薪酬——工资　　　　　　　　　　　　　　　　 3 000
　　　贷:银行存款　　　　　　　　　　　　　　　　　　　　　 3 000

(8)设备安装完毕达到预定可使用状态,确定固定资产的成本,账务处理如下:

借:固定资产——X设备　　　　　　　　　　　　　　　807 000
　　贷:在建工程——X设备　　　　　　　　　　　　　　　807 000

2. 通过出包工程方式

采用出包方式进行的安装或改造活动,其工程的具体支出在承包单位核算。在这种方式下,"在建工程"科目实际上成为企业与承包单位的结算科目,施工企业与承包单位结算的工程价款作为工程成本,在"在建工程"科目核算。

工程完工收到承包单位账单,与承包单位办理工程价款结算时,借记"在建工程""应交税费——应交增值税(进项税额)"等科目,贷记"银行存款""应付账款"等科目。

工程完工达到预定可使用状态时,按实际发生的全部支出,借记"固定资产"科目,贷记"在建工程"等科目。

【例4.6】 甲施工企业公司的项目部将一部龙门塔吊的安装工程发包给正强建设公司承建,该企业购买塔吊买价2 000 000元,增值税发票税额260 000元,安装完工后,收到承包单位的有关工程结算单据,付安装工程款100 000元,增值税专用发票税额为9 000元。工程完工,经验收后交付使用。做如下账务处理。

(1)施工企业购买需要安装的塔吊:

借:在建工程——塔吊　　　　　　　　　　　　　　　2 000 000
　　应交税费——应交增值税(进项税额)　　　　　　　　260 000
　　贷:银行存款　　　　　　　　　　　　　　　　　　2 260 000

(2)付安装工程款,做如下账务处理:

借:在建工程——塔吊　　　　　　　　　　　　　　　　100 000
　　应交税费——应交增值税(进项税额)　　　　　　　　　9 000
　　贷:银行存款　　　　　　　　　　　　　　　　　　　109 000

(3)工程交付使用:

借:固定资产——塔吊　　　　　　　　　　　　　　　2 100 000
　　贷:在建工程——塔吊　　　　　　　　　　　　　　2 100 000

3. 其他方式取得的固定资产

其他方式取得的固定资产包括接受投资、接受捐赠、非货币性交换、债务重组等方式。

(1)投资者投入固定资产的入账成本按合同协议价确定,合同协议不公允时,按固定资产公允价值入账。

(2)接受捐赠的固定资产入账成本按发票价入账,无发票按市场价入账,无市场价按未来现金流量现值入账。

【例4.7】 某企业原注册资本400 000元,A投资者希望加入,为了占有该公司注册资本的20%的份额,投入15 000元货币资金和一台机器,该机器双方确认的价值为200 000元,该企业原投资者同意接纳A投资者加入,加入后注册资本变更为500 000元,将资金收存银行,并已对机器验收。

借:银行存款　　　　　　　　　　　　　　　　　　　　15 000
　　固定资产　　　　　　　　　　　　　　　　　　　　200 000

        贷：实收资本   100 000
            资本公积——资本溢价   115 000

【例 4.8】 企业接受某公司捐赠设备一台，专用发票注明设备价款 200 000 元，增值税税额 26 000 元，设备交接过程中用存款支付手续费 2 000 元。（不考虑企业所得税）

        借：固定资产   202 000
            应交税费——应交增值税（进项税额）   26 000
        贷：银行存款   2 000
            营业外收入   226 000

4.1.7 固定资产的后续计量

1. 固定资产折旧

（1）折旧的基本规定。

折旧是指固定资产由于损耗而减少的价值。固定资产损耗分为有形损耗和无形损耗两种。企业的固定资产在长期使用过程中，其价值将随着固定资产的损耗程度，以计提折旧费方式分期计入相关的生产成本或费用中，并通过取得相应的收入而得到补偿。固定资产由于磨损和损耗而将其价值转移到产品成本或构成企业费用。

（2）计提固定资产折旧应考虑的因素。

①固定资产原值：指固定资产的成本。

②固定资产应计提折旧额：指应当计提折旧的固定资产原值扣除其预计净残值后的余额。如果已对固定资产计提减值准备，还应当扣除已计提的固定资产减值准备累计金额。

③预计净残值：指假定固定资产预计使用寿命已满并处于使用寿命终了时的预期状态，企业从该项资产处置中获得的扣除预计处置费用后的金额，即清理收入减去清理费用。

④固定资产减值准备：固定资产因发生损坏、技术陈旧或其他经济原因，导致其可收回金额低于其账面价值，这种情况称之为减值。固定资产发生减值时，企业要在会计期末计提减值准备，将减值的金额计入资产减值损失中，相当这部分减值金额已经计入企业的费用中，即减值这部分的价值已经回收，固定资产计提减值准备后，应当在剩余使用寿命内根据调整后的固定资产账面价值（固定资产账面余额扣减累计折旧和累计减值准备后的金额）和预计净残值，重新计算确定折旧率和折旧额。

⑤固定资产的使用寿命：指企业使用固定资产的预计期间，或者该固定资产所能生产产品或提供劳务的数量。

《企业会计准则》规定，除下列情况的固定资产不计提折旧外，其他固定资产均应计提折旧。

①已提足折旧继续使用的固定资产。

②按规定单独估价作为固定资产入账的土地。

③更新改造期间停止使用的固定资产。

④提前报废的固定资产。

特殊情况：

①未使用、不需用的固定资产计提折旧。（计入管理费用）

②固定资产修理期间计提折旧。（固定资产修理期间不转入在建工程）

③已经达到使用状态但未办理竣工决算的固定资产计提折旧。(按暂估价值确定固定资产成本计提折旧,待办理竣工后调整暂估价值并重新计算计提折旧金额,但不调整原已计提折旧的金额)

固定资产折旧一般应按月提取,当月增加的固定资产,当月不提折旧,从下月起提折旧;当月减少的固定资产,当月照提折旧,从下月起不提折旧。

2. 计提折旧的方法

企业应当根据与固定资产有关的经济利益的预期实现方式,合理选择折旧方法等。可选用的折旧方法有:年限平均法、工作量法、双倍余额递减法与年数总和法。

(1)年限平均法。

年限平均法,又称直线法,是按固定资产的使用年限将应计提的折旧额均衡地分摊到固定资产预计使用寿命内的一种方法。这种方法的主要优点是计算简便,易于理解和掌握。一般适用于不受季节影响、各期使用程度比较均衡的固定资产。采用年限平均法计算的每期折旧额均是等额的。

其计算公式为

年折旧率=(1-预计净残值率)÷预计使用年限×100% 月折旧率=年折旧率÷12

月折旧额=固定资产原值×月折旧率

【例 4.9】 甲施工企业有一幢厂房,原价为 5 000 000 元,预计可使用 20 年,预计报废时的净残值率为 2%。计算月折旧率和月折旧额。

年折旧率=(1-2%)÷20=4.9%

月折旧率=4.9%÷12=0.41%

月折旧额=5 000 000×0.41%=20 500(元)

(2)工作量法。

工作量法是指以固定资产能提供的工作总量为单位来计算折旧额的方法。工作总量可以是汽车的总行驶里程,也可以是机器设备的总工作台班、总工作小时等。这种方法的主要优点是:将固定资产的效能与固定资产的使用程度联系起来,计算的折旧额与固定资产所完成的工作量成正比,而且计算比较简便,易于理解和掌握。

其计算公式为

单位工作量的折旧额=固定资产原值 ×(1-预计净残值率)/该项固定资产预计完成的总工作量

某项固定资产月折旧额=该项固定资产当月实际完成的工作量×单位工作量的折旧额

【例 4.10】 某施工企业的一辆运货卡车的原价为 600 000 元,预计总行驶里程为 500 000 km,预计报废时的净残值率为 5%,本月行驶 4 000 km,计算该辆汽车的月折旧额。

单位里程折旧额=600 000×(1-5%)÷500 000 =1.14(元/km)

本月折旧额=4 000×1.14=4 560(元)

(3)双倍余额递减法。

双倍余额递减法是先不考虑固定资产残值的情况下,用直线法折旧率的两倍为固定的年折旧率乘以每年年初的固定资产净值,得出各年应提折旧额,在最后两年内,将固定资产净值扣除预计净残值后的余额平均摊销,即最后两年的折旧额相同,最后两年再考虑净残值。特点是:固定资产使用前期提取折旧多,使用后期提取折旧逐年减少,固定资产成本在有效使用年限中加快得到补偿。其计算公式为

年折旧率＝2÷预计使用年限×100%

月折旧率＝年折旧率÷12

月折旧额＝固定资产年初账面净值×年折旧率

【例 4.11】 某建筑公司有一台吊车，原值 700 000 元，预计使用寿命为 5 年，预计净残值 2 000 元。按双倍余额递减法计提折旧。

双倍直线折旧率＝2÷5×100%＝40%

第一年应计提折旧额＝700 000×40%＝280 000(元)

第二年应计提折旧额＝(700 000－280 000)×40%＝168 000(元)

第三年应计提折旧额＝(700 000－280 000－168 000)×40%＝100 800(元)

第四、第五年的年折旧额＝(700 000－280 000－168 000－100 800－2 000)÷2＝74 600(元)

(4)年数总和法。

年数总和法是将固定资产的原值减去净残值后的净额即固定资产应提折旧额乘以一个逐年递减的折旧率，计算每年的折旧额的方法。

其计算公式为

每年折旧率＝尚可使用年限÷预计使用年限年数总和

月折旧率＝年折旧率÷12

月折旧额＝(固定资产原值－预计净残值)×月折旧率

采用年数总和法计提固定资产折旧，各年的折旧基数固定不变，而折旧率是一个逐年递减的变数，所以，各年的折旧额呈递减趋势，即早期多提折旧，而使用后期少提折旧，但计提折旧额的累计数应等于固定资产原值减去预计净残值后的余额。

【例 4.12】 (承上一案例)采用年数总和法计提折旧。

第一年：

年折旧率＝5÷(1＋2＋3＋4＋5)＝1/3

年折旧额＝(700 000－2 000)×1/3≈232666.67(元)

第二年：

年折旧率＝4÷(1＋2＋3＋4＋5)＝4/15

年折旧额＝(700 000－2 000)×4/15≈186133.33(元)

第三年：

年折旧率＝3÷(1＋2＋3＋4＋5)＝1/5

年折旧额＝(700 000－2 000)×1/5＝139600(元)

第四年：

年折旧率＝2÷(1＋2＋3＋4＋5)＝2/15

年折旧额＝(700 000－2 000)×2/15≈93066.67(元)

第五年：

年折旧率＝1÷(1＋2＋3＋4＋5)＝1/15

年折旧额＝(700 000－2 000)×1/15≈46533.33(元)

固定资产预计使用年限和预计净残值、折旧方法等，一经确定，不得随意变更，如需变更，经批准后报送有关各方备案，并在会计报表附注中予以说明。

3. 折旧的账务处理

在实际工作中,固定资产折旧的计算,一般是由财会部门通过按月编制固定资产折旧计算及分配表完成的。它是企业财会部门自制的原始凭证,是编制记账凭证和登记账簿的原始依据。

"累计折旧"科目是用来核算企业固定资产的磨损价值,该科目是资产类,贷方登记每月计提的折旧额,借方登记因固定资产减少而转出的折旧额,余额在贷方,表示固定资产累计计提的折旧额。

施工项目部计提固定资产的折旧时,应根据固定资产的使用地点和用途,记入相关的成本费用科目。施工生产用的工程机械、运输设备,借记"机械作业"科目,辅助生产部门使用的生产设备,借记"辅助生产"科目,项目部使用的其他固定资产如办公设备,借记"间接费用"等科目,贷记"累计折旧"科目。

除了项目部的固定资产外,施工企业管理部门使用的固定资产,计入"管理费用"科目,借记"管理费用"科目,贷记"累计折旧"科目。

临时设施在施工生产过程中发挥着劳动资料的作用,其实物形态大多与作为固定资产的永久性房屋、建筑物类似,但由于其建筑标准较低,一般为临时性或半永久性的建筑物,不具有永久使用的性质,多数在其自然寿命终了前就需要拆除清理,因而它在某些方面又与固定资产有所不同。一般情况下,临时设施采用年限平均法,即按照临时设施预计使用期限或工程的受益期限计提折旧。工程项目完工后不再继续使用的临时设施的折旧期限一般不应超过该工程项目的工期,即要以预计使用期限和工程施工期限中较短者作为折旧期限。

临时设施月折旧额的计算公式为

$$临时设施月折旧额 = 临时设施原值 \times (1 - 预计净残值率) \div 使用期限(月)$$

施工项目的临时设施每月计提折旧的计入"合同履约成本—工程施工—间接费用"科目,贷记"累计折旧"科目。

固定资产折旧应根据受益对象进行分摊,会计分录如下。

借:制造费用(生产用固定资产的折旧)
　　管理费用(行政管理部门用固定资产的折旧、闲置或尚未使用固定资产的折旧)
　　销售费用(销售部门用固定资产的折旧)
　　在建工程(用于工程建造的固定资产的折旧)
　　研发支出(用于研发的固定资产的折旧)
　　其他业务成本(经营租出的固定资产的折旧)
　　间接费用(施工项目部办公使用的固定资产、施工使用的临时设施计提的折旧)
　　机械作业(工程项目使用自有施工机械等)
　　辅助生产(企业辅助生产部门使用的固定资产)
　贷:累计折旧

4. 固定资产的后续支出

固定资产后续支出,是指固定资产在使用过程中发生的更新改造支出、修理费用等。

与固定资产有关的修理费用等后续支出,不符合固定资产确认条件的,应当计入当期损益;与固定资产有关的更新改造等后续支出,符合固定资产确认条件的,应当计入固定资产成本,同时将被替换部分的账面价值扣除。

(1)费用化的后续支出。

一般情况下,固定资产投入使用之后,由于磨损、各组成部分耐用程度不同,可能导致固定资产的局部损坏,为了维护其正常运转和使用,充分发挥其他用效能,企业将对固定资产进行必要的维护。固定资产的日常修理费用等支出只是用于确保固定资产的正常工作状况,一般不产生未来的经济利益,因此,通常不符合固定资产的确认条件,在发生时应直接计入当期损益。施工项目部发生的固定资产修理费用等后续支出,计入"间接费用"科目;处于修理、更新改造过程而停止使用的机械设备,如果其修理、更新改造支出不满足固定资产的确认条件,在发生时计入相关的成本费用中,固定资产在大修理期间,照提折旧。

企业固定资产修理不满足资本化确认条件的,应按照收益对象分别计入下列科目进行会计核算。

借:机械作业(项目部的施工机械的维修费)
　　间接费用(项目部办公用设备、车辆等的维修费)
　　管理费用(企业管理部门固定资产维修费)
　　应交税费——应交增值税(进项税额)
　贷:银行存款、应付账款等

【例 4.13】 某建筑公司项目经理部的车辆委托汽车修理厂进行经常性修理,以银行存款支付修理费 8 000 元,增值税发票税额 1 040 元。账务处理如下。

借:间接费用　　　　　　　　　　　　　　　　　　　　　　　8 000
　　应交税费——应交增值税(进项税额)　　　　　　　　　　1 040
　贷:银行存款　　　　　　　　　　　　　　　　　　　　　　　　　9 040

(2)资本化的后续支出

与固定资产有关的更新改造等后续支出,符合固定资产确认条件的,应当计入固定资产成本,同时将被替换部分的账面价值扣除。企业对固定资产进行更新改造的,应将相关固定资产的原值、已计提的累计折旧和减值准备转销,将固定资产的账面价值转入在建工程,并停止计提折旧。固定资产发生的可资本化的后续支出,通过"在建工程"科目核算。在固定资产发生的后续支出完工并达到预定可使用状态时,再从在建工程转为固定资产,并按重新确定的使用寿命、预计净残值和折旧方法计提折旧。

【例 4.14】 某建筑公司项目部对摊铺机进行改造,摊铺机账面原值为 300 000 元,已提折旧 140 000 元。已提减值准备 4 000 元,改造中耗用的工程物资价值 30 000 元,支付工人工资等人工费 14 000 元,改造中拆除的部分材料作为原材料入库,材料的公允价值为 1 000 元。工程完工交付使用,摊铺机原预计还能使用年限为 5 年,改造后比预计使用年限延长 3 年。

(1)将摊铺机的账面价值转入在建工程,账务处理如下。

借:在建工程——摊铺机　　　　　　　　　　　　　　　　156 000
　　累计折旧　　　　　　　　　　　　　　　　　　　　　140 000
　　固定资产减值准备　　　　　　　　　　　　　　　　　　4 000
　贷:固定资产——摊铺机　　　　　　　　　　　　　　　　　　300 000

(2)发生有关支出,账务处理如下。

借:在建工程——摊铺机	44 000	
贷:工程物资		30 000
应付职工薪酬——工资		14 000

(3)拆除的材料入库,账务处理如下。

| 借:原材料 | 1 000 | |
| 贷:在建工程——摊铺机 | | 1 000 |

(4)工程完工结转确认固定资产,账务处理如下:

| 借:固定资产——摊铺机 | 199 000 | |
| 贷:在建工程——摊铺机 | | 199 000 |

【例4.15】 甲航空公司2013年12月份购入一架飞机总计花费70 000 000元(含发动机),发动机当时的买价为5 000 000元。并未将发动机单独作为一项固定资产进行核算。2021年12月,甲航空公司开辟新航线,航程增加。为延长飞机的空中飞行时间,公司决定更换一部性能更为先进的发动机。新发动机的成本为6 000 000元,另支付安装费用100 000元。(增值税略)

假定飞机的年折旧率为3‰。假设不考虑预计净残值和相关税费的影响,替换下的老发动机报废且无残值收入。甲航空公司的账务处理如下(资本化支出)。

(1)将固定资产转入在建工程:

$$2014—2021\ \text{年已提折旧} = 70\ 000\ 000 \times 3\% \times 8$$
$$= 16\ 800\ 000(元)$$

借:在建工程——飞机	53 200 000	
累计折旧	16 800 000	
贷:固定资产——飞机		70 000 000

(2)老发动机的账面价值(净值):

$$\text{老发动机的计提的折旧} = 16\ 800\ 000 \times 5\ 000\ 000/70\ 000\ 000 = 1\ 200\ 000(元)$$

$$\text{老发动机的账面净值} = \text{原值} - \text{折旧} = 5\ 000\ 000 - 1\ 200\ 000 = 3\ 800\ 000(元)$$

| 借:营业外支出 | 3 800 000 | |
| 贷:在建工程——飞机 | | 3 800 000 |

(3)安装新发动机:

借:在建工程——飞机	6 100 000	
贷:工程物资		6 000 000
银行存款		100 000

(4)新发动机安装完毕,投入使用:

| 借:固定资产——飞机 | 55 500 000 | |
| 贷:在建工程——飞机 | | 55 500 000 |

企业经营租赁方式租入固定资产发生的改良支出,应予资本化,记入"长期待摊费用"科目,并在剩余租赁期与租赁资产尚可使用年限两者中较短的期间内进行摊销,计入"管理费用""制造费用""销售费用"等科目中。

【例4.16】 企业将营业厅旧电梯更换为新电梯,旧电梯成本160 000元,未单独确认固定资产。开始改良工程,支付新电梯价款256 000元(含增值税),以银行存款支付安装费用

24 800元。旧电梯回收价格80 000元,款项尚未收到。营业厅原始成本1 440 000元,截至改良工程开始,计提累计折旧335 200元。

购入新电梯:
借:工程物资　　　　　　　　　　　　　　　　　　　　　　256 000
　贷:银行存款　　　　　　　　　　　　　　　　　　　　　　256 000

营业厅账面价值转入在建工程:
借:在建工程　　　　　　　　　　　　　　　　　　　　　　1 104 800
　累计折旧　　　　　　　　　　　　　　　　　　　　　　　335 200
　贷:固定资产　　　　　　　　　　　　　　　　　　　　　1 440 000

旧电梯账面价值=160 000－160 000÷1 440 000×335 200=160 000－37 244=122 756(元)。

转销旧电梯账面价值:
借:其他应收款　　　　　　　　　　　　　　　　　　　　　　80 000
　营业外支出　　　　　　　　　　　　　　　　　　　　　　　42 756
　贷:在建工程　　　　　　　　　　　　　　　　　　　　　　122 756

安装新电梯:
借:在建工程　　　　　　　　　　　　　　　　　　　　　　　280 800
　贷:工程物资　　　　　　　　　　　　　　　　　　　　　　256 000
　　银行存款　　　　　　　　　　　　　　　　　　　　　　　24 800

电梯投入使用:
借:固定资产　　　　　　　　　　　　　　　　　　　　　　1 262 844
　贷:在建工程　　　　　　　　　　　　　　　　　　　　　1 262 844

甲公司系增值税一般纳税人,2022年6月30日,一台生产用升降机械出现故障,经检修发现其中的电动机磨损严重,需要更换。该升降机械购买于2018年6月30日,甲公司已将其整体作为一项固定资产进行了确认,原价500 000元(其中电动机在2018年6月30日的市场价格为75 000元),预计净残值为零,预计使用年限为10年,采用年限平均法计提折旧。为继续使用该升降机械并提高工作效率,甲公司决定对其进行改造,为此购买了一台更大功率的电动机替代原电动机。新购置电动机取得增值税专用发票注明的价款为92 000元,增值税税额为11 960元,款项已通过银行转账支付;改造过程中,辅助生产车间提供了劳务支出10 000元。假定原电动机磨损严重,处置价款为33 900元(含增值税3 900元)。不考虑其他相关因素。

(1)固定资产转入在建工程(本题更新改造支出符合固定资产的确认条件,应予以资本化;同时终止确认原电动机价值)

2022年6月30日升降机械的账面价值=500 000－500 000÷10×4=300 000(元)
2022年6月30日原电动机的账面价值=75 000－(75 000÷10)×4=45000(元)

借:在建工程——升降机械　　　　　　　　　　　　　　　　300 000
　累计折旧　　　　　　　　　　　　　　　　　　　　　　　200 000
　贷:固定资产——升降机械　　　　　　　　　　　　　　　500 000

借:银行存款　　　　　　　　　　　　　　　　　　　　　　　33 900

  营业外支出   15 000
   贷：在建工程——升降机械   45 000
     应交税费——应交增值税（销项税额）   3 900
 （2）更新改造支出：
  借：工程物资——新电动机   92 000
    应交税费——应交增值税（进项税额）   11 960
   贷：银行存款   103 960
  借：在建工程——升降机械   102 000
   贷：工程物资——新电动机   92 000
    辅助生产   10 000
 （3）在建工程转回固定资产：
  借：固定资产——升降机械   357 000
   贷：在建工程——升降机械   357 000

【例 4.17】 甲公司一台生产用升降机使用 4 年后出现故障,经检修发现其中电动机磨损严重,需要更换。其原值 400 000 元(其中的电动机价格 85 000 元),预计净残值为 0,预计使用年限为 10 年,采用年限平均法计提折旧。为了提高工作效率,甲公司决定对其进行改造,购买一台更大功率的电动机。价款 82 000 元,增值税 13 940 元,通过银行转账支付,改造过程中,辅助生产提供了劳务支出 15 000 元(假定原发动机没有任何价值,税费略)。

（1）固定资产转入在建工程：

$$原发动机净值 = 85\,000 - (85\,000/10) \times 4 = 51\,000（元）$$

$$升降机已提折旧 = 400\,000/10 \times 4 = 160\,000（元）$$

  借：在建工程   240 000
   累计折旧   160 000
   贷：固定资产   400 000
  借：营业外支出   51 000
   贷：在建工程   51 000（已扣除原发动机净值）
 （2）购入专项物资,发生更新改造支出：
  借：工程物资——新电动机   82 000
    应交税费——应交增值税（进项税额）   13 940
   贷：银行存款   95 940
  借：在建工程   97 000
   贷：工程物资   82 000
    辅助生产   15 000
 （3）完工投入使用：
  借：固定资产   286 000
   贷：在建工程   286 000

4.1.8 固定资产处置的核算

1. 固定资产的处置

施工企业在生产经营过程中,那些不适用或不需用的机械设备,可以出售转让。对那些由于使用而不断磨损直至最终报废、由于技术进步等原因发生提前报废、由于遭受自然灾害等非常损失发生毁损的机械设备,应及时进行清理。

施工企业出售、报废以及毁损固定资产,应当将处置收入扣除账面价值和相关税费后的金额计入当期损益。处置一般通过"固定资产清理"科目核算。"固定资产清理"是资产类账户,用来核算企业因出售、报废和毁损等原因转入清理的固定资产价值以及在清理过程中所发生的清理费用和清理收入。借方登记固定资产转入清理的净值和清理过程中发生的费用;贷方登记出售固定资产的取得的价款、残料价值和变价收入。其借方余额表示清理后的净损失;贷方余额表示清理后的净收益。清理完毕后净收益转入"营业外收入"或"资产处置损益"账户;净损失转入"营业外支出"账户或"资产处置损益"账户,"固定资产清理"账户应按被清理的固定资产设置明细账。

企业因出售、转让、报废或毁损等原因处置固定资产,会计处理步骤如下。

①固定资产转入清理时,借记"固定资产清理""累计折旧"科目,贷记"固定资产"科目;结转已提取的固定资产减值准备时,借记"固定资产减值准备"科目,贷记"固定资产清理"科目。

②固定资产发生清理费用时,借记"固定资产清理"科目,贷记"银行存款"等科目。

③出售收入或残料入库时,出售固定资产的价款、报废固定资产的残料价值和变价收入等,按实际收到的出售价款及残料变价收入等,借记"银行存款""原材料"等科目,贷记"固定资产清理"等科目。

④计算或收到的应由保险公司或过失人赔偿的报废、毁损固定资产的损失,借记"银行存款""其他应收款"等科目,贷记"固定资产清理"科目。

⑤固定资产清理后发生的净收益,应区别不同情况处理。

因固定资产已丧失使用功能或因自然灾害发生毁损等原因而报废清理产生的利得或损失应计入营业外收入或营业外支出中。属于生产经营期间报废清理产生的处理净损失,借记"营业外支出——非流动资产处置损失"(正常原因)或"营业外支出——非常损失"(非正常原因)科目,贷记"固定资产清理"科目;如为净收益,借记"固定资产清理"科目,贷记"营业外收入——非流动资产处置利得"科目。

因出售、转让等原因产生的固定资产处置利得或损失应计入资产处置损益。"资产处置损益"科目主要用来核算固定资产,无形资产等因出售,转让等原因,产生的处置利得或损失。是损益类科目,发生处置净损失的,借记"资产处置损益"科目,如为净收益,则贷记"资产处置损益"科目。

企业出售、转让、报废固定资产或发生固定资产毁损,应当将处置价款扣除账面价值和相关税费(不含增值税)后的金额计入当期损益。会计分录如下。

将固定资产的账面价值转入固定资产清理。

借:固定资产清理
　　累计折旧

固定资产减值准备
　　贷：固定资产
发生清理费等支出时。
借：固定资产清理
　　应交税费——应交增值税（进项税额）
　　贷：银行存款等
残料变价收入（入库）以及保险公司或责任人赔偿时。
借：银行存款
　　原材料
　　其他应收款
　　贷：固定资产清理
　　　　应交税费——应交增值税（销项税额）
取得处置价款时。
借：银行存款
　　贷：固定资产清理
　　　　应交税费——应交增值税（销项税额）
　　固定资产清理完成后产生的清理净损益，依据固定资产处置方式的不同，分别适用不同的处理方法。
①因出售、转让等原因产生的固定资产处置利得或损失：
借或贷：固定资产清理
　　贷或借：资产处置损益
②因已丧失使用功能、自然灾害发生毁损等原因而报废清理产生的利得或损失：
利得：借：固定资产清理
　　　贷：营业外收入
损失：借：营业外支出
　　　贷：固定资产清理

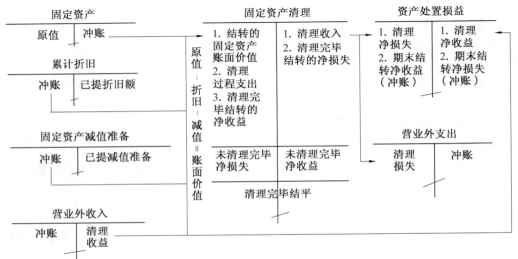

【例 4.18】 某建筑公司出售一台大型机械设备,原值 200 000 元,已提折旧 65 000 元,实际出售含税价格 56 500 元,已存入银行。发生各种清理费用不含税 4 000 元,增值税 240 元并取得增值税专用发票,已用银行存款支付,该机械设备已计提减值准备 12 000 元。

(1)出售设备时:

借:固定资产清理　　　　　　　　　　　　　　　　　135 000
　　累计折旧　　　　　　　　　　　　　　　　　　　 65 000
　　贷:固定资产　　　　　　　　　　　　　　　　　　　　　200 000

结转计提减值准备

借:固定资产减值准备　　　　　　　　　　　　　　　 12 000
　　贷:固定资产清理　　　　　　　　　　　　　　　　　　 12 000

(2)收回出售的价款:

借:银行存款　　　　　　　　　　　　　　　　　　　 56 500
　　贷:固定资产清理　　　　　　　　　　　　　　　　　　 50 000
　　　　应交税费——应交增值税(销项税额)　　　　　　　 6 500

(3)支付清理费用:

借:固定资产清理　　　　　　　　　　　　　　　　　　4 000
　　应交税费——应交增值税(进项税额)　　　　　　　　　240
　　贷:银行存款　　　　　　　　　　　　　　　　　　　　　4 240

(4)结转出售固定资产发生的净收益:

借:资产处置损益——固定资产处置损失　　　　　　　 77 000
　　贷:固定资产清理　　　　　　　　　　　　　　　　　　 77 000

【例 4.19】 2022 年 1 月 7 日,某建筑公司的一辆货车因意外事故毁损,经批准报废。该货车的账面原价为 480 000 元,已提折旧为 180 000 元,已提减值准备 10 000 元,以银行存款支付清费 20 000 元,取得残值收入 5 600 元存入银行,保险公司同意赔偿 53 000 元,不考虑税费,清理工作现已结束。企业应编制如下会计分录。

(1)销账面价值:

借:固定资产清理　　　　　　　　　　　　　　　　　290 000
　　累计折旧　　　　　　　　　　　　　　　　　　　180 000
　　固定资产减值准备　　　　　　　　　　　　　　　 10 000
　　贷:固定资产　　　　　　　　　　　　　　　　　　　　480 000

(2)支付清理费用:

借:固定资产清理　　　　　　　　　　　　　　　　　 20 000
　　贷:银行存款　　　　　　　　　　　　　　　　　　　　 20 000

(3)取得残值收入:

借:银行存款　　　　　　　　　　　　　　　　　　　　5 600
　　贷:固定资产清理　　　　　　　　　　　　　　　　　　 5 600

(4)确认应收赔偿款:

借:其他应收款——保险公司　　　　　　　　　　　　 53 000
　　贷:固定资产清理　　　　　　　　　　　　　　　　　　 53 000

(5)结转净损益:
借:营业外支出——非常损失　　　　　　　　　　　　　　　211 400
　贷:固定资产清理　　　　　　　　　　　　　　　　　　　　211 400
固定资产处置的账务处理见表4.1。

表4.1　固定资产处置的账务处理

情形		账务处理
转入清理		借:固定资产清理/累计折旧/固定资产减值 　贷:固定资产
发生清理费用		借:固定资产清理 　　应交税费——应交增值税(进项税额) 　贷:银行存款等
收回出售价款、残料价值和变价收入、保险赔款等		借:银行存款/原材料/其他应收款等 　贷:固定资产清理 　　应交税费——应交增值税(销项税额)
清理净损益	因固定资产已丧失使用功能或因自然灾害发生毁损等原因而报废清理	净损失: 　借:营业外支出——非流动资产处置损失(正常) 　　　　　　　　——非常损失(非正常原因) 　贷:固定资产清理 净收益: 　借:固定资产清理 　贷:营业外收入——非流动资产处置利得
	因出售、转让	借:资产处置损益 　贷:固定资产清理 如为净收益,则相反分录

2. 固定资产的清查盘点

按照《企业会计准则》的规定,企业应对固定资产定期或至少每年实地盘点一次,清查方法是实地盘点。对盘亏的固定资产,应查明原因,写出书面报告,并根据企业的管理权限,经股东大会或董事会,或经理(厂长)会议等类似机构批准后,在期末结账前处理完毕。

对于固定资产,应在有关单位负责人领导下,组成由财会部门、固定资产管理部门和使用单位等有关人员参加的清查小组,具体负责开展清查盘点工作。在清查盘点之前,财会部门应核对固定资产账目,先将"固定资产"总账科目余额与固定资产登记簿中各类固定资产余额之和核对相符,再将固定资产登记簿中各类固定资产余额与各该类固定资产卡片中各项固定资产原值余额之和核对相符,做到账账相符、账卡相符。在此基础上,清查小组应盘点实物,将固定资产的实存数与账面数进行核对,如果发现盘盈、盘亏的固定资产,应查明原因、分清责任,编制固定资产盘盈盘亏报告表。对于盘盈的固定资产,应列明其名称、数量、同类或类似固定资产的市场价格、估计成新度等内容;对于盘亏的固定资产,应列明其名称、数量、账面原值、累计已提折旧、已计提的减值准备等内容。对于所有盘盈、盘亏的固定资产,均应查明原因、分清责任并填入表中。固定资产盘盈盘亏报告表的一般格式见表4.2。

表 4.2 固定资产盘盈盘亏报告表

单位名称：　　　　　　　　　　　年　月　日　　　　　　　　　　　　单位：元

编号	名称	单位	盘盈			盘亏				理由	备注
			数量	市场价	成新度	入账价值	数量	入账价值	已提折旧	已提减值	账面价值		

单位领导：　　设备主管：　　会计机构负责人：　　设备保管人：　　制表人：

3. 固定资产清查的核算

（1）主要核算内容。

固定资产盘盈和盘亏核算。

（2）设置的账户。

①"待处理财产损溢"：待处理财产损溢是资产类科目,是核算公司在清查财产过程中查明的各种存货物资盘盈和盘亏和固定资产的盘亏,本科目下设置"待处理固定资产损溢"和"待处理流动资产损溢"两个明细科目。核算盘盈时贷记本科目,核算盘亏时借记本科目。

固定资产盘亏造成的损失,应当计入当期损益。企业在财产清查中盘亏的固定资产,按盘亏固定资产的账面价值,借记"待处理财产损溢——待处理固定资产损溢"科目;按已计提的累计折旧,借记"累计折旧"科目;按已计提的减值准备,借记"固定资产减值准备"科目;按固定资产原值,贷记"固定资产"科目。按管理权限报经批准后处理时,按可收回的保险赔偿或过失人赔偿,借记"其他应收款"科目;按应计入营业外支出的金额,借记"营业外支出——盘亏损失"科目,贷记"待处理财产损溢"科目。

已抵扣进项税额的固定资产,发生非正常损失,相应进项税额需做进项税额转出。企业应按照下列公式计算不得抵扣的进项税额。

不得抵扣的进项税额＝固定资产净值×适用税率

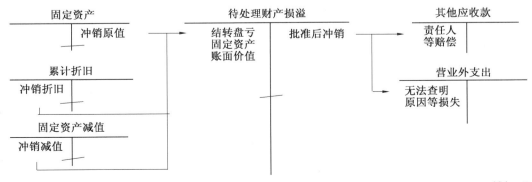

②"以前年度损益调整":本科目属于损益类科目,贷方核算调整增加以前年度利润或减少以前年度亏损,借方核算相反的内容,调整后将该科目的余额转入"利润分配——未分配利润"中,结转后本账户无余额。"以前年度损益调整"影响的是期初未分配利润,不影响本期利润,因此,不在利润表中反映。

在清查中盘盈的固定资产,应作为前期差错处理。按照《企业会计准则》的规定,企业发生的前期会计差错有重大会计差错和非重大会计差错之分。对于重要的前期会计差错,企业应当在其发现当期的财务报表中,调整前期比较数据盘盈的固定资产,应按重置成本确定其入账价值,借记"固定资产"科目,贷记"以前年度损益调整"科目。

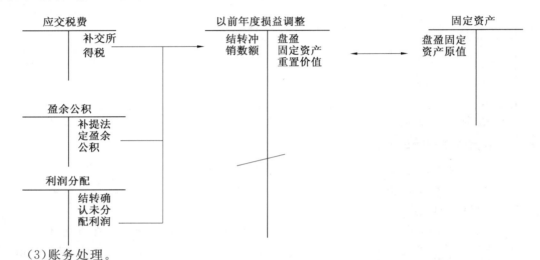

(3)账务处理。

【例 4.20】 某施工企业在财产清查中,发现一台施工机械未入账,按市场价格确认其价值(重置成本)为 50 000 元,按净利润 10% 提取法定盈余公积,所得税率 25%,其他资料略。

①盘盈固定资产:
借:固定资产　　　　　　　　　　　　　　　　　　　　50 000
　　贷:以前年度损益调整　　　　　　　　　　　　　　　　50 000

②计提所得税,结转留存收益:
借:以前年度损益调整　　　　　　　　　　　　　　　　50 000
　　贷:应交税费——应交所得税　　　　　　　　　　　　12 500
　　　　盈余公积——法定盈余公积　　　　　　　　　　　 3 750
　　　　利润分配——未分配利润　　　　　　　　　　　　33 750

【例 4.21】 某施工企业盘点时发现盘亏搅拌机一台,账面原值 100 000 元,已提减值准备 7 500 元,已使用 5 年,年折旧率 10%。(直线法)经批准作营业外支出处理。

① 盘亏固定资产:
借:待处理财产损溢   42 500
    累计折旧   50 000
    固定资产减值准备   7 500
  贷:固定资产   100 000

② 经批准转销:
借:营业外支出   42 500
  贷:待处理财产损溢——待处理固定资产损溢   42 500

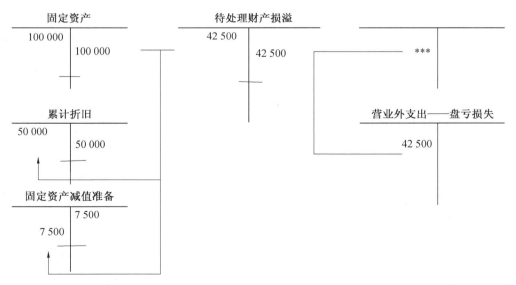

【例 4.22】 某建筑公司项目部进行财产清查时发现丢失设备一台。其账面原值为 20 000 元,已提折旧 10 000 元,该设备已计提减值准备 3 000 元。经查,该设备丢失的原因在于保管员看管不当,按规定根据固定资产净值和适用税率计算不得抵扣的进项税额为

1 300元。经批准,由保管员赔偿2 000元。

①盘亏固定资产,账务处理如下:

借:待处理财产损溢——待处理固定资产损溢　　　　　8 300
　　累计折旧　　　　　　　　　　　　　　　　　　 10 000
　　固定资产减值准备　　　　　　　　　　　　　　　 3 000
　贷:固定资产　　　　　　　　　　　　　　　　　　 20 000
　　　应交税费——应交增值税(进项税额转出)　　　　1 300

②报经批准转销,账务处理如下:

借:其他应收款　　　　　　　　　　　　　　　　　　 2 000
　　营业外支出　　　　　　　　　　　　　　　　　　 6 300
　贷:待处理财产损溢——待处理固定资产损溢　　　　　8 300

4. 固定资产的期末计价

按照《企业会计准则》的规定,企业应当在资产负债表日判断资产是否存在可能发生减值的迹象,对于存在减值迹象的资产,应当进行减值测试,计算可收回金额。可收回金额低于账面价值的,应当按照可收回金额低于账面价值的金额,计提资产减值准备。

按照这一规定,施工企业应该对所使用的固定资产进行减值测试,可收回金额低于账面价值的,应当根据管理权限,按照可收回金额低于账面价值的金额,为固定资产计提资产减值准备。

固定资产的可收回金额＜账面价值,差额确认减值损失金额

固定资产账面价值＝固定资产原值－累计折旧－固定资产减值准备

可收回金额确定:固定资产的公允价值减去处置费用后的净额与固定资产预计未来现金流量的现值两者中的较高者确定为可收回金额。

固定资产计提减值后以账面价值重新计算计提折旧的金额。固定资产减值损失一经计提,在以后会计期间不得转回。

(1)设置的账户。

设置固定资产减值准备科目,该账户为资产类账户,计提减值准备时,借记"资产减值损失",贷记"固定资产减值准备"。

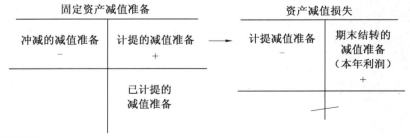

(2)账务处理。

【例4.23】　某建筑企业对一台大型机械进行减值测试,其可收回金额为200 000元,账面价值为220 000元,确认相应的减值损失计提固定资产减值准备。

借:资产减值损失　　　　　　20 000
　贷:固定资产减值准备　　　　20 000

练习题

一、单选题

1. 甲公司某项固定资产已完成改造,累计发生的改造成本为400万元,拆除部分的原价为200万元。改造前,该项固定资产原价为800万元,已计提折旧250万元,不考虑其他因素,甲公司该项固定资产改造后的账面价值为(　　)万元。
   A. 750　　　　　B. 812.5　　　　　C. 950　　　　　D. 1 000

2. 甲公司一台用于生产M产品的设备预计使用年限为5年,预计净残值为零。假定M产品各年产量基本均衡。下列折旧方法中,能够使该设备第一年计提折旧金额最多的是(　　)。
   A. 工作量法　　　　　　　　B. 年限平均法
   C. 年数总和法　　　　　　　D. 双倍余额递减法

3. 某公司为增值税一般纳税人,2022年7月5日购入一台需要安装的机器设备,增值税专用发票注明的价款为600万元,增值税税额78万元,以上款项以支票支付。安装过程中领用本公司原材料80万元,该设备于2022年8月8日达到预定可使用状态并交付车间使用。该固定资产预计使用5年,预计净残值率为5%,该公司对该固定资产采用年数总和法计提折旧,则2023年应计提的折旧额为(　　)万元。
   A. 215.33　　　　B. 172.26　　　　C. 200.98　　　　D. 196.45

4. 甲公司系增值税一般纳税人,购入一套需安装的生产设备,取得的增值税专用发票上注明的价款为300万元,增值税税额为39万元,自行安装领用材料20万元,发生安装人工费5万元,不考虑其他因素,设备安装完毕达到预定可使用状态转入固定资产的入账价值为(　　)万元。
   A. 320　　　　　B. 339　　　　　C. 364　　　　　D. 325

5. 2022年甲公司采用自营方式建造一条生产线,建造过程中耗用工程物资200万元,耗用生产成本为20万元,公允价值为30万元的自产产品,应付工程人员薪酬25万元。2022年12月31日,该生产线达到预定可使用状态。不考虑其他因素,该生产线的入账价值为(　　)万元。
   A. 245　　　　　B. 220　　　　　C. 255　　　　　D. 225

6. 甲公司为增值税一般纳税人,2023年1月15日购入一台生产设备并立即投入使用。取得增值税专用发票上注明价款500万元,增值税税额65万元。当日预付未来一年的设备维修费,取得增值税专用发票上注明的价款为10万元,增值税税额为1.3万元,不考虑其他因素,该设备的入账价值为(　　)万元。
   A. 500　　　　　B. 510　　　　　C. 565　　　　　D. 576.3

7. 甲公司为增值税一般纳税人,2023年12月31日,甲公司出售一台原价为452万,已提折旧240万,未计提减值准备,该设备售价150万元,增值税税额为19.5万元。出售该生产设备发生清理费用8万元(不考虑增值税),不考虑其他因素,甲公司出售该生产设备的净损益为(　　)万元。

A.－50.8　　　　B.－96　　　　C.－70　　　　D.－88

二、多选题

1. 企业在固定资产发生资本化后续支出并达到预定可使用状态时进行的下列各项会计处理中,正确的有(　　)。
   A. 重新预计净残值　　　　　　B. 重新确定折旧方法
   C. 重新确定入账价值　　　　　D. 重新预计使用寿命

2. 下列各项中,应计入自行建造固定资产成本的有(　　)。
   A. 达到预定可使用状态前分摊的间接费用
   B. 为建造固定资产通过出让方式取得土地使用权而支付的土地出让金
   C. 达到预定可使用状态前满足资本化条件的借款费用
   D. 达到预定可使用状态前发生的工程用物资成本

3. 下列各项关于固定资产后续计量会计处理的表述中,正确的有(　　)。
   A. 因更新改造停止使用的固定资产不再计提折旧
   B. 已达到预定可使用状态但尚未办理竣工决算的固定资产应计提折旧
   C. 专设销售机构发生的固定资产日常修理费用计入销售费用
   D. 行政管理部门发生的固定资产日常修理费用计入管理费用

4. 下列各项资产的后续支出中,应予费用化处理的有(　　)。
   A. 生产线的改良支出
   B. 办公楼的日常修理费
   C. 更新改造更换的发动机成本
   D. 机动车的交通事故责任强制保险费

三、实训题

1. 施工企业购入不需安装的施工用机械设备一台购入价60 000元,增值税6 600元,同时支付包装费及运杂费5 000元,均用银行存款支付,做出购入固定资产的会计处理。

2. 施工企业购入需要安装的施工设备一台,用银行存款支付买价及运杂费76 000元,增值税7 700元。以自营方式交付安装,领用一般材料计划成本5 000元,成本差异率1%,发生人工费3 000元,设备安装完毕交付生产部门使用,做出相关的会计处理。

3. 某施工企业自建办公楼一幢,建造中领用专项工程物资700 000元,以银行存款支付施工机械租赁费46 000元,计提施工人员工资260 000元,为工程而发生的借款利息35 000元,建造完毕投入使用,不考虑相关税费,做出相关的会计处理。

4. 甲公司有一生产车间,原价为8 000 000元,预计可使用20年,预计报废时的净残值率为2%。采用年限平均法计提本月折旧额并做出会计处理。

5. 某建筑公司有打桩机一台,原值16 000元,预计使用5年,预计净残值400元,计算每年折旧。要求:采用年数总和法、双倍余额递减法计算各年折旧额。

6. 甲施工企业于2023年8月一次性购入A、B两套不需要安装的运输设备,增值税发票注明价款总额为2 000 000元,增值税额260 000元,另支付运杂费5 000元,款项均以银行存款支付,其中:A设备的公允价值为1 600 000元,B设备的公允价值为600 000元,要求计算 A、B 设备的入账价值及相关的会计处理。

7. 某建筑公司拥有生产预制构件房屋一栋,原价 1 000 000 元,已提折旧 860 000 元,为扩大生产面积进行改扩建,共发生支出 700 000 元,用银行存款支付,厂房改建完成后,扩大了有效使用面积并延长了使用寿命 3 年,做出相关的会计处理。

8. 某施工企业毁损房屋一栋,账面原值 2 150 000 元,已提折旧 900 000 元,已提固定资产减值准备 5 000 元,用银行存款支付清理费 7 500 元,残料收入 3 100 元,增值税税额 403 元,款项存入银行,做出相关会计处理。

9. 某施工企业将一台不需用的生产设备出售,设备原值 580 000 元,已提折旧 110 000 元,出售时收到价款 452 000 元(含税),款项已存入银行,增值税率为 13%。并用现金支付清理费用 800 元,做出相关的会计处理。

10. 某施工企业在财产清查中,发现一台机器未入账,重置成本为 50 000 元,按净利润 10% 提取法定盈余公积,所得税率 25%,其他资料略,做出相关的会计处理。

11. 某施工企业盘点时发现盘亏搅拌机一台,账面原值 90 000 元,已提减值准备 1 300 元,已使用 5 年,年折旧率 8%(直线法),经批准作营业外支出处理,做出相关的会计处理。

12. 某施工企业为一般纳税人,其 2019 年至 2023 年与固定资产有关的业务如下:

(1)2019 年 10 月 10 日,该施工企业购进一台需要安装的设备,增值税专用发票注明设备价款为 600 万元,增值税为 78 万元,另发生运输费和保险费 1 万元,款项以银行存款支付,没有发生其他相关税费。安装设备时,领用原材料一批,价值为 6 万元,支付安装工人工资 3 万,该设备于 2019 年 12 月 10 日达到预定可使用状态并投入使用,预计使用年限 10 年,预计净残值为 1 万元,采用年限平均法计提折旧。

(2)2020 年 12 月 31 日,该公司对该设备进行检查时发现其已经发生减值,预计可收回金额为 430 万元,计提减值准备后,该设备原预计使用年限、预计净残值、折旧方法保持不变。

(3)2021 年 9 月 30 日,该公司因生产经营需要决定采用出包的方式对该设备进行改良,改良工程验收合格后支付工程款。该设备于当日停止使用,开始改良。

(4)2022 年 3 月 15 日,改良工程完工并验收合格,该公司以银行存款支付工程款 100 万元。当日,改良后的设备投入使用,预计尚可使用年限为 10 年,采用年限平均法计提折旧,预计净残值为 2 万。

(5)2023 年 10 月 10 日,该设备因发生自然灾害严重毁损,该公司决定进行处置,取得残料变价收入 20 万元,增值税 2.6 万元,保险公司赔偿款 30 万元,发生清理费用 4 万元,款项均以银行存款收付。

要求:
①编制 2019 年 10 月 10 日取得该设备的会计分录。
②编制设备安装及达到使用状态的会计分录。
③计算 2020 年该设备计提的折旧额,并编制会计分录。
④计算 2020 年 12 月 31 日该设备计提的固定资产减值准备,并编制会计分录。
⑤计算 2020 年该设备计提的折旧额,并编制会计分录。
⑥编制 2021 年 9 月 30 日该设备转入改良时的会计分录
⑦编制 2022 年 3 月 15 日支付该设备改良价款、结转改良后设备成本的会计分录。

⑧编制 2023 年 10 月 10 日处置该设备的会计分录。

13.某建筑公司项目部进行财产清查时发现丢失设备一台。其账面原值为 150 000 元，已提折旧 115 000 元，该设备已计提减值准备 5 000 元。经查，该设备丢失的原因在于保管员看管不当，按规定根据固定资产净值和适用税率计算不得抵扣的进项税额为 4 550 元。经批准，由保管员赔偿 5 000 元，做出相关的会计处理。

14.乙公司为一般纳税人，现有一台设备提前报废，原价 500 000 元，相关增值税税额为 85 000 元，已提折旧 450 000 元，未提减值。报废时残值变价收入为 20 000 元，增值税税额为 3 200 元，款项存入银行。报废过程中自行发生的清理费用 3 500 元，用存款支付，做出相关的会计处理。

15.丙公司为一般纳税人，因自然灾害毁损一座仓库，仓库原价 4 000 000 元，已提折旧 1 000 000 元，未提减值。其残料估计价值 50 000 元，残料入库。发生清理费用并取得增值税专用发票，注明装卸费 20 000 元，增值税税额为 2 000 元，以银行存款支付。经保险公司核定应赔偿损失 1 500 000 元，增值税为 0 元，款项存入银行，做出丙公司相关的会计处理。

16.甲公司系增值税一般纳税人，2022 年 6 月 30 日，一台生产用升降机械出现故障，经检修发现其中的电动机磨损严重，需要更换。该升降机械购买于 2018 年 6 月 30 日，甲公司已将其整体作为一项固定资产进行了确认，原价 800 000 元（其中电动机在 2018 年 6 月 30 日的市场价格为 100 000 元），预计净残值为零，预计使用年限为 10 年，采用年限平均法计提折旧。为继续使用该升降机械并提高工作效率，甲公司决定对其进行改造，为此购买了一台更大功率的电动机替代原电动机。新购置电动机取得增值税专用发票注明的价款为 82 000 元，增值税税额为 10 660 元，款项已通过银行转账支付；改造过程中，辅助生产车间提供了劳务支出 15 000 元。假定原电动机磨损严重，处置价款为 22 600 元（含增值税 2 600 元）。不考虑其他相关因素。

要求：编制上述经济业务的会计分录。

任务 4.2　无形资产核算

教学目标：
1.掌握无形资产的确认条件。
2.掌握无形资产初始计量、内部研究开发支出、后续计量的核算方法。
3.能够进行无形资产初始计量、内部研究开发支出、后续计量的核算。

4.2.1　无形资产的概述

1.无形资产的概念

无形资产是指企业拥有或者控制的没有实物形态的可辨认非货币性资产。包括专利权、非专利技术、商标权、土地使用权、著作权、特许权等。

2.无形资产的确认条件

无形资产同时满足下列条件，才能予以确认。
①与该无形资产有关的经济利益很可能流入企业。

②该无形资产的成本能够可靠计量。

无形资产的初始计量包括外购无形资产和自行研发无形资产。

4.2.2 外购无形资产的核算

无形资产通常按照实际成本进行初始计量,即以取得无形资产并使之达到预定用途而发生的全部支出作为无形资产的成本。外购无形资产成本包括购买价款、相关税费以及直接归属于使该项资产达到预定用途所发生的专业服务费用,测试无形资产是否能够正常发挥作用的费用等其他支出。

为引进新产品进行宣传所发生的广告费、管理费、其他间接费用,以及在无形资产已达到预定用途后发生的费用均不构成无形资产成本,应在发生时计入当期损益。

购买无形资产的价款超过正常信用条件延期支付,实质上具有融资性质的,无形资产的初始成本以购买价款的现值为基础确定。实际支付的价款与购买价款的现值之间的差额,作为未确认融资费用,摊销金额除满足借款费用资本化条件应计入无形资产成本外,均应计入当期损益(财务费用)。

借:无形资产　(购买价款现值)
　　未确认融资费用(未来应付利息)
　贷:长期应付款(未来应付本金和利息)

未确认融资费用摊销＝期初应付本金余额×实际利率
　　　　　　　　　＝(期初长期应付款余额－期初未确认融资费用余额)×
　　　　　　　　　　实际利率

【例 4.24】 2021 年 1 月 1 日,甲公司从乙公司购买一项专利权,由于甲公司资金周转比较紧张,经与乙公司协议采用分期付款方式支付款项。合同规定,该项商标权总计 500 万元,每年年末付款 100 万元,5 年付清。假定银行同期贷款利率为 5%。为了简化核算,假定不考虑其他有关税费。[已知:$(P/A,5,5)=4.329\ 5$]

甲公司的账务处理如下:

无形资产入账金额＝100×4.329 5＝432.95(万元)
未确认融资费用＝500－432.95＝67.05(万元)

借:无形资产——商标权　　　　　　　　　　　　　　432.95
　　未确认融资费用　　　　　　　　　　　　　　　　 67.05
　贷:长期应付款　　　　　　　　　　　　　　　　　　　　500

各年未确认融资费用的摊销计算如下:

2021 年未确认融资费用摊销额
＝(500－67.05)×5%＝21.647 5(万元)

2022 年未确认融资费用摊销额
＝[(500－100)－(67.05－21.647 5)]×5%＝17.729 875(万元)

2023 年未确认融资费用摊销额
＝[(500－100－100)－(67.05－21.647 5－17.729 875)]×5%＝13.616 369(万元)

2024 年未确认融资费用摊销额
＝[(500－100－100－100)－(67.05－21.647 5－17.729 875－13.616 369)]×5%＝

9.297 187(万元)

2025 年未确认融资费用摊销额(倒挤)＝67.05－21.647 5－17.729 875－13.616 369＝4.759 069(万元)

2021 年年末付款时：

借：长期应付款　　　　　　　　　　　　　　　　　1 000 000
　　贷：银行存款　　　　　　　　　　　　　　　　　　　1 000 000
借：财务费用　　　　　　　　　　　　　　　　　　　216 475
　　贷：未确认融资费用　　　　　　　　　　　　　　　　216 475

2022 年年末付款时：

借：长期应付款　　　　　　　　　　　　　　　　　1 000 000
　　贷：银行存款　　　　　　　　　　　　　　　　　　　1 000 000
借：财务费用　　　　　　　　　　　　　　　　　　　17 729 875
　　贷：未确认融资费用　　　　　　　　　　　　　　　　17 729 875

2023 年年末付款时：

借：长期应付款　　　　　　　　　　　　　　　　　1 000 000
　　贷：银行存款　　　　　　　　　　　　　　　　　　　1 000 000
借：财务费用　　　　　　　　　　　　　　　　　　　136 163.69
　　贷：未确认融资费用　　　　　　　　　　　　　　　　136 163.69

2024 年年末付款时：

借：长期应付款　　　　　　　　　　　　　　　　　1 000 000
　　贷：银行存款　　　　　　　　　　　　　　　　　　　1 000 000
借：财务费用　　　　　　　　　　　　　　　　　　　92 971.87
　　贷：未确认融资费用　　　　　　　　　　　　　　　　92 971.87

2025 年年末付款时：

借：长期应付款　　　　　　　　　　　　　　　　　1 000 000
　　贷：银行存款　　　　　　　　　　　　　　　　　　　1 000 000
借：财务费用　　　　　　　　　　　　　　　　　　　47 590.69
　　贷：未确认融资费用　　　　　　　　　　　　　　　　47 590.69

【例 4.25】 2021 年 3 月 13 日,某建筑公司以 6 000 000 元的价格从产权交易中心竞价获得一项专利权,另支付相关税费 120 000 元。为推广由该专利权生产的产品,该建筑公司发生广告宣传费用 40 000 元、展览费用 3 000 元。

无形资产的入账价值＝6 000 000＋120 000＝6 120 000(元),为推广由该专利权生产的产品发生的广告宣传费用、展览费用计入当期销售费用。

借：无形资产——专利权　　　　　　　　　　　　　6 120 000
　　销售费用——广告宣传　　　　　　　　　　　　　40 000
　　　　　　——展览费用　　　　　　　　　　　　　3 000
　　贷：银行存款　　　　　　　　　　　　　　　　　　　6 163 000

4.2.3 自行研发无形资产会计处理

1. 研究开发项目的分类

研究开发项目分为研究阶段与开发阶段。企业应当根据研究与开发的实际情况加以判断。

（1）研究阶段。

研究是指为获取并理解新的科学或技术知识等进行的独创性的有计划的调查。研究阶段基本上是探索性的，是为进一步开发活动进行资料及相关方面的准备，已进行的研究活动将来是否会转入开发、开发后是否会形成无形资产等均具有较大的不确定性。

（2）开发阶段。

开发是指在进行商业性生产或使用前，将研究成果或其他知识应用于某项计划或设计，以生产出新的或具有实质性改进的材料、装置、产品等。相对于研究阶段而言，开发阶段应当是已完成研究阶段的工作，在很大程度上具备了形成一项新产品或新技术的基本条件。

根据《企业会计准则第6号——无形资产》的规定，企业自行研究开发的项目，应当区分研究阶段与开发阶段分别进行核算。对于研究阶段的支出，全部费用化计入当期损益（管理费用）；开发阶段支出符合资本化条件的计入无形资产成本，不符合资本化条件的支出计入当期损益（管理费用）。无法区分研究阶段和开发阶段的支出，应当在发生时费用化，计入当期损益（管理费用）。

企业内部研究开发项目开发阶段的支出，同时满足下列条件的，才能确认为无形资产。

①完成该无形资产以使其能够使用或出售在技术上具有可行性。

②具有完成该无形资产并使用或出售的意图。

③无形资产产生经济利益的方式，包括能够证明运用该无形资产生产的产品存在市场或无形资产自身存在市场，无形资产将在内部使用的，应当证明其有用性。

④有足够的技术、财务资源和其他资源支持以完成该无形资产的开发，并有能力使用或出售该无形资产。

⑤归属于该无形资产开发阶段的支出能够可靠地计量。

2. 内部研发无形资产的计量

内部研发活动形成的无形资产，其成本由可直接归属于该资产的创造、生产并使该资产能够以管理层预定的方式运作的所有必要支出组成。可直接归属于该资产的成本包括：开发该无形资产时耗费的材料、劳务成本、注册费、在开发该无形资产过程中使用的其他专利权和特许权的摊销、按照《企业会计准则第17号——借款费用》的规定资本化的利息支出以及为使该无形资产达到预定用途前所发生的其他费用。

在开发无形资产过程中发生的除上述可直接归属于无形资产开发活动之外的其他销售费用、管理费用等间接费用、无形资产达到预定用途前发生的可辨认的无效和初始运作损失、为运行该无形资产发生的培训支出等，不构成无形资产的开发成本。

3. 内部研究开发支出的会计处理

企业应设置"研发支出"科目，该科目属于成本类，企业发生的研发支出，通过"研发支出"科目归集。"研发支出"科目余额计入资产负债表中"开发支出"项目列示。

(1)企业研究阶段的支出全部费用化,计入当期损益(管理费用)。会计核算时,首先在"研发支出——费用化支出"中归集,期末结转到"管理费用",记入利润表中"研发费用"项目中。

(2)开发阶段的支出符合条件的才能资本化,记入"研发支出——资本化支出"科目;不符合资本化条件的计入当期损益(首先在"研发支出——费用化支出"中归集,期末结转到"管理费用",记入利润表中"研发费用"项目)。

(3)符合资本化条件但尚未完成的开发费用继续保留在"研发支出——资本化支出"科目中,待开发项目达到预定用途时,转入"无形资产"中。期末,"研发支出——资本化支出"科目余额记入资产负债表中"开发支出"项目中列示。

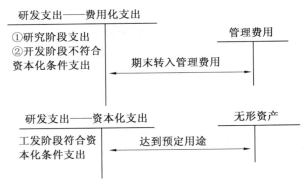

①研究阶段支出会计处理。

借:研发支出——费用化支出
　　贷:原材料、银行存款、应付职工薪酬等

②期末转入管理费用。

借:管理费用
　　贷:研发支出——费用化支出

③符合资本化条件的开发阶段支出的会计处理。

借:研发支出——资本化支出
　　贷:原材料、银行存款、应付职工薪酬等

④形成无形资产的会计处理。

借:无形资产
　　贷:研发支出——资本化支出

【例4.26】 2020年1月1日某建筑工程有限公司开始自行研究开发一项新技术,截至当年年末该项目研究各项工作已经完成,共发生360 000元(假定均以银行存款支付)。2021年1月进入开发阶段,共发生560 000元,符合开发支出予以资本化的条件,其中材料费用170 000元、研发人员薪酬300 000元、以银行存款支付相关费用90 000元。2021年3月末,研发的新技术达到预定使用用途、形成一项非专利技术,确认为企业的无形资产。

(1)2020年,项目研究阶段发生的支出。

借:研发支出——费用化支出　　　　　　　　　　　　　360 000
　　贷:银行存款　　　　　　　　　　　　　　　　　　　　360 000

(2)2020年结转研究阶段费用化支出。

借:管理费用	360 000	
贷:研发支出——费用化支出		360 000

(3) 2021年项目开发阶段发生的予以资本化条件的支出。

借:研发支出——资本化支出	560 000	
贷:原材料		170 000
应付职工薪酬		300 000
银行存款		90 000

(4) 2021年3月末,研究开发的新技术达到预定用途。

借:无形资产——非专利技术	560 000	
贷:研发支出——资本化支出		560 000

4.2.4　无形资产摊销

使用寿命有限的无形资产,应在其预计的使用寿命内采用合理的方法进行摊销。应摊销金额是指无形资产的成本扣除残值后的金额,已计提减值准备的无形资产,还应扣除计提的无形资产减值准备金额。使用寿命有限的无形资产,其残值一般为零。

无形资产的摊销期自其可供使用(即其达到预定用途)时起至终止确认时止。摊销的方法包括直线法、生产总量法等。

无法合理估计其使用寿命的无形资产,应作为使用寿命不确定的无形资产。按照准则规定,对于使用寿命不确定的无形资产,在持有期间内不需要摊销,但应当在每一会计期末进行减值测试。发生减值的会计分录为:借记"资产减值损失",贷记"无形资产减值准备"。减值一经计提,不可转回。

企业应当按月对无形资产进行摊销。无形资产的摊销金额一般应当计入当期损益(管理费用、其他业务成本等)。但若某项无形资产包含的经济利益通过所生产的产品或其他资产实现的,其摊销金额应当计入相关资产的成本。无形资产的摊销按照受益对象进行摊销,管理部门使用的无形资产计入"管理费用",车间使用的无形资产计入"制造费用",生产产品使用无形资产计入"生产成本",在建工程使用无形资产计入"在建工程",研发新无形资产使用无形资产计入研发支出中,出租的无形资产,其摊销金额计入其他业务成本,项目施工中使用无形资产计入"间接费用"。摊销时借记上述会计科目,贷记"累计摊销"。"累计摊销"属于资产类,是无形资产的备抵调整科目,贷方登记计提的摊销额,借方登记减少无形资产转出的摊销额,余额在贷方,表示累计计提的摊销额。当月增加的无形资产当月计提摊销,当月减少的无形资产当月不计提摊销。

【例4.27】　2020年1月26日,某建筑工程有限公司从其他公司购入一项商标权,以银行存款支付买价和有关费用合计100 000元。估计该项商标权的使用寿命为10年。假定这项无形资产的净残值均为零,并按直线法摊销。

按年进行摊销时:

借:管理费用	10 000	
贷:累计摊销		10 000

4.2.5 无形资产报废

无形资产预期不能为企业带来未来经济利益的,应当将该无形资产的账面价值予以转销,其账面价值转作当期损益(营业外支出)。

借:营业外支出
　　累计摊销
　　无形资产减值准备
　　贷:无形资产

【例 4.28】 甲施工企业原拥有一项非专利技术,采用直线法进行摊销,预计使用期限为 10 年。现该项非专利技术已被内部研发成功的新技术所替代,并且根据市场调查,用该非专利技术生产的产品已没有市场,预期不能再为企业带来任何经济利益。故应当予以转销。转销时,该项非专利技术的成本为 8 000 000 元,已摊销 6 年,累计计提减值准备 1 400 000 元,该项目专利技术的残值为 0。假定不考虑其他相关因素。甲企业的账务处理为:

借:累计摊销　　　　　　　　　　　　　　　　　　　　　　4 800 000
　　无形资产减值准备——非专利技术　　　　　　　　　　　1 400 000
　　营业外支出——处置非流动资产损失　　　　　　　　　　1 800 000
　　贷:无形资产——非专利技术　　　　　　　　　　　　　　8 000 000

【例 4.29】 某建筑工程有限公司拥有 A 专利技术,根据市场调查,该专利技术已淘汰,决定应予转销。转销时,该项专利技术的账面余额为 300 000 元,摊销期限为 10 年,采用直线法进行摊销,已累计摊销 240 000 元。假定该项专利权的残值为零,已累计计提的减值准备为 10 000 元,假定不考虑其他相关因素。

借:累计摊销　　　　　　　　　　　　　　　　　　　　　　240 000
　　无形资产减值准备　　　　　　　　　　　　　　　　　　 10 000
　　营业外支出——处置非流动资产损失　　　　　　　　　　 50 000
　　贷:无形资产——专利权　　　　　　　　　　　　　　　 300 000

4.2.6 无形资产出售

企业出售无形资产应当将取得的价款与该无形资产账面价值及应交税费的差额计入当期损益(资产处置损益)。

借:银行存款
　　无形资产减值准备
　　累计摊销
　　贷:无形资产
　　　　应交税费——应交增值税(销项税额)
　　　　资产处置损益(差额,也可能在借方)

【例 4.30】 甲公司为增值税一般纳税人,将其购买的一项专利权转让给乙公司,开具增值税专用发票,注明价款 600 000 元,增值税税率 6%,增值税 36 000 元,款项已存入银行。该专利权的成本为 400 000 元,累计摊销 220 000 元。

借:银行存款	636 000
累计摊销	220 000
贷:无形资产	400 000
应交税费——应交增值税(销项税额)	36 000
资产处置损益	420 000

4.2.7　出租无形资产的核算

企业让渡无形资产使用权并收取租金,在满足收入确认条件的情况下,应确认相关的收入和发生的相关费用。出租无形资产取得的租金收入时,借记"银行存款"等科目,贷记"其他业务收入""应交税费——应交增值税(销项税额)",摊销出租无形资产的成本和发生的各种费用支出时,借记"其他业务成本",贷记"累计摊销"等科目。

【例 4.31】 2020 年 6 月,某施工企业将某种新型建筑材料的专利使用权转让给大华建筑公司,转让合同规定,固定每年收取租金 12 000 元(不含增值税),同时用银行存款支付安装调试费 2 800 元,月末,该企业收到大华建筑公司支付本月的专利使用费不含税 1 000 元,该施工企业开具增值税专用发票给大华建筑公司,款项已存入银行,企业应作如下会计分录。

(1)支付有关费用时:

借:其他业务支出	2 800
贷:银行存款	2 800

(2)收到专利使用费时:

借:银行存款	1 060
贷:其他业务收入	1 000
应交税费——应交增值税(销项税额)	60

练 习 题

一、单选题

1.下列各项中,企业应确认为无形资产的是(　　)。
A.商誉　　　　B.人力资源　　　C.外购的专利权　　D.已出租的土地使用权

2.研究开发活动无法区分研究阶段和开发阶段的,当期发生的研究开发支出应在资产负债表日确认为(　　)。
A.无形资产　　B.管理费用　　　C.研发支出　　　　D.营业外支出

3.2022 年 12 月 20 日,甲公司以银行存款 200 万元外购一项专利技术用于 W 产品的生产,另支付相关税费 1 万元,达到预定用途前的专业服务费 2 万元,宣传 W 产品广告费 4 万元。2022 年 12 月 20 日,该专利技术的入账价值为(　　)万元。
A.203　　　　B.201　　　　　C.207　　　　　　D.200

4.甲公司为增值税一般纳税人,2023 年 2 月 5 日,甲公司以 106 万元(含增值税 6 万元)的价格购入一项商标权。为推广该商标权,甲公司发生广告宣传费 2 万元,上述款项均以银行存款支付。假定不考虑其他因素,甲公司取得该项商标权的入账价值为( )万元。

  A. 102   B. 100   C. 112   D. 114

  5. 2022年1月1日,甲公司某项特许使用权的原价为960万元,已摊销600万元,已计提减值准备60万元。预计尚可使用年限为2年,预计净残值为零,采用直线法按月摊销。不考虑其他因素,2022年1月甲公司该项特许使用权应摊销的金额为( )万元。

  A. 12.5   B. 15   C. 37.5   D. 40

二、实训题

  1. 2023年1月1日,甲公司为增值税一般纳税人,购入一项非专利技术,取得增值税专用发票注明的价款为900 000元,税率6%,增值税税额为54 000元,以银行存款支付,做出取得无形资产的会计处理。

  2. 2023年12月31日,上述非专利技术经减值测试,可收回金额为70万元,做出计提减值准备会计处理。

  3. 甲企业向乙公司转让其商品的商标使用权,约定乙公司每年年末按照年销售收入的10%支付使用费,使用期为10年,第一年乙公司实现销售收入5 000 000元,第二年,乙公司实现销售收入1 750 000元,假定乙企业均于每年年末收到使用费,做出甲企业相关的账务处理。

  4. 甲公司系增值税一般纳税人,2019年1月1日与乙公司签订合同,约定分4年支付4 000万元从乙公司购入一项专利权作为管理用无形资产。根据合同约定甲公司应于每年12月31日向乙公司支付1 000万元,假定同类交易的市场利率为5%,已知:(P/A,5%,4)=3.546 0,不考虑其他因素。

  要求:

  ①计算专利权的入账金额。

  ②编制2019年至2022年支付价款和计算利息相关的会计分录。

  5. 2019年1月1日至2023年12月31日,甲公司A专利技术相关的交易或事项如下:

  资料一:2019年1月1日,甲公司经董事会批准开始自行研发A专利技术以生产新产品。2019年1月1日至6月30日为研究阶段,发生材料费400万元、研发人员薪酬200万元、研发用设备的折旧费100万元。

  资料二:2019年7月1日,A专利技术的研发活动进入开发阶段。2020年1月1日,该专利技术研发成功并达到预定用途。在开发阶段,发生材料费700万元、研发人员薪酬300万元、研发用设备的折旧费200万元。上述研发支出均满足资本化条件。甲公司预计A专利技术的使用寿命为10年,预计残值为零,按年采用直线法摊销。

  资料三:2021年12月31日,A专利技术出现减值迹象。经减值测试,该专利技术的可收回金额为900万元。预计尚可使用5年,预计残值为零,仍按年采用直线法摊销。

  资料四:2023年12月31日,甲公司以400万元将A专利技术对外出售,价款已收存银行,不考虑增值税等相关税费及其他因素。

  要求:

  ①编制甲公司2019年1月1日至6月30日研发A专利技术发生相关支出的会计

分录。

②编制甲公司 2020 年 1 月 1 日 A 专利技术达到预定用途时的会计分录。

③计算甲公司 2020 年度 A 专利技术应摊销的金额,并编制相关会计分录。

④计算甲公司 2021 年 12 月 31 日对 A 专利技术应计提减值准备的金额,并编制相关会计分录。

⑤计算甲公司 2023 年 12 月 31 日对外出售 A 专利技术应确认的损益金额,并编制相关会计分录。

任务 4.3　金融资产业务核算

教学目标:

1. 理解金融资产特征和分类。
2. 掌握金融资产初始计量的核算方法。
3. 掌握采用实际利率确定金融资产摊余成本的方法。
4. 掌握各类金融资产后续计量的核算方法。
5. 能够进行各种金融资产的初始计量、后续计量和处置的会计核算。

4.3.1　金融资产的分类

金融资产属于企业资产的重要组成部分,有广义和狭义之分,广义的金融资产是指资产负债表中除了实物资产和无形资产之外的资产,具体包括库存现金、应收账款、应收票据、贷款、垫款、其他应收款、应收利息、债权投资、股权投资、基金投资、衍生金融资产等;狭义的金融资产是企业根据其管理金融资产的业务模式和金融资产的合同现金流量特征,对金融资产进行合理的分类。金融资产一般划分为以下 3 类。如图 4.1 所示。

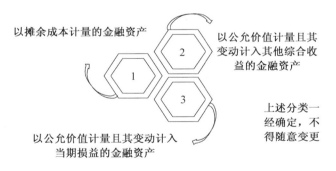

图 4.1　金融资产分类

①以摊余成本计量的金融资产。
②以公允价值计量且其变动计入其他综合收益的金融资产。
③以公允价值计量且其变动计入当期损益的金融资产。

4.3.2 企业管理金融资产的业务模式

1. 业务模式评估

（1）企业管理金融资产的业务模式，是指企业如何管理其金融资产以产生现金流量。业务模式决定企业所管理金融资产现金流量的来源是收取合同现金流量、出售金融资产还是两者兼有。

（2）企业确定其管理金融资产的业务模式时，应当注意以下几方面。

①企业应当在金融资产组合的层次上确定管理金融资产的业务模式，而不必按照单个金融资产逐项确定业务模式。

②一个企业可能会采用多个业务模式管理其金融资产。

③企业应当以企业关键管理人员决定的对金融资产进行管理的特定业务目标为基础，确定管理金融资产的业务模式。

④企业的业务模式并非企业自愿指定，而是一种客观事实，通常可以从企业为实现其目标而开展的特定活动中得以反映。

⑤企业不得以按照合理预期不会发生的情形为基础确定管理金融资产的业务模式。

（3）如果金融资产实际现金流量的实现方式不同于评估业务模式时的预期（如企业出售的金融资产数量超出或少于在对资产做出分类时的预期），只要企业在评估业务模式时已经考虑了当时所有可获得的相关信息，这一差异不构成企业财务报表的前期差错，也不改变企业在该业务模式下持有的剩余金融资产的分类。但是，企业在评估新的金融资产的业务模式时，应当考虑这些信息。

2. 具体业务模式

业务模式一：以收取合同现金流量为目标的业务模式，企业管理金融资产旨在通过在金融资产存续期内收取合同付款来取得现金流量，而不是通过持有并出售金融资产产生整体回报。例如：甲企业赊销商品形成应收账款，根据合同约定，客户应在规定信用期内支付该笔货款。如果客户不能按时支付，甲企业将通过各种方式尽可能实现合同现金流量，例如通过邮件、电话或其他方法与债务人联系催收。甲企业该项应收款项的业务模式是以收取合同现金流量为目标。即使甲企业预期无法全部取得合同现金流量（部分应收款项已发生信用减值），但并不影响其业务模式。

业务模式二：以收取合同现金流量和出售金融资产为目标的业务模式，企业的关键管理人员认为收取合同现金流量和出售金融资产对于实现其管理目标而言都是不可或缺的（保证收益最大化）。例如：乙银行持有金融资产组合以满足其每日流动性需求。乙银行为了降低其管理流动性需求的成本，高度关注该金融资产组合的回报。组合回报包括收取的合同现金流量和出售金融资产的利得或损失。乙银行管理该金融资产组合的业务模式以收取合同现金流量和出售金融资产为目标。

业务模式三：其他业务模式，企业管理金融资产的业务模式不是以收取合同现金流量为目标，也不是既以收取合同现金流量又出售金融资产来实现其目标。例如：丙公司持有金融资产的目的是交易性的或者基于金融资产的公允价值做出决策并对其进行管理。丙公司管理金融资产的目标是通过出售金融资产以实现现金流量。即使企业在持有金融资产的过程中会收取合同现金流量,企业管理金融资产的业务模式不是既以收取合同现金流量又出售金融资产来实现其目标,因为收取合同现金流量对实现该业务模式目标来说只是附带性质的活动。

4.3.3 金融资产的合同现金流量特征

金融资产的合同现金流量特征,是指金融工具合同约定的、反映相关金融资产经济特征的现金流量属性。企业分类为以摊余成本计量的金融资产和以公允价值计量且其变动计入其他综合收益的金融资产(债务工具投资),其合同现金流量特征应当与基本借贷安排相一致,即相关金融资产在特定日期产生的合同现金流量仅为对本金和以未偿付本金金额为基础利息的支付。

4.3.4 金融资产的具体分类

1. 债务工具投资的分类

(1)以摊余成本计量的金融资产,同时符合下列条件。

①企业管理该金融资产的业务模式是以收取合同现金流量为目标。

②该金融资产的合同条款规定,在特定日期产生的现金流量,仅为对本金和以未偿付本金金额为基础利息的支付,会计科目有银行存款、应收账款、债权投资等。

(2)以公允价值计量且其变动计入其他综合收益的金融资产,同时符合下列条件。

①模式一:企业管理该金融资产的业务模式,既以收取合同现金流量为目标,又以出售该金融资产为目标。

②模式二:该金融资产的合同条款规定,在特定日期产生的现金流量,仅为对本金和以未偿付本金金额为基础利息的支付,会计科目有其他债权投资。

③以公允价值计量且其变动计入当期损益的金融资产,除(1)和(2)以外的金融资产,会计科目有交易性金融资产。

2. 权益工具投资的分类

(1)权益工具投资的合同现金流量评估一般不符合基本借贷安排,因此应分类为以公允价值计量且其变动计入当期损益的金融资产(交易性金融资产)。

(2)在初始确认时,企业可以将非交易性权益工具投资指定为以公允价值计量且其变动计入其他综合收益的金融资产(其他权益工具投资),并按规定确认现金股利收入,该指定一经做出,不得撤销。

(3)金融资产或金融负债满足下列条件之一的,表明企业持有该金融资产或承担该金融负债的目的是交易性的。

①取得相关金融资产或承担相关金融负债的目的,主要是为了近期出售或回购;

②相关金融资产或金融负债在初始确认时属于集中管理的可辨认金融工具组合的一部分,且有客观证据表明近期实际存在短期获利目的;

③相关金融资产或金融负债属于衍生工具。

只有不符合上述条件的非交易性权益工具投资才可以指定为"以公允价值计量且其变动计入其他综合收益的金融资产"。如图 4.2 所示。

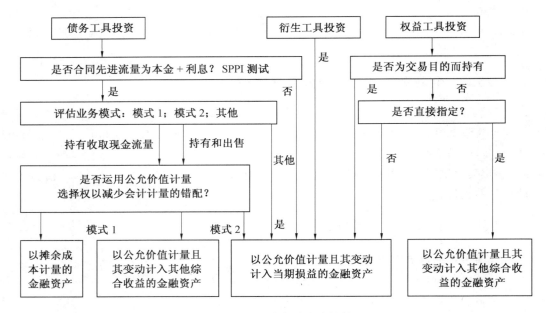

图 4.2　金融资产分类决策树

4.3.5　金融资产的会计核算

1. 以摊余成本计量的金融资产的会计核算

(1)概述。

金融资产同时符合下列条件的,应当分类为以摊余成本计量的金融资产。

①企业管理该金融资产的业务模式是以收取合同现金流量为目标。

②该金融资产的合同条款规定,在特定日期产生的现金流量,仅为对本金和以未偿付本金金额为基础利息的支付。

(2)初始计量。

①以摊余成本计量的金融资产会计科目的设置。

以摊余成本计量的金融资产应设置"债权投资"等科目进行核算,其中,债权投资需要设置的二级明细科目包括以下内容。

a."债权投资——成本",一般核算债券的面值。

b."债权投资——利息调整",一般核算债券面值与其公允价值的差额。

c."债权投资——应计利息",核算到期一次还本付息债券每期计提的利息。

②会计核算。

a.企业取得债权投资应当按照公允价值计量,取得债权投资所发生的交易费用计入债权投资的初始确认金额。

b.企业取得债权投资支付的价款中包含已到付息期但尚未领取的债券利息,应当单独确认为应收项目,不构成债权投资的初始确认金额。

债权投资的入账成本＝购买价款－支付价款中包含的已到付息期但尚未领取的利息＋交易费用

借:债权投资——成本(面值)
　　　　　　——应计利息(到期一次还本付息债券,实际支付价款中包含的利息)
　　应收利息(分期付息到期还本债券,已到付息期但尚未领取的利息)
　贷:银行存款等
　　　债权投资——利息调整(差额,或借方)

需要说明的是,"债权投资——利息调整"科目中不仅反映折、溢价,还包括佣金、手续费等。

(3)后续计量。

①基本规定。债权投资应当采用实际利率法,按摊余成本进行后续计量。实际利率法是指计算金融资产或金融负债的摊余成本以及将利息收入或利息费用分摊计入各会计期间的方法。

实际利率是指将金融资产或金融负债在预期存续期的估计未来现金流量折现为该金融资产账面余额(不考虑减值)或金融负债当前摊余成本所使用的利率。在确定实际利率时,应当在考虑金融资产或金融负债所有合同条款(如提前还款、展期、看涨期权或其他类似期权等)的基础上估计预期现金流量,但不应当考虑预期信用损失。

金融资产或金融负债的摊余成本,是指该金融资产或金融负债的初始确认金额经下列调整后的结果确定:

a.扣除已偿还的本金。

b.加上或减去采用实际利率法将该初始确认金额与到期日金额之间的差额进行摊销形成的累计摊销额。

c.扣除计提的累计信用减值准备(仅适用于金融资产)。

②会计分录为:

借:应收利息(分期付息债券,面值×票面利率)
　　债权投资——应计利息(到期一次还本付息债券,面值×票面利率)
　　　　　　——利息调整(借贷差额,或在贷方)
　贷:投资收益(期初债权投资账面余额×实际利率)

(4)发生减值。

以摊余成本计量的金融资产应按预期信用损失法核算减值损失,在预期信用损失法下,减值准备的计提不以减值的实际发生为前提,而是以未来可能的违约事件造成的损失的期望值计量当前(资产负债表日)应当确认的减值准备,当发生减值损失时应计入当期损益,会计分录为:

借:信用减值损失
　贷:债权投资减值准备/坏账准备

需要说明的是,以摊余成本计量的金融资产减值损失计入"信用减值损失"科目,此减值损失在满足条件时可以转回。

(5)到期或未到期处置。

企业持有的以摊余成本计量的金融资产并不要求企业一定要持有至到期。

①未到期处置时会计分录为:

借:银行存款
　　债权投资减值准备
　　　贷:债权投资——成本
　　　　　　　　——利息调整(或借方)
　　　　　　　　——应计利息(到期一次还本付息累计计提的利息)
借或贷:投资收益(借贷差额)
②债券到期时会计分录为
借:银行存款
　　贷:债权投资——成本
　　　　　　　　——应计利息(到期一次还本付息累计计提的利息)
　　　　　应收利息(分期付息应收取最后一期的利息)

【例 4.32】 2017 年 1 月 1 日,甲公司购买乙公司同日发行的 5 年期公司债券,到期日为 2021 年 12 月 31 日。甲公司支付购买价款 95.3 万元,另支付交易费用 0.492 万元,该债券面值为 100 万元,票面年利率为 5%,实际年利率为 6%,每年年末支付利息,到期归还本金。甲公司根据其管理该债券的业务模式和该债券的合同现金流量特征,将该债券分类为以摊余成本计量的金融资产,以下分类用万元表示,保留到分位。

①2017 年 1 月 1 日购入该债券时:

　　借:债权投资——成本　　　　　　　　　　　　　　　　　　1 000 000
　　　　贷:银行存款　　　　　　　　　　　　　　　　　　　　　　957 920
　　　　　　债权投资——利息调整　　　　　　　　　　　　　　　　42 080

②各年投资收益(利息收入)计算过程见表 4.3。

表 4.3　各年投资收益(利息收入)计算过程

年份	①年初摊余成本 (账面余额)	②利息收入= ①×实际利率	③现金 流入	④年末摊余成本 (账面余额)= ①+②-③
2017	95.792	5.747 52	5	96.539 52
2018	96.539 52	5.792 371	5	97.331 891
2019	97.331 891	5.839 913	5	98.171 804
2020	98.171 804	5.890 308	5	99.062 112
2021	99.062 112	5.937 888 *	105	0

* 代表最后一期利息收入金额为倒挤,即 105-99.062112=5.9378 88(万元)。

　　借:应收利息　　　　　　　　　　　　　　　　　　　　　　　50 000
　　　　债权投资——利息调整　　　　　　　　　　　　　　　　　7 475.20
　　　　贷:投资收益　　　　　　　　　　　　　　　　　　　　　57 475.20
收到利息时:
　　借:银行存款　　　　　　　　　　　　　　　　　　　　　　　50 000
　　　　贷:应收利息　　　　　　　　　　　　　　　　　　　　　　50 000

2018年计息和收息
  借:应收利息   50 000
    债权投资——利息调整   7 923.70
    贷:投资收益   57 923.70
收到利息时:
  借:银行存款   50 000
    贷:应收利息   50 000

2019年计息和收息
  借:应收利息   50 000
    债权投资——利息调整   8 399.13
    贷:投资收益   58 399.13
收到利息时:
  借:银行存款   50 000
    贷:应收利息   50 000

2020年计息和收息
  借:应收利息   50 000
    债权投资——利息调整   8 903.08
    贷:投资收益   58 903.08
收到利息时:
  借:银行存款   50 000
    贷:应收利息   50 000

(3)2021年12月31日计息和收回本息:
  借:应收利息   50 000
    债权投资——利息调整   9 378.88
    贷:投资收益   59 378.88
  借:银行存款   1 050 000
    贷:债权投资——成本   1 000 000
      应收利息   50 000

【例4.33】 2018年1月1日,甲公司购买乙公司同日发行的5年期公司债券,到期日为2022年12月31日。甲公司支付购买价款104.1万元,另支付交易费用0.349万元,该债券面值为100万元,票面年利率为5%,实际年利率为4%,每年末付利息,本金到期归还。甲公司根据其管理该债券的业务模式和该债券的合同现金流量特征,将该债券分类为以摊余成本计量的金融资产。

(1)2018年1月1日购入该债券时
  借:债权投资——成本   1 000 000
      ——利息调整   44 490
    贷:银行存款   1 044 490
(2)各年投资收益(利息收入)计算过程见表4.4。

表 4.4　各年投资收益(利息收入)计算过程　　　　　　　　　　单位:万元

年份	①年初摊余成本（账面余额）	②利息收入＝①×实际利率 4%	③现金流入 5%	④年末摊余成本（账面余额）＝①＋②－③
2018	104.449	4.177 96	5	103.626 96
2019	103.626 96	4.145 078	5	102.772 038
2020	102.772 038	4.110 882	5	101.882 92
2021	101.882 92	4.075 317	5	100.958 237
2022	100.958 237	4.041 763*	105	0

* 代表最后一期利息收入金额为倒挤,即 105－100.98237＝4.041763(万元)。

2018 年 12 月 31 日会计分录为:

　　借:应收利息　　　　　　　　　　　　　　　　　　　　　　50 000
　　　贷:投资收益　　　　　　　　　　　　　　　　　　　　　　41 779.60
　　　　债权投资——利息调整　　　　　　　　　　　　　　　　　8 220.40
　　借:银行存款　　　　　　　　　　　　　　　　　　　　　　50 000
　　　贷:应收利息　　　　　　　　　　　　　　　　　　　　　　50 000

2019 年 12 月 31 日会计分录为:

　　借:应收利息　　　　　　　　　　　　　　　　　　　　　　50 000
　　　贷:投资收益　　　　　　　　　　　　　　　　　　　　　　41 450.78
　　　　债权投资——利息调整　　　　　　　　　　　　　　　　　8 549.22
　　借:银行存款　　　　　　　　　　　　　　　　　　　　　　50 000
　　　贷:应收利息　　　　　　　　　　　　　　　　　　　　　　50 000

2020 年 12 月 31 日会计分录为:

　　借:应收利息　　　　　　　　　　　　　　　　　　　　　　50 000
　　　贷:投资收益　　　　　　　　　　　　　　　　　　　　　　41 108.82
　　　　债权投资——利息调整　　　　　　　　　　　　　　　　　8 891.18
　　借:银行存款　　　　　　　　　　　　　　　　　　　　　　50 000
　　　贷:应收利息　　　　　　　　　　　　　　　　　　　　　　50 000

2021 年 12 月 31 日会计分录为:

　　借:应收利息　　　　　　　　　　　　　　　　　　　　　　50 000
　　　贷:投资收益　　　　　　　　　　　　　　　　　　　　　　40 753.17
　　　　债权投资——利息调整　　　　　　　　　　　　　　　　　9 246.83
　　借:银行存款　　　　　　　　　　　　　　　　　　　　　　50 000
　　　贷:应收利息　　　　　　　　　　　　　　　　　　　　　　50 000

2022 年 12 月 31 日会计分录为:

　　借:应收利息　　　　　　　　　　　　　　　　　　　　　　50 000
　　　贷:投资收益　　　　　　　　　　　　　　　　　　　　　　40 417.63
　　　　债权投资——利息调整　　　　　　　　　　　　　　　　　9 582.37

借:银行存款　　　　　　　　　　　　　　　　　　　　　　　1 050 000
　　贷:债权投资——成本　　　　　　　　　　　　　　　　　1 000 000
　　　　应收利息　　　　　　　　　　　　　　　　　　　　　　50 000

【例 4.34】 2018 年 1 月 1 日,甲公司购买乙公司同日发行的 5 年期公司债券,到期日为 2022 年 12 月 31 日。甲公司支付购买价款 102 万元,另支付交易费用 0.737 5 万元,该债券面值为 100 万元,票面年利率为 5%,实际年利率为 4%,每年计息,到期一次还本付息。甲公司根据其管理该债券的业务模式和该债券的合同现金流量特征,将该债券分类为以摊余成本计量的金融资产。以下分类用万元表示,保留到分位。

(1)2018 年 1 月 1 日购入该债券时:
借:债权投资——成本　　　　　　　　　　　　　　　　　　1 000 000
　　　　　　——利息调整　　　　　　　　　　　　　　　　　　27 375
　　贷:银行存款　　　　　　　　　　　　　　　　　　　　　1 027 375

(2)各年投资收益(利息收入)计算过程见表 4.5。

表 4.5　各年投资收益(利息收入)计算过程　　　　　　　　　　　单位　万元

年份	①年初摊余成本 (账面余额)	②利息收入= ①×实际利率 4%	③现金 流入 5%	④年末摊余成本 (账面余额)= ①+②-③
2018	102.737 5	4.109 5	0	106.847
2019	106.847	4.273 88	0	111.120 88
2020	111.120 88	4.444 835	0	115.565 715
2021	115.565 715	4.622 629	0	120.188 344
2022	120.188 344	4.811 656	125	0

* 代表最后一期利息收入金额为倒挤,即 125-120.188 344=4.811 656(万元)。

2018 年 12 月 31 日计息
借:债券投资——应计利息　　　　　　　　　　　　　　　　　50 000
　　贷:投资收益　　　　　　　　　　　　　　　　　　　　　　41 095
　　　　债权投资——利息调整　　　　　　　　　　　　　　　　8 905

2019 年 12 月 31 日计息
借:债券投资——应计利息　　　　　　　　　　　　　　　　　50 000
　　贷:投资收益　　　　　　　　　　　　　　　　　　　　42 738.80
　　　　债权投资——利息调整　　　　　　　　　　　　　　 7 261.20

2020 年 12 月 31 日计息
借:债券投资——应计利息　　　　　　　　　　　　　　　　　50 000
　　贷:投资收益　　　　　　　　　　　　　　　　　　　　44 448.35
　　　　债权投资——利息调整　　　　　　　　　　　　　　 5 551.65

2021 年 12 月 31 日计息
借:债券投资——应计利息　　　　　　　　　　　　　　　　　50 000
　　贷:投资收益　　　　　　　　　　　　　　　　　　　　46 226.29

　　　　债权投资——利息调整　　　　　　　　　　　　　　　　　3 773.71
2022 年 12 月 31 日计息及还本付息
　　借:债券投资——应计利息　　　　　　　　　　　　　　　　50 000
　　　　贷:投资收益　　　　　　　　　　　　　　　　　　　　　48 116.56
　　　　　　债权投资——利息调整　　　　　　　　　　　　　　　1 883.44
　　借:银行存款　　　　　　　　　　　　　　　　　　　　　　1 250 000
　　　　贷:债券投资——应计利息　　　　　　　　　　　　　　　250 000
　　　　　　债权投资——成本　　　　　　　　　　　　　　　1 000 000

4.3.6　以公允价值计量且其变动计入其他综合收益的金融资产的会计核算

1. 概述

(1)其他债权投资概述。

企业持有的普通债券的合同现金流量是到期收回本金及按约定利率在合同期间按时收取固定或浮动利息的权利。在没有其他特殊安排的情况下,普通债券的合同现金流量一般情况下可能符合仅为对本金和以未偿付本金金额为基础的利息支付的要求。如果企业管理该债券的业务模式既以收取合同现金流量为目标又以出售该债券为目标(业务模式二),则该债券应当分类为以公允价值计量且其变动计入其他综合收益的金融资产。

(2)其他权益工具投资概述。

企业可以将非交易性权益工具投资指定为以公允价值计量且其变动计入其他综合收益的金融资产,并按规定确认现金股利收入。该指定一经做出,不得撤销。企业投资上市公司股票或者非上市公司股权的,如果对被投资单位不具有控制、共同控制或重大影响的都可能属于此类情形。

2. 其他债权投资的会计核算

(1)初始计量。

以公允价值计量且其变动计入其他综合收益的金融资产(债务工具投资)应设置"其他债权投资"等科目进行核算,其中,其他债权投资需要设置的二级明细科目包括以下内容。

①"其他债权投资——成本",一般核算债券的面值。

②"其他债权投资——利息调整",一般核算债券面值与其公允价值的差额。

③"其他债权投资——应计利息",核算到期一次还本付息债券每期计提的利息。

④"其他债权投资——公允价值变动",核算期末按公允价值调整的差额。

(2)会计核算。

①企业取得其他债权投资应当按照公允价值计量,取得其他债权投资所发生的交易费用计入其他债权投资的初始确认金额。

②企业取得其他债权投资支付的价款中包含已到付息期但尚未领取的债券利息,应当单独确认为应收项目,不构成其他债权投资的初始确认金额。

　　　其他债权投资的入账成本＝购买价款－支付价款中包含的已到付息期但尚未领取的利息＋
　　　　　　　　　　　　　　　交易费用

会计分录如下。

借:其他债权投资——成本(面值)
　　　　　　　——应计利息(到期一次还本付息债券,实际付款中包含的利息)
　　应收利息(分期付息到期还本债券,已到付息期但尚未领取的利息)
　贷:银行存款等
　　　其他债权投资——利息调整(差额,或借方)

需要说明的是,"其他债权投资——利息调整"科目中不仅反映折、溢价,还包括佣金、手续费等。

其他债权投资期末以公允价值进行后续计量,公允价值变动形成的利得或损失计入所有者权益(其他综合收益),会计分录如下。

① 计提利息时:

借:应收利息(分期付息债券,面值×票面利率)
　　其他债权投资——应计利息(到期一次还本付息债券,面值×票面利率)
　　　　　　　　——利息调整(差额,或贷方)
　贷:投资收益(期初其他债权投资账面余额×实际利率)

② 资产负债表日公允价值变动时:

a. 期末公允价值上升时:

借:其他债权投资——公允价值变动
　贷:其他综合收益——其他债权投资公允价值变动

b. 期末公允价值下降时(不包括减值):

借:其他综合收益——其他债权投资公允价值变动
　贷:其他债权投资——公允价值变动

需要说明的是,该金融资产计入各期损益的金额应当与视同其一直按摊余成本计量而计入各期损益的金额相等,即期末公允价值的调整不影响每期投资收益的计算。

③ 发生减值。

其他债权投资发生信用减值时,按预期信用损失法计算的损失金额计入当期损益,会计分录为:

借:信用减值损失
　贷:其他综合收益——信用减值准备

需要说明的是,其他债权投资发生信用减值不调整其账面价值,而是计入其他综合收益,后续减值损失在满足条件时可以转回。

④ 出售其他债权投资。

该金融资产终止确认时,之前计入其他综合收益的累计利得或损失应当从其他综合收益中转出,计入当期损益(投资收益),会计分录如下。

借:银行存款
　贷:其他债权投资——成本
　　　　　　　　——利息调整(或借方)
　　　　　　　　——应计利息(到期一次还本付息累计计提的利息)
借或贷:投资收益　(差额)

同时:

借或贷:其他综合收益——其他债权投资公允价值变动
　　贷或借:投资收益

【例 4.35】 资料一:2020 年 1 月 1 日,甲公司支付 94 万元购买乙公司当日发行的 5 年期一般公司债券,该债券面值为 100 万元,票面年利率为 4%,实际年利率为 5.16%,每年年末支付利息,到期归还本金。甲公司另支付交易费用 1 万元。

资料二:甲公司根据金融资产业务管理模式及合同现金流量特征,将其分类为以公允价值计量且其变动计入其他综合收益的金融资产。

资料三:2020 年年末至 2022 年年末该债券投资的公允价值分别为 97 万元、98 万元、95 万元。2023 年 1 月 1 日甲公司将该投资全部出售,取得处置价款 105 万元。

资料四:以上款项均以银行存款收付,不考虑相关税费等因素。

甲公司购入该债券时:

借:其他债权投资——成本　　　　　　　　　　　　　　　　　1 000 000
　贷:银行存款　　　　　　　　　　　　　　　　　　　　　　　　950 000
　　　其他债权投资——利息调整　　　　　　　　　　　　　　　　50 000

各年投资收益(利息收入)计算过程见表 4.6。

表 4.6　各年投资收益(利息收入)计算过程　　　　　　　　　　　单位:万元

年份	①期初摊余成本（账面余额）	②实际利息收入=①×实际利率	③现金流入	④年末摊余成本（账面余额）=①+②-③	⑤期末公允价值
2020	95.00	4.9	4	95.90	97.00
2021	95.90	4.95	4	96.85	98.00
2022	96.85	5.00	4	97.85	95.00

2020 年年末计提利息时:

借:应收利息　　　　　　　　　　　　　　　　　　　　　　　　40 000
　　其他债权投资——利息调整　　　　　　　　　　　　　　　　　9 000
　贷:投资收益　　　　　　　　　　　　　　　　　　　　　　　　49 000

收到利息时:

借:银行存款　　　　　　　　　　　　　　　　　　　　　　　　40 000
　贷:应收利息　　　　　　　　　　　　　　　　　　　　　　　　40 000

2020 年年末公允价值变动时:

借:其他债权投资——公允价值变动　　　　　　　　　　　　　　11 000
　贷:其他综合收益——其他债权投资公允价值变　　　　　　　　　11 000

2021 年年末计提利息时:

借:应收利息　　　　　　　　　　　　　　　　　　　　　　　　40 000
　　其他债权投资——利息调整　　　　　　　　　　　　　　　　　9 500
　贷:投资收益　　　　　　　　　　　　　　　　　　　　　　　　49 500

收到利息时:

借:银行存款	40 000	
贷:应收利息		40 000

2021年年末公允价值变动时:

借:其他债权投资——公允价值变动	500	
贷:其他综合收益——其他债权投资公允价值变动		500

2022年年末计提利息时:

借:应收利息	40 000	
其他债权投资——利息调整	10 000	
贷:投资收益		50 000

收到利息时:

借:银行存款	40 000	
贷:应收利息		40 000

2022年年末公允价值变动时:

借:其他综合收益——其他债权投资公允价值变动	40 000	
贷:其他债权投资——公允价值变动		40 000

说明:期末公允价值变动的计算有2种方式。

$$95-(98+1)=-4(万元)$$

或 $$(95-97.85)-(1.1+0.05)=-4(万元)$$

2023年年初出售时:

借:银行存款	1 050 000	
其他债权投资——利息调整	21 500	
公允价值变动	28 500	
贷:其他债权投资——成本		1 000 000
投资收益		100 000
借:投资收益	28 500	
贷:其他综合收益——其他债权投资公允价值变动		28 500

【例 4.36】 2017年1月1日,甲公司购买乙公司同日发行的5年期公司债券,到期日为2021年12月31日。甲公司支付购买价款95.3万元,另支付交易费用0.492万元,该债券面值为100万元,票面年利率为5%,实际年利率为6%,每年年末支付利息,到期归还本金。

资料一:甲公司根据金融资产业务管理模式及合同现金流量特征,将其分类为以公允价值计量且其变动计入其他综合收益的金融资产。

资料二:2017年年末至2019年年末该债券投资的公允价值分别为99万元、100万元、93万元。2020年1月1日甲公司将该投资全部出售,取得处置价款110万元,以下分类用万元表示,保留到分位。

2017年1月1日购入该债券时:

借:其他债权投资——成本	1 000 000	
贷:银行存款		957 920
其他债权投资——利息调整		42 080

各年投资收益(利息收入)计算过程见表4.7。

表 4.7　各年投资收益(利息收入)计算过程　　　　　　　　　　单位:万元

年份	①年初摊余成本（账面余额）	②利息收入＝①×实际利率	③现金流入	④年末摊余成本（账面余额）＝①+②-③	公允价值
2017	95.792	5.747 52	5	96.539 52	99
2018	96.539 52	5.792 371	5	97.331 891	100
2019	97.331 891	5.839 913	5	98.171 804	93

2017年12月31日按摊余成本计息:

借:应收利息　　　　　　　　　　　　　　　　　　　　　　50 000
　　其他债权投资——利息调整　　　　　　　　　　　　　　7 475.20
　贷:投资收益　　　　　　　　　　　　　　　　　　　　　57 475.20

收息:

借:银行存款　　　　　　　　　　　　　　　　　　　　　　50 000
　贷:应收利息　　　　　　　　　　　　　　　　　　　　　50 000

期末按公允价值计量:

借:其他债权投资——公允价值变动　　　　　　　　　　　　24 604.80
　贷:其他综合收益——其他债权投资公允价值变动　　　　　24 604.80

2018年12月31日按摊余成本计息:

借:应收利息　　　　　　　　　　　　　　　　　　　　　　50 000
　　其他债权投资——利息调整　　　　　　　　　　　　　　7 923.71
　贷:投资收益　　　　　　　　　　　　　　　　　　　　　57 923.71

收息:

借:银行存款　　　　　　　　　　　　　　　　　　　　　　50 000
　贷:应收利息　　　　　　　　　　　　　　　　　　　　　50 000

期末按公允价值计量:

借:其他债权投资——公允价值变动　　　　　　　　　　　　2 076.29
　贷:其他综合收益——其他债权投资公允价值变动　　　　　2 076.29

2019年12月31日按摊余成本计息:

借:应收利息　　　　　　　　　　　　　　　　　　　　　　50 000
　　其他债权投资——利息调整　　　　　　　　　　　　　　8 399.13
　贷:投资收益　　　　　　　　　　　　　　　　　　　　　58 399.13

收息:

借:银行存款　　　　　　　　　　　　　　　　　　　　　　50 000
　贷:应收利息　　　　　　　　　　　　　　　　　　　　　50 000

按公允价值计量:

借:其他综合收益——其他债权投资公允价值变动　　　　　　78 399.13

贷:其他债权投资——公允价值变动   78 399.13

2020年1月1日出售:

借:银行存款   1 100 000

  其他债权投资——利息调整   18 281.96

      ——公允价值变动   51 718.04

  贷:其他债权投资——成本   1 000 000

    投资收益   170 000

同时将其他综合收益转入投资收益中:

借:投资收益   51 718.04

  贷:其他综合收益——其他债权投资公允价值变动 51 718.04

3. 其他权益工具投资的会计核算

(1)初始计量。

以公允价值计量且其变动计入其他综合收益的金融资产(权益工具投资)应设置"其他权益工具投资"等科目进行核算,其他权益工具投资需要设置的二级明细科目包括以下内容。

①"其他权益工具投资——成本",一般核算取得时的公允价值。

②"其他权益工具投资——公允价值变动",核算期末按公允价值调整的差额。

(2)会计核算。

①企业取得其他权益工具投资应当按照公允价值计量,取得其他权益工具投资所发生的交易费用计入其初始确认金额。

②企业取得其他权益工具投资支付的价款中包含已宣告但尚未发放的现金股利,应当单独确认为应收项目,不构成其他权益工具投资的初始确认金额。

其他权益工具投资的入账成本=购买价款-支付价款中包含的已宣告但尚未发放的现金股利+交易费用

会计分录为:

借:其他权益工具投资——成本(公允价值+交易费用)

  应收股利(已宣告但尚未发放的现金股利)

  贷:银行存款等

(3)后续计量。

指定为以公允价值计量且其变动计入其他综合收益的非交易性权益工具投资,其公允价值的后续变动计入其他综合收益,不需计提减值准备。除了获得的现金股利(明确代表投资成本部分收回的股利除外)计入当期损益外,其他相关的利得和损失(包括汇兑损益)均应当计入其他综合收益,且后续其他综合收益不得转入当期损益。当金融资产终止确认时,之前计入其他综合收益的累计利得或损失应当从其他综合收益中转出,计入留存收益。会计分录如下。

①期末公允价值变动时:

公允价值上升时:

借:其他权益工具投资——公允价值变动

  贷:其他综合收益——其他权益工具投资公允价值变动

公允价值下降时：
借：其他综合收益——其他权益工具投资公允价值变动
　　贷：其他权益工具投资——公允价值变动
②被投资单位宣告发放现金股利时：
借：应收股利
　　贷：投资收益
需要说明的是，企业只有在同时符合下列条件时，才能确认股利收入并计入当期损益。
①企业收取股利的权利已经确立。
②与股利相关的经济利益很可能流入企业。
③股利的金额能够可靠计量。
(4)出售其他权益工具投资。
企业将其他权益工具投资终止确认时，应将其处置价款与其他权益工具投资账面价值的差额计入留存收益，同时之前计入其他综合收益的累计利得或损失应当从其他综合收益中转出计入留存收益。会计分录如下。
借：银行存款等
　　贷：其他权益工具投资——成本
　　　　　　　　　　　　　——公允价值变动（或借方）
　　借或贷：盈余公积、利润分配——未分配利润　（差额）
同时：
借或贷：其他综合收益——其他权益工具投资公允价值变动
　　贷或借：盈余公积、利润分配——未分配利润

提示：一定要注意区分"分类为"还是"指定为"以公允价值计量且其变动计入其他综合收益的金融资产，如果是"分类为"，是债务工具投资，用"其他债权投资"核算，处置时原计入其他综合收益的金额转入投资收益；如果是"指定为"，是其他权益工具投资，用"其他权益工具投资"处置时，原计入其他综合收益的金额不得转入投资收益，而是转入留存收益即盈余公积、利润分配——未分配利润。

【例4.37】　2021年3月6日，甲公司支付价款1 218万元(含交易费用1万元和已宣告但尚未发放的现金股利18万元)，购入乙公司发行的股票300万股，占乙公司有表决权股份的1%。甲公司将其指定为以公允价值计量且其变动计入其他综合收益的非交易性权益工具投资。

2021年3月10日，甲公司收到乙公司发放的现金股利18万元。
2021年6月30日，该股票市价为每股6元。
2021年12月31日，甲公司仍持有该股票；当日该股票市价为每股5元。
2022年5月15日，乙公司宣告发放现金股利3 000万元。
2022年5月19日，甲公司收到乙公司发放的现金股利。
2022年5月29日，甲公司以每股5.4元的价格将股票全部转让。甲公司按净利润的10%计提法定盈余公积，假定不考虑其他因素。

2021年3月6日购入股票：
借：其他权益工具投资——成本　　　　　　　　　　　　　　　　12 000 000

应收股利	180 000
贷:银行存款	12 180 000

2021年3月10日收到现金股利:

借:银行存款	180 000
贷:应收股利	180 000

2021年6月30日确认股票价格变动:

借:其他权益工具投资——公允价值变动	6 000 000
贷:其他综合收益——其他权益工具投资公允价值变动	6 000 000

2021年12月31日确认股票价格变动:

借:其他综合收益——其他权益工具投资公允价值变动	3 000 000
贷:其他权益工具投资——公允价值变动	3 000 000

2022年5月15日确认应收现金股利:

借:应收股利	3 000 000
贷:投资收益	3 000 000

2022年5月19日收到现金股利:

借:银行存款	3 000 000
贷:应收股利	3 000 000

2022年5月20日出售股票:

提取法定盈余公积＝(1620－1200－300)×10％＝12(万元)

借:银行存款	16 200 000
贷:其他权益工具投资——成本	12 000 000
——公允价值变动	3 000 000
盈余公积——法定盈余公积	120 000
利润分配——未分配利润	1 080 000

同时:

借:其他综合收益——其他权益工具投资公允价值变动	3 000 000
贷:盈余公积——法定盈余公积	300 000
利润分配——未分配利润	2 700 000

4.3.7 以公允价值计量且其变动计入当期损益的金融资产的核算

1. 概述

(1)根据金融资产分类标准,不属于以摊余成本计量的金融资产和以公允价值计量且其变动计入其他综合收益的金融资产之外的金融资产,企业应当将其分类为以公允价值计量且其变动计入当期损益的金融资产。

(2)企业持有的普通股股票的合同现金流量是收取被投资企业未来股利分配以及其清算时获得剩余收益的权利。由于股利及获得剩余收益的权利均不符合本金和利息的定义,因此企业持有的普通股股票一般情况下应当分类为以公允价值计量且其变动计入当期损益的金融资产。

(3)分类为"以公允价值计量且其变动计入当期损益的金融资产"有以下几种情况。

①属于权益工具投资,但企业未将其指定为"以公允价值计量且其变动计入其他综合收益的金融资产"以外的金融资产。

②属于债务工具投资,但无法通过"合同现金流量测试"的金融资产。

③管理该金融资产的业务模式为"其他(出售)"。

④属于债务工具投资,可以通过"合同现金流量测试"的金融资产,但企业运用公允价值选择权将其指定为"以公允价值计量且其变动计入当期损益的金融资产"。

2. 初始计量

(1)以公允价值计量且其变动计入当期损益的金融资产会计科目的设置,企业应当设置"交易性金融资产"科目核算以公允价值计量且其变动计入当期损益的金融资产。企业持有的直接指定为以公允价值计量且其变动计入当期损益的金融资产,也在本科目核算。

为了反映和监督交易性金融资产的取得、收取现金股利或利息、出售等情况,企业应当设置"交易性金融资产""公允价值变动损益""投资收益"等科目进行核算。

"交易性金融资产"科目核算企业为交易目的所持有的债券投资、股票投资、基金投资等交易性金融资产的公允价值,企业持有的直接指定为以公允价值计量且其变动计入当期损益的金融资产也在"交易性金融资产"科目核算,"交易性金融资产"科目的借方登记交易性金融资产的取得成本、资产负债表日其公允价值高于账面余额的差额等,贷方登记资产负债表日其公允价值低于账面余额的差额,以及企业出售交易性金融资产时结转的成本和公允价值变动,企业应当按照交易性金融资产的类别和品种分别设置"成本""公允价值变动"等明细科目进行核算。"交易性金融资产——成本",一般核算取得时的公允价值;"交易性金融资产——公允价值变动",核算期末按公允价值调整的差额。

"公允价值变动损益"科目核算企业交易性金融资产等的公允价值变动而形成的应计入当期损益的利得或损失,"公允价值变动损益"科目的借方登记资产负债表日企业持有的交易性金融资产等的公允价值低于账面余额的差额,贷方登记资产负债表日企业持有的交易性金融资产等的公允价值高于账面余额的差额。

"投资收益"科目核算企业持有交易性金融资产等的期间内取得的投资收益以及出售交易性金融资产等实现的投资收益或投资损失,借方登记企业出售交易性金融资产等发生的投资损失,贷方登记企业持有交易性金融资产等的期间内取得的投资收益以及出售交易性金融资产等实现的投资收益。

(2)会计核算。

①交易性金融资产应按公允价值进行初始计量。

②购买价款当中包含的已宣告但尚未发放的现金股利,或购买价款当中包含已到付息期尚未领取的债券利息,应当单独确认为应收项目进行会计处理。

③实际支付的交易费用记入"投资收益"科目的借方。

交易费用包括支付给代理机构、咨询公司、券商等的手续费和佣金及其他必要支出,不包括债券溢价、折价、融资费用、内部管理成本及其他与交易不直接相关的费用。企业为发行金融工具所发生的差旅费等,不属于交易费用。

交易性金融资产的入账成本=购买价款-购买价款当中包含的已宣告但尚未发放的现金股利(或购买价款当中包含已到付息期尚未领取的债券利息)。

会计分录为:

借:交易性金融资产——成本(公允价值)
　　投资收益(发生的交易费用)
　　应收股利(实际支付的款项中包含的已宣告但尚未发放的现金股利)
　　应收利息(实际支付的款项中包含的已到付息期但尚未领取的利息)
　　贷:银行存款、其他货币资金(支付总价款)

【例 4.38】 2021 年 1 月 20 日,甲公司从上海证券交易所购入 B 上市公司股票 2 000 000 股,分类为以公允价值计量且其变动计入当期损益的金融资产,该笔股票投资在购买日的公允价值为 20 000 000 元,另支付相关交易费用金额为 26 000 元,甲公司应编制如下会计分录。

借:交易性金融资产——成本　　　　　　　　　　　　20 000 000
　　投资收益　　　　　　　　　　　　　　　　　　　　　　26 000
　　贷:其他货币资金——存出投资款　　　　　　　　　20 026 000

3. 后续计量

(1)以公允价值计量且其变动计入当期损益的金融资产在资产负债表日采用公允价值进行后续计量,公允价值的变动计入当期损益。会计分录如下。

①期末公允价值大于账面价值时:
借:交易性金融资产——公允价值变动
　　贷:公允价值变动损益

②期末公允价值小于账面价值时:
借:公允价值变动损益
　　贷:交易性金融资产——公允价值变动

(2)宣告分派现金股利或利息。

企业持有以公允价值计量且其变动计入当期损益的金融资产持有期间,对于被投资单位宣告发放的现金股利或企业在资产负债表日以分期付息、到期一次还本的债券投资的票面利率计算的利息,应当确认为应收项目。会计分录如下。

①宣告发放现金股利或分期付息债券到期时:
借:应收股利(应收利息)
　　贷:投资收益

②实际收到时:
借:银行存款等
　　贷:应收股利(应收利息)

【例 4.39】 2017 年 1 月 1 日,甲公司购入 A 上市公司发行的公司债券,该笔债券于 2016 年 1 月 1 日发行,面值为 4 000 000 元,票面利率为 4%,上年债券利息于下年初支付,分类为以公允价值计量且其变动计入当期损益的金融资产,支付价款为 4 200 000 元(其中包含已到付息期但尚未领取的债券利息 160 000 元),另支付交易费用 35 000 元,2017 年 1 月 12 日,甲公司收到该笔债券利息 160 000 元,2018 年初,甲公司收到债券利息 160 000 元,甲公司应编制如下会计分录。

2017 年 1 月 1 日购入 A 公司的公司债券时:
借:交易性金融资产——成本　　　　　　　　　　　　4 040 000

应收利息　　　　　　　　　　　　　　　　　　　　　　　　　160 000
　　　投资收益　　　　　　　　　　　　　　　　　　　　　　　　　 35 000
　　　　贷：其他货币资金——存出投资款　　　　　　　　　　　　4 235 000
　2017年1月12日，收到购买价款中包含的已到付息期但尚未领取的债券利息时：
　　　借：其他货币资金——存出投资款　　　　　　　　　　　　　160 000
　　　　贷：应收利息　　　　　　　　　　　　　　　　　　　　　160 000
　2017年12月31日，确认A公司的公司债券利息收入160 000（4 000 000×4%）元时：
　　　借：应收利息　　　　　　　　　　　　　　　　　　　　　　160 000
　　　　贷：投资收益　　　　　　　　　　　　　　　　　　　　　160 000
　2018年初，收到持有A公司的公司债券利息时：
　　　借：其他货币资金——存出投资款　　　　　　　　　　　　　160 000
　　　　贷：应收利息　　　　　　　　　　　　　　　　　　　　　160 000

【例4.40】 假定2017年12月31日，甲公司购买的A公司债券的公允价值（市价）为4 150 000元，2018年6月30日，甲公司购买的A公司债券的公允价值（市价）为4 000 000元，甲公司应编制如下会计分录：
　2017年12月31日，确认A公司债券的公允价值变动损益时：
　　　借：交易性金融资产——公允价值变动　　　　　　　　　　　110 000
　　　　贷：公允价值变动损益　　　　　　　　　　　　　　　　　110 000
　2018年6月30日，确认A公司债券的公允价值变动损益时：
　　　借：公允价值变动损益　　　　　　　　　　　　　　　　　　150 000
　　　　贷：交易性金融资产——公允价值变动　　　　　　　　　　150 000

（3）出售交易性金融资产。

出售以公允价值计量且其变动计入当期损益的金融资产时，应将出售时实际收到的价款与其账面价值之间的差额确认为当期损益。会计分录为：
　　　借：银行存款（价款扣除手续费）
　　　　贷：交易性金融资产——成本
　　　　　　　　　　　　　　——公允价值变动（借或贷）
　　　借或贷：投资收益（差额）

【例4.41】 承接【例4.40】，假定2018年9月10日，甲公司出售了所持有的A公司债券，售价为4 050 000元，甲公司应编制如下会计分录。
　　　借：其他货币资金——存出投资款　　　　　　　　　　　　4 050 000
　　　　　　　　　　　——公允价值变动　　　　　　　　　　　　 40 000
　　　　贷：交易性金融资产——成本　　　　　　　　　　　　　4 040 000
　　　　　　投资收益　　　　　　　　　　　　　　　　　　　　 50 000

【例4.42】 2017年至2018年，甲公司发生的与债券投资相关的交易或事项如下。

资料一：2017年1月1日，甲公司以银行存款2 000万元购入乙公司当日发行的期限为5年、分期付息、到期还本、不可提前赎回的一般公司债券。该债券的面值为2 000万元，票面年利率为5%，每年利息在次年1月10日支付。甲公司将购入的乙公司债券分类为以公允价值计量且其变动计入当期损益的金融资产。

资料二：2017年12月31日，甲公司所持乙公司债券的公允价值为1 980万元(不含利息)。

资料三：2018年5月9日，甲公司将所持乙公司债券全部出售，取得价款2 014万元存入银行。不考虑相关税费及其他因素。

2017年1月1日购入乙公司债券时：
借：交易性金融资产——成本　　　　　　　　　　　　20 000 000
　　贷：银行存款　　　　　　　　　　　　　　　　　　　　20 000 000
2017年12月31日确认债券利息收入时：
借：应收利息　　　　　　　　　　　　　　　　　　　1 000 000
　　贷：投资收益　　　　　　　　　　　　　　　　　　　　1 000 000
2017年12月31日公允价值变动时：
借：公允价值变动损益　　　　　　　　　　　　　　　　200 000
　　贷：交易性金融资产——公允价值变动　　　　　　　　　　200 000
2018年1月10日收到债券利息时：
借：银行存款　　　　　　　　　　　　　　　　　　　1 000 000
　　贷：应收利息　　　　　　　　　　　　　　　　　　　　1 000 000
2018年5月9日出售乙公司债券时：
借：银行存款　　　　　　　　　　　　　　　　　　　20 140 000
　　交易性金融资产——公允价值变动　　　　　　　　　　200 000
　　贷：交易性金融资产——成本　　　　　　　　　　　　　20 000 000
　　　　投资收益　　　　　　　　　　　　　　　　　　　　340 000

练 习 题

一、单选题

1. 2023年1月1日甲公司购入乙公司于2022年1月1日发行的公司债券100万份，每份债券面值为100元，票面年利率为5%，债券分期付息到期还本，每年1月10日支付上年度利息。为购买该债券，甲公司支付购买价款9 800万元，另支付交易费用100万元，甲公司根据管理金融资产的业务模式和该债券的合同现金流量特征将其划分为以公允价值计量且其变动计入当期损益的金融资产核算，甲公司该债券的入账金额为(　　)万元。
A. 9 800　　　　B. 9 900　　　　C. 9 300　　　　D. 9 400

2. 2023年1月1日甲公司购入乙公司5%的股权，甲公司根据管理金融资产的业务模式，将其划分为以公允价值计量且其变动计入当期损益的金融资产核算。甲公司支付购买价款1 000万元(其中包括已宣告但尚未发放的现金股利80万元和交易费用10万元)。2023年6月30日该股权的公允价值为1 100万元，2023年12月1日甲公司将该股权出售，取得处置价款1 080万元。不考虑相关税费等其他因素，则甲公司该项交易对当年营业利润的影响金额为(　　)万元。
A. −20　　　　B. 160　　　　C. 180　　　　D. 170

3.2023年1月1日甲公司从二级市场购入乙公司发行在外的普通股股票15万股,将其指定为以公允价值计量且其变动计入其他综合收益的金融资产,支付的价款为235万元(其中包括已宣告但尚未发放的现金股利1元/股),另支付交易税费5万元,则甲公司取得该项金融资产的入账金额为(　　)万元。

　　A.225　　　　B.220　　　　C.240　　　　D.215

4.2022年1月1日,甲公司购入乙公司1%有表决权股份,将其指定为其他权益工具投资,支付购买价款2 200万元,另支付交易费用10万元。2022年12月31日,该股权的公允价值为2 280万元,2023年2月1日,乙公司宣告发放现金股利1 000万元。2023年10月10日,甲公司将该股权出售,取得处置价款2 300万元。甲公司按净利润的10%计提盈余公积。不考虑其他因素,则出售该股权时应确认的投资收益为(　　)万元。

　　A.90　　　　B.100　　　　C.20　　　　D.0

5.2023年1月1日,甲公司溢价购入乙公司当日发行的3年期到期一次还本付息债券,甲公司根据其管理该债券的业务模式和该债券的合同现金流量特征,将其分类为以摊余成本计量的金融资产,并于每年年末计提利息。2023年年末,甲公司按照票面利率确认应计利息590万元,利息调整的摊销额为10万元,不考虑其他因素,甲公司2023年年末对该债权投资应确认投资收益的金额为(　　)万元。

　　A.580　　　　B.600　　　　C.10　　　　D.590

6.2023年1月1日,甲公司以3 133.5万元购入乙公司当日发行的面值总额为3 000万元的债券,甲公司根据其管理该债券的业务模式和该债券的合同现金流量特征,将其作为债权投资核算。该债券期限为5年,票面年利率为5%,实际年利率为4%,每年年末支付利息,到期偿还本金。不考虑增值税及其他相关因素,2023年12月31日,甲公司该债券投资的投资收益为(　　)万元。

　　A.24.66　　　　B.125.34　　　　C.120　　　　D.150

7.2022年1月1日,甲公司以银行存款1 100万元购入乙公司当日发行的面值为1 000万元的5年期不可赎回债券,甲公司根据其管理该债券的业务模式和该债券的合同现金流量特征,将其划分为债权投资。该债券票面年利率为10%,每年年末付息,实际年利率为7.53%。2022年12月31日,该债券的公允价值上涨至1 150万元。假定不考虑其他因素,2022年12月31日甲公司该债权投资的账面价值为(　　)万元。

　　A.1 082.83　　　　B.1 150　　　　C.1 182.83　　　　D.1 100

8.2021年1月1日甲公司购入乙公司同日发行的3年期公司债券,支付购买价款1 000万元,另支付交易费用5万元。该债券面值为1 000万元,票面年利率为6%,实际年利率为5.81%,分期付息到期还本。甲公司根据管理金融资产的业务模式和该债券的合同现金流量特征,将其划分为以公允价值计量且其变动计入其他综合收益的金融资产。2021年12月31日该债券的公允价值为998万元,2022年12月31日该债券的公允价值为1 000万元。不考虑其他因素,则2022年12月31日该债券的账面价值为(　　)万元。

　　A.1 000　　　　B.998　　　　C.1 001.69　　　　D.1 003.39

9.2022年1月1日,甲公司从二级市场购入丙公司面值为200万元的分期付息到期还本债券,支付的总价款为195万元(其中包括已到付息期但尚未领取的利息4万元),另支付相关交易费用1万元,甲公司根据其管理该债券的业务模式和该债券的合同现金流量特征,将其分类为其他债权投资。该资产入账时应记入"其他债权投资——利息调整"科目的金额为（　　）万元。

A. 4（借方） B. 4（贷方） C. 8（借方） D. 8（贷方）

10. 2023年1月1日，甲公司以银行存款1 100万元购入乙公司当日发行的5年期债券，该债券的面值为1 000万元，票面年利率为10%，每年年末支付当年利息，到期偿还债券面值。甲公司将该债券投资分类为以公允价值计量且其变动计入其他综合收益的金融资产，该债券投资的实际年利率为7.53%。2023年12月31日，该债券的公允价值为1 095万元，预期信用损失为20万元。不考虑其他因素，2023年12月31日甲公司该债券投资的账面价值为（　　）万元。

A. 1 095 B. 1 075 C. 1 082.83 D. 1 062.83

11. 2022年1月1日，甲公司以银行存款602万元（含交易费用2万元）购入乙公司股票，分类为以公允价值计量且其变动计入当期损益的金融资产，2022年12月31日，甲公司所持乙公司股票的公允价值为700万元，2023年1月5日，甲公司将所持乙公司股票以750万元的价格全部出售，另支付交易费用3万元，共收到银行存款747万元，不考虑其他因素，甲公司出售所持乙公司股票对其2023年营业利润的影响金额为（　　）万元。

A. 50 B. 147 C. 47 D. 145

12. 甲公司2022年2月3日购入A上市公司股票1 000万股，每股购买价款3.3元（包括已宣告但尚未发放的现金股利0.2元），甲公司另支付交易费用10万元。因A公司股份比较集中，甲公司未能对A公司施加重大影响，同时，甲公司根据金融资产的管理方式将其分类为以公允价值计量且其变动计入当期损益的金融资产。2月28日甲公司收到上述现金股利。6月30日A公司股票的公允价值为3.8元/股。9月12日A公司召开临时股东大会，决定再次分派现金股利，每股分派0.4元。12月31日A公司股票的公允价值为3.1元/股。不考虑其他因素，则甲公司购入A公司股票后对损益的影响金额为（　　）万元。

A. 400 B. 390 C. 190 D. 1 090

二、多选题

1. 下列各项关于企业持有的交易性金融资产会计处理表述中，正确的有（　　）。

A. 取得交易性金融资产的手续费，计入投资收益
B. 处置时实际收到的金额与交易性金融资产账面价值之间的差额计入当期损益
C. 该金融资产的公允价值变动计入投资收益
D. 持有交易性金融资产期间享有被投资单位宣告发放的现金股利计入投资收益

2. 企业对下列金融资产进行初始计量时，应将发生的相关交易费用计入初始确认金额的有（　　）。

A. 债权投资 B. 其他权益工具投资
C. 其他债权投资 D. 交易性金融资产

三、业务题

1. 2022年至2023年，某建筑公司发生的与债券投资相关的交易或事项如下：

资料一：2022年1月1日，甲公司以银行存款2 000万元购入乙公司当日发行的期限为

5年、分期付息、到期还本、不可提前赎回的一般公司债券。该债券的面值为2 000万元,票面年利率为5%,每年利息在次年1月1日支付。甲公司将购入的乙公司债券分类为以公允价值计量且其变动计入当期损益的金融资产。

资料二:2022年12月31日,甲公司所持乙公司债券的公允价值为2 100万元(不含利息)。

资料三:2023年5月4日,甲公司将所持乙公司债券全部出售,取得价款1 900万元存入银行。不考虑相关税费及其他因素。

要求:要求做出相关的会计处理。

2.2021年1月1日,某建筑公司购入丙公司发行的债券,该笔债券于2020年7月1日发行,面值100万元,票面利率4%,债券利息按年支付于下年初支付,该公司将其分类为以公允价值计量且其变动计入当期损益的金融资产,以银行存款支付价款为106万元(其中包含已到付息期尚未领取的债券利息2万元,支付的交易费用2万元)。

2021年1月13日收到该笔债券利息2万元。

2021年6月30日,该债券的公允价值为1 150 000元(不含利息);2021年12月31日,该债券的公允价值为1 100 000元(不含利息)。

2022年1月10日,该公司收到债券利息4万元。

2022年3月15日,该建筑公司出售了所持有的丙公司的债券取得价款1 170 000元,要求做出相关的会计处理。

3.2020年5月6日,甲公司支付价款560万元(含交易费用1万元和已宣告但尚未发放的现金股利20万元),购入乙公司发行的股票100万股,占乙公司有表决权股份的0.5%。甲公司将其指定为以公允价值计量且其变动计入其他综合收益的非交易性权益工具投资。

2020年5月10日,甲公司收到乙公司发放的现金股利20万元。

2020年6月30日,该股票市价为每股5元。

2020年12月31日,甲公司仍持有该股票;当日,该股票市价为每股6元。

2021年5月9日,乙公司宣告发放现金股利1 000万元。

2021年5月13日,甲公司收到乙公司发放的现金股利。

2021年5月27日,甲公司以每股4元的价格将股票全部转让。甲公司按净利润的10%计提法定盈余公积,假定不考虑其他因素,要求做出相关的会计处理。

4.2019年至2022年,甲公司对乙公司股票投资业务的相关资料如下:

资料一:2019年1月1日,甲公司从公开市场以每股22元的价格购入乙公司发行的股票200万股,占乙公司有表决权股份的5%,对乙公司无重大影响,甲公司将其指定为以公允价值计量且其变动计入其他综合收益的金融资产。另支付相关交易费用40万元。

资料二:2019年5月10日,乙公司宣告发放现金股利1 200万元。2019年5月15日,甲公司收到现金股利。

资料三:2019年12月31日,该股票的市场价格为每股19.5元。2020年12月31日该股票的市场价格为9元。2021年12月31日该股票的市场价格为15元。

资料四:2022年1月31日,甲公司将该股票全部出售,每股售价为12元,款项已存入银行。

其他资料:甲公司按净利润的10%计提法定盈余公积,不计提任意盈余公积。不考虑其他因素。

要求：

①编制2019年1月1日甲公司购入股票的会计分录。

②编制甲公司2019年5月10日乙宣告发放现金股利时以及2019年5月15日收到现金股利时的会计分录。

③编制2019年12月31日至2021年12月31日甲公司股权投资公允价值变动的会计分录。

④编制2022年1月31日甲公司将该股票全部出售的会计分录。

5. 2020年1月1日,甲公司购买乙公司同日发行的3年期公司债券,到期日为2022年12月31日。甲公司支付购买价款101.6万元,另支付交易费用0.3284万元,该债券面值为100万元,票面年利率为6%,实际年利率为5%,每年计息,到期一次还本付息。甲公司根据其管理该债券的业务模式和该债券的合同现金流量特征,将该债券分类为以摊余成本计量的金融资产,做出相关的账务处理。

6. 2020年1月1日至2022年1月1日,甲股份有限公司有关债券投资的资料如下：

2020年1月1日,甲公司以银行存款1 120.89万元(含交易费用10.89万元),从活跃市场购入乙公司当日发行的面值为1 000万元、5年期的不可赎回债券。该债券票面年利率为10%,到期一次还本付息,实际年利率为6%。甲公司将其分类为以摊余成本计量的金融资产。2022年1月1日为筹集生产线扩建所需资金,甲公司出售了所持有的乙公司债券,将扣除手续费后的款项1300万元存入银行。不考虑其他相关因素。

要求：

①编制2020年1月1日甲公司购入该债券的会计分录。

②计算2020年12月31日甲公司该债券投资收益、应计利息、利息调整摊销额和账面余额,并编制相关的会计分录。

③计算2021年12月31日债券的账面余额,并编制相关会计分录。

④编制2022年1月1日甲公司售出该债券的会计分录。

项目 5　会计报表编制方法

教学目标：
1. 掌握会计报表的定义、作用、种类、编制要求；掌握资产负债表、利润表、现金流量表的结构与内容。
2. 能够编制资产负债表、利润表。

任务 5.1　会计报表概述

教学目标：
1. 理解会计报表的作用，熟悉会计报表的分类。
2. 掌握会计报表的编制要求。

会计报表是反映企业某一特定日期财务状况和某一会计期间经营成果、现金流量的报告文件。编制会计报表是企业正式对外揭示并传递会计信息的手段，也是会计核算过程的最后一个环节。施工项目部作为一个会计主体，也应于会计期末编制和提供规范、真实、完整的会计报表。

5.1.1　施工项目会计报表的作用

1. 施工项目会计报表有利于企业管理者全面掌握施工项目的经营情况

在日常核算中，施工项目的会计人员对施工生产活动所产生的数据资料进行收集、确认和计量，运用复式记账法，依据会计凭证登记到账簿中。但是，积累在会计账簿中的核算资料分散在各个账户中，只能反映出生产经营过程中某一方面的情况，不能集中、概括地反映施工项目整体的财务状况、经营成果和施工成本费用情况，不便于企业管理者使用。因此，有必要在日常核算的基础上，对核算资料进一步加工处理，定期编制出能够总括反映施工项目财务状况、经营成果和成本费用情况的会计报表，满足企业各级管理者的需要。

2. 施工项目会计报表是企业管理者加强内部经营管理的依据

通过编制会计报表，可以提供施工项目部拥有和控制的经济资源的信息、在一定期间内经营成果的信息、现金流入和流出以及施工成本费用的信息。企业管理者综合利用各施工项目的会计信息，分析评价企业的偿债能力、盈利能力和营运能力，判断企业财务状况好坏，做出相关经济决策。因此，施工项目会计报表所提供的会计信息，是企业管理者加强内部经营管理的重要依据之一。

5.1.2　会计报表的分类

会计报表是会计信息披露的主要形式，施工企业按照信息使用者的需要，应编制各种内容不同的会计报表。为了便于掌握各种会计报表的内容和用途,可以按照不同的标志进行分类。

1. 按照报送对象分类

按照报送对象不同,会计报表分为对外报送的报表和对内报送的报表。对外报送的会计报表是向企业外部利益相关者提供会计信息的报告文件。对内报送的会计报表是向企业管理当局提供会计信息的报告文件。对外报送的会计报表主要包括资产负债表、利润表、现金流量表和所有者权益变动表等。施工项目部涉及的主要是资产负债表、利润表和现金流量表。企业对外提供的会计报表的内容、种类和格式等,由《企业会计准则》统一规定,企业内部管理所需会计报表的格式与编制方法由企业自行规定。

2. 按照经济内容分类

按照经济内容不同,会计报表分为财务报表和成本报表。财务报表是反映企业财务状况和经营成果的报表,主要包括资产负债表、利润表和现金流量表等。成本报表是反映企业产品成本和期间费用水平及其构成情况的报表,施工企业的成本报表主要包括工程成本表、施工间接费用明细表等。

3. 按照编制时期分类

按照编制时期不同,会计报表分为月度、季度、半年度和年度报表。月度和季度报表是指月度和季度终了提供的会计报表。半年度报表是指在每个会计年度的前6个月结束后提供的会计报表。月度、季度和半年度会计报表统称为中期财务报告。年度报表是指年度终了时提供的会计报表。

4. 按编报主体分类

按编制的主体不同,财务报表可以分为个别财务报表和合并财务报表。个别会计报表是由企业在自身会计核算基础上对账簿记录进行加工而编制的财务报表,它主要用以反映企业自身的财务状况、经营成果和现金流量情况。合并财务报表是以母公司和子公司组成的企业集团为会计主体,根据母公司和所属子公司的财务报表,由母公司编制的综合反映企业集团财务状况、经营成果及现金流量的财务报表。

5. 按反映的时点时期分类

按财务报表反映经济内容的不同,可以分为静态报表和动态报表。

静态报表是指反映企业某一特定日期财务信息的报表,如资产负债表;动态报表是指综合反映企业一定时期的财务信息的报表,如利润表、现金流量表。

5.1.3 会计报表的编制要求

为了保证会计信息质量,充分发挥会计报表的作用,施工项目作为一个独立的会计主体,应当根据真实的交易、事项以及完整、准确的账簿记录等资料,按照规定的方法编制会计报表。财务人员在编制会计报表时,应遵守以下基本要求。

1. 数字真实

会计报表中各项指标的数字要求真实可靠,应根据实际发生的经济活动客观确定,以正确无误的账簿记录为依据,如实反映施工项目财务状况、经营成果和成本费用情况,不得弄

虚作假或隐瞒重要事实。为了保证会计报表数字真实可靠,账簿记录就必须真实完整。因此,在编制报表前,必须做好以下工作:

(1)清查资产、核实债务。查明财产物资的实存数量与账面数量是否一致各项结算款项的拖欠情况及其原因、材料物资的实际储备情况等。施工项目部清查、核实后,应当将清查、核实的结果及处理办法向公司总部报告,并按照规定进行相应的会计处理,使账簿记录如实反映财产物资和债权的实有数,做到账实相符。

(2)核对各会计账簿记录与会计凭证的内容、金额等是否一致,记账方向是否相符,做到账证相符。

(3)依照有关法律、法规和制度规定的结账日进行结账。年度结账日为公历年度每年的12月31日;半年度、季度、月度结账日分别为公历年度每半年、每季度、每月的最后一天。会计人员不得为赶制会计报表而提前结账,也不得随意延迟结账。在结账日,应在本期所有已发生的经济业务、期末账项调整和转账业务全部登记入账的基础上,计算出每个账户的发生额合计数和期末余额,并进行试算平衡,做到账账相符。

(4)检查相关的会计核算是否按照《企业会计准则》的统一规定和企业的内部会计制度规定进行。

(5)检查是否存在因会计差错、会计政策变更等原因需要调整前期或者本期相关项目的内容。

会计报表编制完成后,应认真复核。各会计报表之间、各会计报表各项目之间,凡有对应关系的数字,应当相互一致;会计报表中,本期与上期的有关数字应当相互衔接,以确保报表数字的真实性,做到表表相符。

2. 内容完整

施工项目的会计报表,应全面地反映施工项目的经营成果、财务状况及其变动情况。在编制会计报表时,应按规定的报表种类和内容来编制,不得漏编报表,也不应漏填报表项目。对于不能列入会计报表,但又需要公开披露的一些重要信息,应在会计报表附注和财务情况说明书中给出真实、完整、清楚的说明,以便报表使用者理解和使用。

3. 手续齐备

施工项目部向公司总部提供的会计报表,应当依次编定页数,加具封面,装订成册,加盖公章。封面上应当注明:施工项目名称、地址、报表所属年度或者月份、报出日期,由施工项目负责人和主管会计工作的负责人、会计主管人员签名并盖章;设置总会计师的施工项目部,还应当由总会计师签名并盖章。

4. 编报及时

会计报表必须按规定的期限和程序,及时编制与报送,以便公司总部汇总编制公司财务报表。为了及时编报会计报表,应当科学地组织好日常的会计核算工作,加强施工项目部内部各部门之间的协作,顺利完成会计报表的编制。

练习题

一、单选题

1. 财务会计报告中的半年报、季报、月报统称为（　　）。
   A. 半年报　　　　B. 分段报　　　　C. 中期财务会计报告　　D. 年报
2. 下列项目中，不属于财务报告目标主要内容的是（　　）。
   A. 反映企业管理层受托责任履行情况
   B. 向财务会计报告使用者提供与企业经营成果有关的会计信息
   C. 向财务会计报告使用者提供与企业财务状况有关的会计信息
   D. 反映国家宏观经济管理的需要
3. 下列报表中属于静态报表的是（　　）。
   A. 现金流量表　　B. 资产负债表　　C. 损益表　　　　　　D. 利润分配表
4. 最关心企业的内在风险和报酬的财务会计报告使用者是（　　）。
   A. 潜在投资者　　B. 企业职工　　　C. 股东　　　　　　　D. 债权人

二、多选题

1. 下列财务报表中属于动态报表的是（　　）。
   A. 现金流量表　　B. 利润表　　　　C. 资产负债表　　　　D. 六栏式试算平衡表
2. 财务会计报告按编制报表的时间分为（　　）。
   A. 月度报表　　　B. 半年度报表　　C. 季度报表　　　　　D. 年度报表
3. 会计报表至少应当包括（　　）。
   A. 资产负债表　　B. 利润表　　　　C. 现金流量表　　　　D. 所有者权益变动表
4. 会计报表的编制要求包括（　　）。
   A. 数字真实　　　B. 内容完整　　　C. 手续齐备　　　　　D. 编报及时
5. 财务会计报告按提供信息的侧重点不同分为（　　）。
   A. 财务报表附注　B. 会计报表　　　C. 财务计划　　　　　D. 公司经营报告
6. 下面的财务报表按反映内容不同的划分是（　　）。
   A. 利润表　　　　B. 资产负债表　　C. 所有者权益变动表　D. 现金流量表

三、判断题

1. 一套完整的财务报告至少应当包括资产负债表、利润表、现金流量表、所有者权益变动表和附注等部分。（　　）
2. 按照报送对象不同，会计报表分为对外报送的报表和对内报送的报表。（　　）
3. 动态报表是指综合反映企业一定时期的财务信息的报表，如资产负债表、利润表、现金流量表。（　　）
4. 财务报表的编制依据是会计账簿。（　　）
5. 财务会计报告就是会计报表。（　　）

6.为了满足投资者及各方报表使用者获取会计信息的需要,企业所有会计报表都必须对外公开。(　　)

7.企业重大的投资和融资活动应在会计报表中披露。(　　)

8.企业在编制年度财务会计报告前,应当全面清查资产,核实债务。(　　)

四、简答题

1.什么是会计报表?会计报表的作用有哪些?

2.施工企业会计报表如何分类?

任务 5.2　资产负债表的编制

教学目标:

1.掌握资产负债表的含义、内容、结构,掌握资产负债表的填列方法。

2.能够编制资产负债表。

5.2.1　资产负债表的含义

资产负债表是反映会计主体在某一特定日期财务状况的会计报表。它反映会计主体在某一特定日期所拥有或控制的经济资源、所承担的现时义务和所有者对净资产的要求权。

资产负债表,可以提供某一日期的资产总额及其结构,表明会计主体拥有或控制的资源及其分布情况;可以提供某一日期的负债总额及其结构,表明企业未来需要多少资产或劳务清偿债务以及清偿时间;可以反映所有者所拥有的权益,据以判断资本保值、增值的情况以及对负债的保障程度。资产负债表可以提供进行财务分析的基本资料,如将流动资产与流动负债进行比较,计算出流动比率;将速动资产与流动负债进行比较,计算出速动比率等,可以表明企业的变现能力、偿债能力和资金周转能力,从而有助于报表使用者做出经济决策。

由于施工项目部并不是一个法人,因此施工项目的资产负债表主要反映施工项目特定日期资产、负债的基本情况。

5.2.2　资产负债表的内容与结构

1.资产负债表的内容

资产负债表的内容主要反映以下3个方面。

(1)资产。

资产反映由过去的交易、事项形成的并由企业在某一特定日期所拥有或控制的、预期会给企业带来经济利益的资源。资产应当按照流动资产和非流动资产两大类别在资产负债表中列示,在流动资产和非流动资产类别下进一步按性质分项列示。

流动资产是指预计在一个正常营业周期中变现、出售或耗用,或者主要为交易目的而持有,或者预计在资产负债表日起一年内(含一年)变现的资产,或者自资产负债表日起一年内交换其他资产或清偿负债的能力不受限制的现金或现金等价物。资产负债表中列示的流动资产项目通常包括货币资金、交易性金融资产、应收票据、应收账款、预付款项、应收利息、应收股利、其他应收款、存货和一年内到期的非流动资产等。

非流动资产是指流动资产以外的资产。资产负债表中列示的非流动资产项目通常包括长期股权投资、固定资产、在建工程、工程物资、固定资产清理、无形资产、开发支出、长期待摊费用以及其他非流动资产等。

(2) 负债。

负债反映在某一特定日期企业所承担的、预期会导致经济利益流出企业的现时义务。负债应当按照流动负债和非流动负债在资产负债表中列示，在流动负债和非流动负债类别下再进一步按性质分项列示。

流动负债是指预计在一个正常营业周期中清偿，或者主要为交易目的而持有，或者自资产负债表日起一年内（含一年）到期应予以清偿，或者企业无权自主地将清偿推迟至资产负债表日后一年以上的负债。资产负债表中列示的流动负债项目通常包括短期借款、应付票据、应付账款、预收款项、应付职工薪酬、应交税费、应付利息、应付股利、其他应付款、一年内到期的非流动负债等。

非流动负债是指流动负债以外的负债。资产负债表中列示的非流动负债项目通常包括长期借款、应付债券和其他非流动负债等。

(3) 所有者权益。

所有者权益是指企业资产扣除负债后的剩余权益，反映企业在某一特定日期股东（投资者）拥有的净资产的总额，它一般按照实收资本、资本公积、盈余公积和未分配利润分项列示。

2. 资产负债表的结构

资产负债表（表5.1）在形式上分为表首、正表两部分。其中，表首主要包括资产负债表的名称、编制单位、编制日期和金额单位；正表包括资产、负债和所有者权益各项金额，也是资产负债表的主要部分。

目前，国际上流行的资产负债表的格式主要有账户式和报告式两种。

(1) 账户式资产负债表。

账户式资产负债表分左右两方，左方为资产项目，按资产的流动性大小排列；右方为负债及所有者权益项目，一般按求偿权先后顺序排列。账户式资产负债表中资产各项目的合计等于负债和所有者权益各项目的合计，即"资产=负债+所有者权益"。根据我国《企业会计制度》的规定，我国企业的资产负债表采用账户式结构。报表的两方分别排列"项目"（"资产""负债"和"股东权益"）及"期末余额""年初余额"3栏。

(2) 报告式资产负债表。

报告式资产负债表是上下结构，上半部列示资产，下半部列示负债和所有者权益。具体排列形式又有两种：一是按"资产=负债+所有者权益"的原理排列；二是按"资产-负债=所有者权益"的原理排列。

表 5.1　资产负债表

编制单位：××项目部　　　　　××××年 6 月 30 日　　　　　　　　　　　　单位：元

资产	期末余额	年初余额	负债和所有者权益（或股东权益）	期末余额	年初余额
流动资产			流动负债：		
货币资金	9 689 766.36	0	短期借款	0	0
交易性金融资产	0	0	交易性金融负债	0	0
衍生金融资产	0	0	衍生金融负债	0	0
应收票据	0	0	应付票据	0	0
应收账款	801 009.00	0	应付账款	2 664 316.20	0
应收款项融资	0	0	预收款项	0	0
预付款项	46 000.00	0	合同负债	0	0
其他应收款	57 172.38	0	应付职工薪酬	98 898.76	0
存货	2 217 210.80	0	应交税费	0	0
合同资产	210 940.90	0	其他应付款	12 840 541.88	0
持有待售资产	0	0	持有待售负债	0	0
一年内到期的非流动资产	0	0	一年内到期的非流动负债	0	0
其他流动资产	0	0	其他流动负债	0	0
流动资产合计	13 022 099.44	0	流动负债合计	15 603 756.84	0
非流动资产			非流动负债：		
债权投资	0	0	长期借款	0	0
其他债权投资	0	0	应付债券	0	0
长期应收款	0	0	其中：优先股	0	0
长期股权投资	0	0	永续债	0	0
其他权益工具投资	0	0	租赁负债	0	0
其他非流动金融资产	0	0	长期应付款	0	0
投资性房地产	0	0	预计负债	0	0
固定资产	114 980.00	0	递延收益	0	0
在建工程	2 518 041.67	0	递延所得税负债	0	0
生产性生物资产	0	0	其他非流动负债	0	0
油气资产	0	0	非流动负债合计	0	0
使用权资产	0	0	负债合计	15 603 756.84	0
无形资产	0	0	所有者权益（或股东权益）：		
开发支出	0	0	实收资本（或股本）	0	0

续表 5.1

资产	期末余额	年初余额	负债和所有者权益（或股东权益）	期末余额	年初余额
商誉	0	0	其他权益工具	0	0
长期待摊费用	0	0	其中:优先股	0	0
递延所得税资产	0	0	永续债	0	0
其他非流动资产	0	0	资本公积	0	0
非流动资产合计	2 633 021.67	0	减:库存股	0	0
			其他综合收益	0	0
			专项储备	0	0
			盈余公积	0	0
			未分配利润	51 364.27	0
			所有者权益（或股东权益）合计	0	0
资产总计	15 655 121.11	0	负债和所有者权益（或股东权益）总计	15 655 121.11	0

5.2.3 资产负债表的填列方法

1. 年初余额栏的填列方法

资产负债表"年初余额"栏内各项数字，应根据上年末资产负债表"期末余额"栏内所列数字填列。如果上年度资产负债表规定的各个项目的名称和内容同本年度不一致，应对上年末资产负债表各项目的名称和数字按照本年度的规定进行调整，填入表中"年初余额"栏内。

2. 期末余额栏的填列方法

(1)"货币资金"项目，反映企业库存现金、银行存款、外埠存款、银行汇票存款、银行本票存款、信用卡存款、信用证保证金存款等的合计数。本项目应根据"库存现金""银行存款""其他货币资金"科目的期末余额合计填列。

(2)"交易性金融资产"项目，反映企业购入的各种能随时变现、并准备随时变现的、持有时间不超过 1 年(含 1 年)的股票、债券和基金，以及不超过 1 年(含 1 年)的其他投资，本项目的期末余额应根据"交易性金融资产"总账的期末余额填列。

(3)"应收票据"项目，反映企业持有的未到期收款也未向银行贴现的应收票据，包括商业承兑汇票和银行承兑汇票，本项目应根据"应收票据"科目的期末余额填列。已向银行贴现和已背书转让的应收票据不包括在本项目内，其中已贴现的商业承兑汇票应在会计报表附注中单独披露。

(4)"应收股利"项目，反映企业因股权投资而应收取的现金股利，企业应收其他单位的利润，也包括在本项目内，本项目应根据"应收股利"科目的期末余额填列。

(5)"应收利息"项目,反映企业因债权投资而应收取的利息。企业购入到期还本付息债券应收的利息,不包括在本项目内。本项目应根据"应收利息"科目的期末余额填列。

(6)"应收账款"项目,反映企业因销售商品、产品和提供劳务等而应向购买单位收取的各种款项,减去已计提的坏账准备后的净额。本项目应根据"应收账款"科目所属的明细科目的期末借方余额合计,减去"坏账准备"科目中有关应收账款计提的坏账准备期末余额后的金额填列;如"应收账款"科目所属明细科目期末有贷方余额,应在本表"预收款项"项目内填列,"预收账款"科目所属明细科目有借方余额的,也应包括在本项目内。

(7)"其他应收款"项目,反映企业对其他单位和个人的应收和暂付的款项,减去已计提的坏账准备后的净额。本项目应根据"其他应收款"科目的期末余额,减去"坏账准备"科目中有关其他应收款计提的坏账准备期末余额后的金额填列。

(8)"预付款项"项目,反映企业预付给供应单位的款项。本项目应根据"预付账款"科目所属各明细科目的期末借方余额合计填列。如"预付账款"科目所属有关明细科目期末有贷方余额的,应在本表"应付账款"项目内填列。如"应付账款"科目所属明细科目有借方余额的,也应包括在本项目内。

(9)"应收补贴款"项目,反映企业按规定应收的各种补贴款。本项目应根据"应收补贴款"科目的期末余额填列。

(10)"存货"项目,反映企业期末在库、在途和在加工中的各项存货的可变现净值,包括各种原材料、周转材料、在产品、半成品、包装物、低值易耗品、委托加工物资等。本项目应根据"在途物资""原材料""低值易耗品""周转材料""包装物""委托加工物资""合同履约成本"等科目的期末余额合计,再减去"存货跌价准备"科目期末余额后的金额填列。如企业的材料采用计划成本核算,还应加或减"材料成本差异"科目期末余额后的金额填列。

(11)"其他流动资产"项目,反映企业除以上流动资产项目外的其他流动资产,本项目应根据有关科目的期末余额填列。如其他流动资产价值较大的,应在会计报表附注中披露其内容和金额。

(12)"长期股权投资"项目,反映企业不准备在1年内(含1年)变现的各种股权性质的投资的可收回金额。"长期股权投资"中将于1年内到期的长期股权投资,应在流动资产类下"1年内到期的非流动资产"项目单独反映。本项目应根据"长期股权投资"科目的期末余额,扣除1年内到期的长期股权投资后的数额,再减去"长期股权投资减值准备"科目期末余额后的金额填列。

(13)"持有至到期投资"项目,反映企业不准备在1年内(含1年)变现的各种债权性质的投资的可收回金额。"持有至到期投资"中将于1年内到期的长期债权投资,应在流动资产类下"1年内到期的非流动资产"项目单独反映。本项目应根据"持有至到期投资"科目的期末余额,扣除1年内到期的长期债权投资的数额,再减去"持有至到期投资减值准备"科目期末余额后的净额填列。

(14)"固定资产"项目,反映企业的各种固定资产账面价值。应根据"固定资产"与"累计折旧""固定资产减值准备"账户期末余额相减后的净额填列。

(15)"工程物资"项目,反映企业各项工程尚未使用的工程物资的实际成本。本项目应根据"工程物资"科目的期末余额填列。

(16)"在建工程"项目,反映企业期末各项未完工程的实际支出,包括交付安装的设备价值,未完建筑安装工程已经耗用的材料、工资和费用支出,预付出包工程的价款,已经安装完毕但尚未交付使用的工程等的可收回金额。本项目应根据"在建工程"科目的期末余额,减去"在建工程减值准备"科目期末余额后的金额填列。

(17)"固定资产清理"项目,反映企业因出售、毁损、报废等原因转入清理但尚未清理完毕的固定资产的账面价值,以及固定资产清理过程中所发生的清理费用和变价收入等各项金额的差额。本项目应根据"固定资产清理"科目的期末借方余额填列,如"固定资产清理"科目期末为贷方余额,以"—"号填列。

(18)"无形资产"项目,反映企业各项无形资产的期末可收回金额。本项目应根据"无形资产"科目的期末余额,减去"累计摊销"及"无形资产减值准备"科目期末余额后的金额填列。

(19)"长期待摊费用"项目,反映企业尚未摊销的期限在1年以上(不含1年)的各种费用,如经营租赁方式租入的固定资产的改良支出、大修理支出以及摊销期限在1年以上(不含1年)的其他待摊费用。

(20)"其他长期资产"项目,反映企业除以上资产以外的其他长期资产。本项目应根据有关科目的期末余额填列。如其他长期资产价值较大的,应在会计报表附注中披露其内容和金额。

(21)"递延所得税资产"项目,反映企业期末确认的可抵减暂时性差异产生的递延所得税资产。本项目应根据"递延所得税资产"科目的期末借方余额填列。

(22)"短期借款"项目,反映企业借入尚未归还的1年期以下(含1年)的借款。本项目应根据"短期借款"科目的期末余额填列。

(23)"应付票据"项目,反映企业为了抵付货款等而开出、承兑的尚未到期付款的应付票据,包括银行承兑汇票和商业承兑汇票。本项目应根据"应付票据"科目的期末余额填列。

(24)"应付账款"项目,反映企业因购买原材料、商品和接受劳务等而应付给供应单位的款项。本项目应根据"应付账款"科目所属各明细科目的期末贷方余额合计填列。如"应付账款"科目所属各明细科目期末有借方余额,应在本表"预付款项"项目内填列。

(25)"预收款项"项目,反映企业预收购买单位的账款。本项目应根据"预收账款"科目所属各有关明细科目的期末贷方余额合计填列。如"预收账款"科目所属有关明细科目有借方余额的,应在本表"应收账款"项目内填列。

(26)"应付职工薪酬"项目,反映企业应付未付的全部职工薪酬及福利。本项目应根据"应付职工薪酬"总账的期末余额填列。

(27)"应付利息"项目,反映企业尚未支付的利息。本项目应根据"应付利息"总账的期末余额填列。

(28)"应付股利"项目,反映企业尚未支付的现金股利。本项目应根据"应付股利"科目的期末余额填列。

(29)"应交税费"项目,反映企业期末未交、多交或未抵扣的各种税金。本项目应根据"应交税费"科目的期末贷方余额填列。如"应交税费"科目期末为借方余额,以"—"号填列。

(30)"其他应付款"项目,反映企业所有应付和暂收其他单位和个人的款项。本项目应根据"其他应付款"科目的期末余额填列。

(31)"其他流动负债"项目,反映企业除以上流动负债以外的其他流动负债。本项目应根据有关科目的期末余额填列,如其他流动负债价值较大的,应在会计报表附注中披露其内容及金额。

(32)"长期借款"项目,反映企业借入尚未归还的1年期以上(不含1年)的借款本息。本项目应根据"长期借款"科目的期末余额填列。

(33)"应付债券"项目,反映企业发行的尚未偿还的各种长期债券的本息。本项目应根据"应付债券"科目的期末余额填列。

(34)"长期应付款"项目,反映企业除长期借款和应付债券以外的其他各种长期应付款。本项目应根据"长期应付款"科目的期末余额,减去"未确认融资费用"科目期末余额后的金额填列。

(35)"其他长期负债"项目,反映企业除以上长期负债项目以外的其他长期负债。本项目应根据有关科目的期末余额填列。如其他长期负债价值较大的,应在会计报表附注中披露其内容和金额。

上述长期负债项目中将于1年内(含1年)到期的长期负债,应在"1年内到期的非流动负债"项目内单独反映。上述长期负债各项目均应根据有关科目期末余额扣除将于1年内(含1年)到期偿还数后的余额填列。

(36)"递延所得税负债"项目,反映企业期末确认的递延所得税负债。本项目应根据"递延所得税负债"科目的期末贷方余额填列。

(37)"实收资本(股本)"项目,反映企业各股东实际投入的资本(股本)总额。本项目应根据"实收资本(或股本)"科目的期末余额填列。

(38)"资本公积"项目,反映企业资本公积的期末余额。本项目应根据"资本公积"科目的期末余额填列。

(39)"盈余公积"项目,反映企业盈余公积的期末余额。本项目应根据"盈余公积"科目的期末余额填列。其中,法定盈余公积期末金额,应根据"盈余公积"科目所属的"法定盈余公积"明细科目的期末余额填列。

(40)"未分配利润"项目,反映企业尚未分配的利润。本项目应根据"本年利润"科目和"利润分配"科目的余额计算填列。如为亏损,在本项目内以"—"号反映。

3. 特殊项目的填列

(1)"合同资产"和"合同负债"项目的填列方法。企业应按照《企业会计准则第14号——收入》的相关规定,根据本单位履行履约义务与客户付款之间的关系,在资产负债表中列示合同资产或合同负债。"合同资产"项目、"合同负债"项目,应分别根据"合同资产"科目、"合同负债"科目的相关明细科目期末余额分析填列,同一合同下的合同资产和合同负债应当以净额列示,其中净额为借方余额的,应当根据其流动性在"合同资产"或"其他非流动资产"项目中填列,已计提减值准备的,还应减去"合同资产减值准备"科目中相关的期末余额后的金额填列;其中净额为贷方余额的,应当根据其流动性在"合同负债"或"其他非流动负债"项目中填列。

设置"合同结算——价款结算"和"合同结算——收入结转"科目的单位资产负债表日,"合同结算"科目的期末余额在借方的,根据其流动性,在资产负债表中分别列示为"合同资产"或"其他非流动资产"项目;期末余额在贷方的,根据其流动性,在资产负债表中分别列示为"合同负债"或"其他非流动负债"项目。

（2）"内部往来"科目的填列方法。有的施工企业使用"内部往来"科目，施工项目部应对"内部往来"科目所属明细科目进行分析后填列，如果"内部往来"科目所属明细科目有借方余额，应填报在"其他应收款"项目内；如果"内部往来"科目所属明细科目有贷方余额，应在"其他应付款"项目填列。

（3）"临时设施"等相关科目的填列方法。有的施工企业设置了"临时设施""临时设施摊销""临时设施清理""临时设施减值准备"等科目，施工项目部应将"临时设施"科目的期末余额减去"临时设施摊销"和"临时设施减值准备"等科目期末余额后的差额，填列计入"固定资产"项目。

（4）"低值易耗品"科目的填列方法。有的施工企业单独设置了"低值易耗品"科目，施工项目部应采取与"周转材料"科目相同的填列方式，将其填列计入"存货"项目。

值得注意的是，施工项目部不是法人单位，不存在实收资本、资本公积、盈余公积项目填列问题。因此，资产负债表的所有者权益部分，施工项目部主要填列"未分配利润"项目。

4. 资产负债表的编制

【例 5.1】 ××企业××××年12月31日科目余额表见表5.2，其相应的资产负债表见表5.3。

表 5.2 ××企业科目余额表　　　　　　　　　　　　　　　　　　单位：元

××××年12月31日

科目名称	借方余额	科目名称	贷方余额
库存现金	60 500	短期借款	2 682 000
银行存款	760 000	应付票据	509 000
其他货币资金	460 500	预收账款	1 250
交易性金融资产	656 750	应付账款	520 250
应收票据	1 062 500	应付职工薪酬	104 400
预付账款	26 300	应付股利	100 000
应收账款	1 562 500	应交税费	584 000
其他应收款	20 750	其他应付款	5 500
坏账准备	−1 250	应付利息	10 000
在途物资	604 000	应付债券	5 106 100
原材料	5 200 000	长期借款	609 400
包装物	10 500	其中：1年内到期部分	9 400
低值易耗品	208 000	实收资本	25 250 000
库存商品	1 235 250	盈余公积	850 000
存货跌价准备	−10 500	资本公积	705 500
长期待摊费用	12 100	利润分配	550 000
长期股权投资	312 500		
固定资产	26 000 000		

续表5.2 单位:元

科目名称	借方余额	科目名称	贷方余额
累计折旧	-525 000		
固定资产减值准备	-100 000		
在建工程	13 000		
无形资产	19 000		
合　计	37 587 400	合　计	37 587 400

表5.3　资产负债表

编制单位：　　　　　××××年12月31日　　　　　单位:元

资产	行次	年初数	期末数	负债和所有者权益	行次	年初数	期末数
流动资产：				流动负债：			
货币资金	1	1 250 000	1 281 000	短期借款	1	2 650 000	2 682 000
交易性金融资产		650 000	656 750	应付票据	2	550 000	509 000
应收票据		1 065 000	1 062 500	应付账款	3	500 250	520 250
应收账款	4	1 553 500	1 561 250	预收款项	4		1 250
预付款项	5	25 500	26 300	应付职工薪酬	5	105 000	104 400
其他应收款	6	21 000	20 750	应付股利	6	75 000	100 000
存　货	7	7 160 000	7 247 250	应交税费	7	587 500	584 000
1年内到期的非流动资产	8			其他应付款	8	6 000	5 500
流动资产合计	9	11 725 000	11 855 800	应付利息	9	11 500	10 000
非流动资产：				1年内到期的非流动负债	10		9 400
长期股权投资	10	310 000	312 500	流动负债合计	11	4 485 250	4 525 800
投资性房地产	11			非流动负债：			
固定资产	12	24 950 000	25 375 000	长期借款	12	600 000	600 000
在建工程	13	12 500	13 000	应付债券	13	5 106 500	5 106 100
工程物资	14			递延所得税负债	14		
固定资产清理	15			非流动负债合计	15	5 706 500	5 706 100
生产性生物资产	16			负债合计	16	10 191 750	10 231 900
无形资产	17	20 000	19 000	所有者权益：			
开发支出	18			实收资本(或股本)	17	25 000 000	25 250 000
商誉	19			资本公积	18	575 750	705 500
长期待摊费用	20	10 000	12 100	盈余公积	19	960 000	850 000
递延所得税资产	21			未分配利润	20	300 000	550 000

续表 5.3

资　产	行次	年初数	期末数	负债和所有者权益	行次	年初数	期末数
非流动资产合计	22	25 302 500	25 731 600	所有者权益合计	21	26 835 750	27 355 500
资产总计	23	37 027 500	37 587 400	负债及所有者权益总计	22	37 027 500	37 587 400

练习题

一、单选题

1.下列说法中正确的是(　　)。

A.资产负债表的"长期借款"项目,应根据"长期借款"总账科目的余额填列。

B.资产负债表的"货币资金"项目,应根据"银行存款"和"库存现金"总账科目的借方余额之和计算填列。

C.资产负债表的"应收账款"项目,应根据"应收账款""预付账款"总账科目所属明细科目的借方余额之和计算填列。

D.资产负债表的"固定资产"项目,应根据"固定资产"总账科目余额直接填列。

2.下列资产负债表项目中,不可以直接根据总分类账户期末余额填列的是(　　)。

A."资本公积"　　B."短期借款"　　C."应收账款"　　D."应付股利"

3.某企业1月1日"固定资产"账户余额为3000万元,"累计折旧"账户余额为1 000万元,固定资产减值准备账户余额为100万元,在建工程账户余额为200万元。该企业12月31日资产负债表中固定资产项目的金额为(　　)万元。

A.2 100　　　　B.2 900　　　　C.1 900　　　　D.2 000

4."预付账款"科目明细账中若有借方余额,应将其计入资产负债表中的(　　)项目。

A."应收账款"　　B."预收款项"　　C."应付账款"　　D."预付款项"

5.年度终了前,资产负债表中的"未分配利润"项目,应根据(　　)填列。

A."利润分配"科目余额

B."本年利润"科目余额

C."本年利润"和"利润分配"科目余额计算后

D."盈余公积"科目余额

6.编制资产负债表的主要资料依据是(　　)。

A.各损益类账户的本期发生额

B.各损益类账户的期末余额

C.各资产、负债、所有者权益及成本类账户的本期发生额

D.各资产、负债、所有者权益及成本类账户的期末余额

7.资产负债表中资产的排列依据是(　　)。

A. 项目重要性　　B. 项目控制性　　C. 项目流动性　　D. 项目营利性

8. 资产负债表是根据（　　）这一基本会计等式编制的。

A. 营业收入－营业成本－税费－期间费用＝营业利润

B. 资产＝负债＋所有者权益

C. 收入－支出＝余额

D. 资金＝负债＋所有者权益

9. 资产负债表是反映企业某一特定日期（　　）的会计报表。

A. 经营成果　　B. 权益变动情况　C. 财务状况　　D. 现金流量

10. 资产负债表中，负债项目是按照（　　）进行排列的。

A. 营利能力　　B. 变现能力　　C. 变动性　　D. 清偿债务的先后顺序

11. 下列选项中，反映了资产负债表内有关资产项目排列顺序的是（　　）。

A. 流动资产、长期投资、固定资产、无形资产及其他资产、递延税款

B. 流动资产、固定资产、长期投资、无形资产及其他资产、递延税款

C. 流动资产、长期投资、递延税款、固定资产、无形资产及其他资产

D. 流动资产、长期投资、固定资产、递延税款、无形资产及其他资产

二、多选题

1. 编制资产负债表时，需根据有关总账科目期末余额分析、计算填列的项目有（　　）。

A. 货币资金　　B. 预付款项　　C. 存货　　D. 应收账款

2. 资产负债表中的应付账款项目应根据（　　）填列。

A. 应付账款所属明细账贷方余额合计

B. 预收账款所属明细账借方余额合计

C. 应付账款总账余额

D. 预付账款所属明细账贷方余额合计

3. 资产负债表提供的信息，可以帮助管理者（　　）。

A. 分析企业的现金流量情况

B. 分析企业资产的结构及其状况

C. 分析企业目前与未来需要支付的债务数额

D. 分析企业的营利能力

三、判断题

1. 资产负债表中的"长期待摊费用"项目应根据"长期待摊费用"科目的余额直接填列。（　　）

2. 资产负债表的"存货"项目应当根据若干总账科目余额计算填列。（　　）

3. 资产负债表是反映企业某一特定日期财务状况的静态财务报表。（　　）

4. 资产负债表中"货币资金"项目只包括库存现金和银行存款。（　　）

5. 资产负债表中确认的资产都是企业拥有的。（　　）

四、简答题

简述资产负债表的含义及其结构。

五、业务题

1. 根据下列"资产负债表",填列表 5.4 中括号内的空缺数字。

表 5.4　资产负债表
2022 年 12 月 31 日　　　　　　　　　　　　　　　　　　　　　　　　　　单位:元

资产		负债及所有者权益	
项目	金额	项目	金额
货币资金	380 000	短期借款	200 000
交易性金融资产	450 000	应付账款	176 000
应收票据	100 000	应交税费	59 000
应收账款	235 000	流动负债合计	(　　)
存货	(　　)	长期负债合计	344 000
流动资产合计	1 860 000	实收资本	4 900 000
固定资产	4 270 000	资本公积	265 000
无形资产	313 000	盈余公积	379 000
		未分配利润	120 000
		所有者权益会计	(　　)
资产总计	(　　)	负债及所有者权益总计	(　　)

2. 资料:某施工企业 2022 年 12 月 31 日有关账户余额见表 5.5。

　要求:根据资料编制一份简易资产负债表。

表 5.5　有关账户余额　　　　　　　　　　　　　　　　　　　　　　　　　　单位:元

账户名称		借方	贷方
总分类账户	明细分类账户		
库存现金		5000	
银行存款		200 000	
其他货币资金		25 000	
应收账款	A 公司	5 000	
应收账款	B 公司		1 000
预付账款	C 公司	1 750	
预付账款	D 公司		250

续表 5.5

账户名称		借方	贷方
总分类账户	明细分类账户		
其他应收款		1 000	
坏账准备			3 000
原材料		36 000	
产成品		11 600	
生产成本		2 400	
债权投资	债券投资	60 000	
固定资产		700 000	
累计折旧			250 000
无形资产		89 000	
应付账款			6 000
预收账款	E 公司	150	
预收账款	F 公司		8 900
本年利润			124 000
利润分配			77 000
实收资本			666 750
合计		1 136 900	1 136 900

任务 5.3 利润表的编制

教学目标：

1. 理解利润表的含义、结构、内容，掌握利润表的填列方法。
2. 能够编制利润表。

5.3.1 利润表的含义

利润表是反映会计主体在一定会计期间的经营成果的会计报表。利润表必须充分反映会计主体经营业绩的主要来源和构成，有助于使用者判断净利润的质量及其风险、预测净利润的持续性，从而做出正确的决策。通常情况下，企业管理者通过阅读施工项目的利润表，可以了解施工项目一定会计期间的收入与费用的实现情况。利润表与资产负债表中的信息相结合，还有助于企业管理者分析施工项目资金周转情况以及盈利能力和水平，便于公司管理者判断施工项目的未来发展趋势，做出经营决策。

5.3.2 利润表的填列方法

1. 利润表的结构

目前,我国企业的利润表都采用多步式结构,即通过对当期的收入、费用、支出项目按性质加以归类,按利润形成的主要环节列示一些中间性利润指标,分步计算当期净损益。利润表具体格式见表5.6。

表 5.6 利润表

编制单位:××项目部　　　　2022年12月　　　　　　　　　　　　　　单位:元

项　目	本期金额	上期金额
一、营业收入	10 119 499.00	0
减:营业成本	9 380 131.53	0
税金及附加	315 728.37	0
销售费用	0	0
管理费用	372 392.40	0
研发费用		
财务费用	－117.57	0
其中:利息费用	0	0
利息收入	0	0
加:其他收益	0	0
投资收益(损失以"－"号填列)	0	0
其中:对联营企业和合营企业的投资收益	0	0
以摊余成本计量的金融资产终止确认收益(损失以"－"号填列)	0	0
净敞口套期收益(损失以"－"号填列)	0	0
公允价值变动收益(损失以"－"号填列)	0	0
信用减值损失(损失以"－"号填列)	0	0
资产减值损失(损失以"－"号填列)	0	0
资产处置收益(损失以"－"号填列)	0	0
二、营业利润(亏损以"－"号填列)	51 364.27	0
加:营业外收入	0	0
减:营业外支出	0	0
三、利润总额(亏损总额以"－"号填列)	51 364.27	0
减:所得税费用	0	0
四、净利润(净亏损以"－"号填列)	0	0
(一)持续经营净利润(净亏损以"－"号填列)	0	0
(二)终止经营净利润(净亏损以"－"号填列)	0	0

续表 5.6

项 目	本期金额	上期金额
五、其他综合收益的税后净额	0	0
（一）不能重分类进损益的其他综合收益	0	0
1. 重新计量设定受益计划变动额	0	0
2. 权益法下不能转损益的其他综合收益	0	0
3. 其他权益工具投资公允价值变动	0	0
4. 企业自身信用风险公允价值变动	0	0
………		
（二）将重分类进损益的其他综合收益	0	0
1. 权益法下可转损益的其他综合收益	0	0
2. 其他债权投资公允价值变动	0	0
3. 金融资产重分类计入其他综合收益的金额	0	0
4. 其他债权投资信用减值准备	0	0
5. 现金流量套期储备	0	0
6. 外币财务报表折算差额	0	0
………		
六、综合收益总额	0	0
七、每股收益：		
（一）基本每股收益	0	0
（二）稀释每股收益	0	0

2. 利润表的内容及填列方法

按照我国企业利润表的格式要求，利润表中一般设有"本月数"和"本年累计数"两栏。报表中"本月数"栏反映各项目的本月实际发生数，在编制月报表时，应根据有关损益类账的本月发生额分析填列。

（1）"营业收入"项目，反映企业销售商品、提供劳务等经营业务所获得的收入。本项目应根据"主营业务收入"账户和"其他业务收入"账户的本期贷方发生额填列。如果结账前该账户有借方发生额，属于本期销售退回或销售折让，应抵减本期贷方发生额，按抵减后的金额填列。

（2）"营业成本"项目，反映企业为取得营业收入而发生的相关成本。本项目应根据"主营业务成本"账户和"其他业务成本"账户的借方发生额分析填列。如果结账前该账户有贷方发生额，属于本期销售退回，应抵减借方发生额，按抵减后的差额填列。

（3）"税金及附加"项目，反映企业经营主要业务应负担的消费税、城市维护建设税、资源税、土地增值税和教育费附加等。本项目应根据"税金及附加"科目的借方发生额分析填列。

（4）"销售费用"项目，反映企业在销售商品、提供劳务过程中发生的经营费用。本项目应根据"销售费用"账户的借方发生额分析填列。如果结账前该账户有贷方发生额，应以借方发生额抵减贷方发生额后的差额填列。

（5）"管理费用"项目，反映企业为组织和管理企业生产经营活动而发生的费用。本项目应根据"管理费用"账户的借方发生额分析填列。如果结账前该账户有贷方发生额，应以借方发生额抵减贷方发生额后的差额填列。

（6）"财务费用"项目，反映企业为筹集资金而发生的费用。本项目应根据"财务费用"账户的借方发生额分析填列。如果结账前该账户有贷方发生额，应以借方发生额抵减贷方发生额后的差额填列。

（7）"资产减值损失"项目，反映企业各项资产发生的减值损失。本项目应根据"资产减值损失"账户的借方发生额分析填列。

（8）"公允价值变动收益"项目，反映企业交易性金融资产、交易性金融负债以及采用公允价值模式计量的投资性房地产、衍生工具、套期保值业务等的公允价值变动形成的利得和损失。本项目应根据"公允价值变动损益"的贷方发生额分析填列，公允价值变动损失以负号表示。

（9）"投资收益"项目，反映企业以各种方式对外投资所获得的净收益，包括分来的投资利润或现金股利、债券投资的利息收入以及收回投资确认的处置收益等。本项目应根据"投资收益"账户的贷方发生额分析填列，如为损失以负号表示。

（10）营业利润项目，营业收入减去营业成本（主营业务成本、其他业务成本）、税金及附加、销售费用、管理费用、财务费用、研发费用、资产减值损失、信用减值损失，加上公允价值变动收益、其他收益、投资收益、资产处置收益填列。

（11）"营业外收入"项目，反映企业经营业务以外形成的净收益，如处置非流动资产利得、盘盈利得、债务重组利得、罚没收入、捐赠利得等。本项目应根据"营业外收入"账户的贷方发生额填列。

（12）"营业外支出"项目，反映企业经营业务以外的各项净支出和净损失，包括非流动资产交易损失、债务重组损失、非常损失、公益性捐赠支出、盘亏损失等。本项目应根据"营业外支出"账户的借方发生额填列。

（13）"利润总额"项目，反映企业实现的利润总额。营业利润加上营业外收入，减去营业外支出填列。如为亏损以负号表示。

（14）"所得税费用"项目，本项目应根据"所得税费用"账户的借方发生额填列。

（15）"净利润"项目，反映企业实现的净利润。利润总额减去所得税费用填列。如为亏损以负号表示。

（16）"每股收益"项目，反映股份有限公司的普通股股东每持一股所能享受的利润或需承担的亏损。每股收益按"基本每股收益"和"稀释每股收益"项目分别填列。

对于一个施工项目部来说，仅需要填列利润表的一部分，比如不会涉及"每股收益"等项目的填列。

【例5.2】 ××企业2022年度12月有关损益科目的发生额见表5.7，该年度利润表见表5.8。

表 5.7　××企业 2022 年度 12 月有关损益科目的发生额

科目名称	借方发生额	贷方发生额	1—11 月累计数
主营业务收入			29 000 000
其他业务收入		375 000	4 000 000
主营业务成本	2 200 000		23 250 000
其他业务成本	275 000		3 000 000
税金及附加	5 000		50 000
管理费用	150 000		1 400 000
财务费用	7 500		70 000
销售费用	42 500		450 000
投资收益		14 000	50 000
营业外收入		12 000	150 000
营业外支出	16 000		225 000
所得税费用	113 750		1 188 750

表 5.8　利 润 表

编制单位：　　　　　　　　　　　2022 年 12 月　　　　　　　　　　　单位：元

项目	行次	本月数	本年累计数
一、营业收入	1	3 125 000	36 125 000
减：营业成本	2	2 475 000	28 725 000
税金及附加	3	5 000	55 000
销售费用	4	42 500	492 500
管理费用	7	150 000	1 550 000
财务费用	8	7 500	77 500
资产减值损失	9		
加：公允价值变动收益（损失以"—"号填列）	10		
投资收益（损失以"—"号填列）	11	14 000	64 000
其中：对联营企业和合营企业的投资收益	12		
二、营业利润	13	459 000	5 289 000
加：补贴收入	14		
营业外收入	15	12 000	162 000
减：营业外支出	16	16 000	241 000
三、利润总额（亏损总额以"—"号填列）	17	455 000	5 210 000
减：所得税费用	18	113 750	1 302 500
四、净利润（净亏损以"—"号填列）	19	341 250	3 907 500
五、每股收益	20		
（一）基本每股收益	21		0.390 75
（二）稀释每股收益	22		

本例假设对外发行 10 000 000 股股票。

练 习 题

一、单选题

1. 在利润表上,利润总额减去(　　)后,得出净利润。
   A. 管理费用　　　B. 增值税　　　C. 营业外支出　　　D. 所得税费用
2. 编制利润表的主要资料依据是(　　)。
   A. 损益类各账户的本期发生额
   B. 损益类各账户的期末余额
   C. 资产、负债、所有者权益及成本类各账户的本期发生额
   D. 资产、负债、所有者权益及成本类各账户的期末余额
3. 在利润表上,利润总额扣除(　　)后,得出净利润或净亏损。
   A. 期间费用　　　B. 增值税　　　C. 营业外收支净额　　　D. 所得税费用
4. 在下列各项税金中应在利润表中"税金及附加"项目中反映的是(　　)。
   A. 增值税　　　B. 房产税　　　C. 城市维护建设税　　　D. 企业所得税

二、多选题

1. 利润表中的"营业成本"项目填列的依据有(　　)科目发生额。
   A. 营业外支出　　　　　　B. 主营业务成本
   C. 其他业务成本　　　　　D. 税金及附加
2. 会计报表使用者通过利润表可以了解的信息有(　　)。
   A. 企业资产变动情况
   B. 企业收入、成本和费用及利润的实现情况
   C. 企业的营利能力
   D. 投资者投入资本的保值增值能力

三、判断题

1. 所有者权益内部各个项目按照各项目的稳定性程度而依序排列。(　　)
2. 营业利润扣减掉管理费用、营业费用、财务费用和所得税后得到净利润。(　　)
3. 利润表中的"营业成本"项目,反映企业销售产品和提供劳务等主要经营业务的各项销售费用和实际成本。(　　)
4. "利润分配"总账的年末余额不一定与相应的资产负债表中未分配利润项目的数额一致。(　　)

四、简答题

简述利润表的含义及其结构。

五、业务题

资料:某施工企业2022年11月份有关账户发生额见表5.9。

表 5.9 有关账户发生额　　　　　　　　　　单位:元

账户名称	借方	贷方
主营业务收入		18 000
主营业务成本	6 500	
销售费用	1 200	
税金及附加	3 000	
其他业务收入		2 800
其他业务成本	800	
管理费用	1 200	
财务费用	800	
投资收益		1 200
营业外收入		1 000
营业外支出	1 500	
所得税费用	2 000	

要求:根据资料编制利润表(只填列本月数)。

任务 5.4　现金流量表的编制

教学目标:

1. 理解现金流量表的含义、作用、结构,掌握现金流量表的编制方法。
2. 能够填列现金流量表。

5.4.1　现金流量表的含义与作用

现金流量表是反映会计主体在一定会计期间现金和现金等价物流入与流出的报表。从编制原则上看,现金流量表按照收付实现制原则编制,将权责发生制下的盈利信息调整为收付实现制下的现金流量信息,便于信息使用者了解会计主体净利润的质量。从内容上看,现金流量表被划分为经营活动、投资活动和筹资活动三个部分。每类活动又分为各具体项目,这些项目从不同角度反映会计主体业务活动的现金流入与流出,弥补了资产负债表和利润表所提供信息的不足。通过对各施工项目现金流量表的分析,企业管理者能够了解施工项目现金流量的影响因素,评价施工项目的支付能力、偿债能力和周转能力,预测施工项目未来现金流量,为其决策提供有力依据。

5.4.2　现金流量表的结构

在现金流量表中,现金及现金等价物被视为一个整体,会计主体现金形式的转换不会产生现金的流入或流出。例如,企业从银行提取现金,是企业现金存放形式的转换,现金并未流出企业,不构成现金流量。同样,现金与现金等价物之间的转换也不属于现金流量。例如,企业用现金购买3个月到期的国库券。根据企业业务活动的性质和现金流量的来源,将企业一定期间产生的现金流量分为3类:经营活动产生的现金流量、投资活动产生的现金流量和筹资活动产生的现金流量。现金流量表的具体格式见表5.10。现金流量表补充资料见表5.11。

表 5.10 现金流量表

编制单位:××项目部　　　　　　　20××年12月　　　　　　　　　　　　　单位:元

项目	本期金额	上期金额
一、经营活动产生的现金流量:		0
销售商品、提供劳务收到的现金	20 000 000.00	0
收到的税费返还	0	0
收到其他与经营活动有关的现金	1 240 000.00	0
经营活动现金流入小计	21 240 000.00	0
购买商品、接受劳务支付的现金	8 990 000.00	0
支付给职工以及为职工支付的现金	324 789.00	0
支付的各项税费	315 728.37	0
支付其他与经营活动有关的现金	1 804 736.27	0
经营活动现金流出小计	11 435 253.64	0
经营活动产生的现金流量净额	9 804 746.36	0
二、投资活动产生的现金流量:		0
收回投资收到的现金	0	0
取得投资收益收到的现金	0	0
处置固定资产、无形资产和其他长期资产收回的现金净额	0	0
处置子公司及其他营业单位收到的现金净额	0	0
收到其他与投资活动有关的现金	0	0
投资活动现金流入小计	0	0
购建固定资产、无形资产和其他长期资产支付的现金	114 980.00	0
投资支付的现金	0	0
取得子公司及其他营业单位支付的现金净额	0	0
支付其他与投资活动有关的现金	0	0
投资活动现金流出小计	114 980.00	0
投资活动产生的现金流量净额	−114 980.00	0

续表 5.10

项 目	本期金额	上期金额
三、筹资活动产生的现金流量：		0
吸收投资收到的现金	0	0
取得借款收到的现金	0	0
收到其他与筹资活动有关的现金	0	0
筹资活动现金流入小计	0	0
偿还债务支付的现金	0	0
分配股利、利润或偿付利息支付的现金	0	0
支付其他与筹资活动有关的现金	0	0
筹资活动现金流出小计	0	0
筹资活动产生的现金流量净额	0	0
四、汇率变动对现金及现金等价物的影响	0	0
五、现金及现金等价物净增加额	9 689 766.36	0
加：期初现金及现金等价物余额	0	0
六、期末现金及现金等价物余额	9 689 766.36	0

表 5.11　现金流量表补充资料

补充资料	本期金额	上期金额
1.将净利润调节为经营活动现金流量：		
净利润		
加：资产减值准备		
固定资产折旧、油气资产折耗、生产性生物资产折旧		
无形资产摊销		
长期待摊费用摊销		
处置固定资产、无形资产和其他长期资产的损失（收益以"—"号填列）		
固定资产报废损失（收益以"—"号填列）		
公允价值变动损失（收益以"—"号填列）		
财务费用（收益以"—"号填列）		
投资损失（收益以"—"号填列）		
递延所得税资产减少（增加以"—"号填列）		
递延所得税负债增加（减少以"—"号填列）		
存货的减少（增加以"—"号填列）		
经营性应收项目的减少（增加以"—"号填列）		

续表 5.11

补充资料	本期金额	上期金额
经营性应付项目的增加(减少以"一"号填列)		
其他		
经营活动产生的现金流量净额		
2.不涉及现金收支的重大投资和筹资活动:		
债务转为资本		
一年内到期的可转换公司债券		
融资租入固定资产		
3.现金及现金等价物净变动情况:		
现金的期末余额		
减:现金的期初余额		
加:现金等价物的期末余额		
减:现金等价物的期初余额		
现金及现金等价物净增加额		

5.4.3 现金流量表的编制方法及程序

编制现金流量表时,列报经营活动现金流量的方法有直接法和间接法两种。在直接法下,一般以利润表中的营业收入为起算点,调节与经营活动有关的项目的增减变动,然后计算出经营活动产生的现金流量。在间接法下,将净利润调节为经营活动现金流量,实际上是将按权责发生制原则确定的净利润调整为现金净收入,并剔除投资活动和筹资活动对现金流量的影响。

采用直接法编报的现金流量表,便于分析企业经营活动产生的现金流量的来源和用途,预测企业现金流量的未来前景;采用间接法编报的现金流量表,便于将净利润与经营活动产生的现金流量净额进行比较,了解净利润与经营活动产生的现金流量产生差异的原因,从现金流量的角度分析净利润的质量。《企业会计准则》规定,应当采用直接法编报现金流量表,同时要求在附注中提供以净利润为基础调节到经营活动现金流量的信息。

5.4.4 现金流量表具体项目的内容及填列方法

1."经营活动产生的现金流量"各项目的内容和填列方法

经营活动是指会计主体投资活动和筹资活动以外的所有交易和事项。会计主体经营活动产生的现金流量应当采用直接法填列。直接法,是指通过现金收入和现金支出的主要类别列示经营活动的现金流量。经营活动现金流量各项目的内容和填列方法如下:

(1)"销售商品、提供劳务收到的现金"项目。该项目反映会计主体销售商品、提供劳务实际收到的现金,包括本期销售商品、提供劳务收到的现金,以及前期销售商品、提供劳务本期收到的现金和本期预收的账款,减去本期退回本期销售的商品和前期销售本期退回的商品而支付的现金。企业销售材料和代购代销业务收到的现金,也在该项目反映。施工项目部可以根据"库存现金""银行存款""合同资产""应收账款""应收票据""预收账款""主营业务收入""其他业务收入"等科目的记录分析填列该项目。

(2)"收到的税费返还"项目。该项目反映会计主体收到返还的各种税费包括收到返还的增值税、消费税、关税、企业所得税、教育费附加等。施工项目部根据"库存现金""银行存款""税金及附加""营业外收入""其他应收款"等科目的记录分析填列该项目。

(3)"收到的其他与经营活动有关的现金"项目。该项目反映会计主体除上述各项目以外所收到的其他与经营活动有关的现金流入,如罚款收入、经营租赁固定资产收到的现金、流动资产损失中由个人赔偿的现金收入、除税收返还以外的其他政府补助收入等。若某项其他与经营活动有关的现金流入金额较大,应单列项目反映。施工项目部根据"库存现金""银行存款""营业外收入"等科目的记录分析填列该项目。

(4)"购买商品、接受劳务支付的现金"项目。该项目反映会计主体购买商品、提供劳务实际支付的现金,包括本期购买材料、商品,接受劳务支付的现金(包括增值税进项税额),本期支付的前期购入商品、接受劳务的未付款以及本期预付账款,扣除本期发生购货退回而收到的现金。施工项目部根据"库存现金""银行存款""应付账款""应付票据""预付账款""主营业务成本""其他业务成本"等科目的记录分析填列该项目。

(5)"支付给职工以及为职工支付的现金"项目。该项目反映会计主体实际支付给职工以及为职工支付的现金,包括本期实际支付给职工的工资、奖金、各种津贴和补贴等,以及为职工支付的其他费用。该项目不包括支付给离退休人员的各项费用及支付给在建工程人员的工资及其他费用。会计主体支付给离退休人员的各项费用(包括支付的统筹退休金以及未参加统筹的退休人员的费用),在"支付的其他与经营活动有关的现金"项目反映;支付给在建工程人员的工资及其他费用,在"购建固定资产、无形资产和其他长期资产支付的现金"项目反映。

施工项目部根据"库存现金""银行存款""应付职工薪酬"等科目的记录分析填列该项目。为职工支付的养老、失业等社会保险基金,补充养老保险,住房公积金,支付给职工的住房困难补助,以及支付给职工或为职工支付的其他福利费用等,按职工的工作性质和服务对象,分别在该项目和"购建固定资产、无形资产和其他长期资产支付的现金"项目反映。

(6)"支付的各项税费"项目。该项目反映会计主体按规定支付的各种税费,包括会计主体本期发生并支付的税费,以及本期支付以前各期发生的税费和本期预交的税金。如预交的增值税、土地增值税、房产税、车船税、印花税、教育费附加等,但不包括计入固定资产价值的、实际支付的耕地占用税,也不包括本期退回的增值税、企业所得税。本期退回的增值税、企业所得税,在"收到的税费返还"项目反映。施工项目部根据"应交税费""库存现金""银行存款"等科目的记录分析填列该项目。

(7)"支付的其他与经营活动有关的现金"项目。该项目反映会计主体除上述各项目外所支付的其他与经营活动有关的现金,如罚款支出,支付的差旅费、业务招待费、保险费,经营租赁支付的现金等。若其他与经营活动有关的现金流出金额较大,应单列项目反映。施工项目部根据"间接费用""营业外支出""库存现金""银行存款"等有关科目的记录分析填列该项目。

2."投资活动产生的现金流量"各项目的内容和填列方法

投资活动是指会计主体长期资产的购建和不包括在现金等价物范围内的投资及其处置活动。长期资产是指固定资产、无形资产、在建工程、其他资产等持有期限在一年或一个营业周期以上的资产。投资活动既包括实物资产投资,也包括金融资产投资。投资活动现金流量各项目的内容和填列方法如下。

(1)"收回投资所收到的现金"项目。该项目反映会计主体出售、转让或到期收回除现金等价物以外的交易性金融资产、债权投资、其他债权投资、其他权益工具投资、长期股权投资、投资性房地产而收到的现金,不包括收回的长期债权投资的利息、收回的非现金资产以及处置子公司及其他营业单位收到的现金净额。债权性投资收回的本金,在该项目反映;债权性投资收回的利息,在"取得投资收益所收到的现金"项目反映。处置子公司及其他营业单位收到的现金净额,单设项目反映。该项目根据"交易性金融资产""债权投资""其他债权投资""其他权益工具投资""长期股权投资""投资性房地产""库存现金""银行存款"等科目的记录分析填列。不过,施工项目部很少涉及此类业务。

(2)"取得投资收益所收到的现金"项目。该项目反映会计主体因股权性投资分得的现金股利,从子公司、联营企业、合营企业分回利润而收到的现金,因债权性投资(包括现金等价物范围内的债券性投资)而取得的现金利息收入。股票股利不在该项目反映。该项目根据"应收股利""应收利息""投资收益""库存现金""银行存款"等科目记录分析填列。施工项目部不会涉及此类业务。

(3)"处置固定资产、无形资产和其他长期资产收回的现金净额"项目。该项目反映会计主体处置固定资产、无形资产和其他长期资产所取得的现金,减去为处置这些资产而支付的有关费用后的净额,包括因自然灾害所造成的固定资产等长期资产损失而收到的保险赔偿收入。如果所收回的现金净额为负数,则应在"支付的其他与投资活动有关的现金"项目反映。施工项目部根据"固定资产清理""临时设施清理""库存现金""银行存款"等科目的记录分析填列该项目。

(4)"处置子公司及其他营业单位收到的现金净额"项目。该项目反映会计主体处置子公司及其他营业单位所取得的现金,减去子公司或其他营业单位持有的现金和现金等价物以及相关处置费用后的净额。该项目应根据有关科目的记录分析填列。处置子公司及其他营业单位收到的现金净额为负数的,则将该金额填列至"支付其他与投资活动有关的现金"项目中。施工项目部不会涉及此类业务。

(5)"收到的其他与投资活动有关的现金"项目。该项目反映会计主体除了上述各项目外所收到的其他与投资活动有关的现金流入。例如,企业收回购买股票和债券时支付的已宣告但尚未领取的现金股利,或已到付息期但尚未领取的债券的利息。若其他与投资活动有关的现金流入金额较大,应单列项目反映。该项目根据有关科目的记录分析填列。

(6)"购建固定资产、无形资产和其他长期资产支付的现金"项目。该项目反映会计主体购买、建造固定资产、取得无形资产和其他长期资产所实际支付的现金。包括购买机器设备所支付的现金及增值税款、建造工程支付的现金、支付在建工程人员的工资等现金支出。不包括为购建固定资产、无形资产和其他长期资产而发生的借款利息资本化的部分,以及融资租入固定资产支付的租赁费。会计主体支付的借款利息和融资租入固定资产支付的租赁费,在筹资活动产生的现金流量中反映。施工项目部根据"固定资产""在建工程""工程物资""临时设施""无形资产""库存现金""银行存款"等科目的记录分析填列该项目。

(7)"投资支付的现金"项目。该项目反映会计主体进行权益性投资和债权性投资支付的现金,包括会计主体取得的除现金等价物以外的交易性金融资产、债权投资等金融资产而支付的现金,以及支付的佣金、手续费等交易费用。会计主体购买债券的价款中含有债券利息的,以及溢价或折价购入的,均按实际支付的金额反映。该项目根据"交易性金融资产""债权投资""其他债权投资""其他权益工具投资""长期股权投资""投资性房地产""库存现金""银行存款"等科目的记录分析填列。不过,施工项目部很少涉及此类业务。

(8)"取得子公司及其他营业单位支付的现金净额"项目。该项目反映会计主体取得子公司及其他营业单位购买出价中以现金支付的部分,减去子公司或其他营业单位持有的现金和现金等价物后的净额。该项目根据有关科目的记录分析填列。取得子公司及其他营业单位支付的现金净额如为负数,则将该金额填列至"收到其他与投资活动有关的现金"项目中。施工项目部不会涉及此类业务。

(9)"支付的其他与投资活动有关的现金"项目。该项目反映会计主体除上述各项外的其他与投资活动有关的现金流出,如会计主体购买股票时实际支付的价款中包含的已宣告而尚未领取的现金股利、购买债券时支付的价款中包含的已到期而尚未领取的债券利息等。若其他与投资活动有关的现金流出金额较大,应单列项目反映。该项目根据有关科目的记录分析填列。

3."筹资活动产生的现金流量"各项目的内容和填列方法

现金流量表中的筹资活动包括权益性投资的吸收与减少、银行借款的借入与偿还、债券的发行与偿还等。单独反映筹资活动产生的现金流量,能了解会计主体筹资活动产生现金流量的规模与能力,以及会计主体为获得现金流入而付出的代价。筹资活动现金流量各项目的内容和填列方法如下。

(1)"吸收投资所收到的现金"项目。该项目反映会计主体收到的投资者投入的现金,包括以发行股票、债券等方式筹集资金实际收取的款项净额(发行收入减去支付的佣金等发行费用后的净额)。该项目根据"实收资本"(股本)及"资本公积""库存现金""银行存款"等科目记录分析填列。不过,施工项目部不会涉及此类业务。

(2)"借款收到的现金"项目。该项目反映会计主体举借各种短期、长期借款所收到的现金。施工项目部根据"短期借款""长期借款""交易性金融负债""应付债券""库存现金""银行存款"等科目的记录分析填列该项目。

(3)"收到其他与筹资活动有关的现金"项目。该项目反映会计主体除上述各项目外所收到的其他与筹资活动相关的现金流入。若某项其他与筹资活动有关的现金流入金额较大,应单列项目反映。该项目根据有关科目的记录分析填列。

(4)"偿还债务所支付的现金"项目。该项目反映会计主体偿还债务本金所支付的现金,包括偿还金融企业的借款本金、偿还债券本金等。支付的借款利息和债券利息在"分配股利、利润或偿付利息所支付的现金"项目反映,不在该项目反映。施工项目部根据"短期借款""长期借款""交易性金融负债""应付债券""库存现金""银行存款"等科目的记录分析填列该项目。

(5)"分配股利、利润或偿付利息支付的现金"项目。该项目反映会计主体实际支付的现金股利、支付给其他投资单位的利润以及支付的借款利息、债券利息等。因借款用途不同而分别计入在建工程及财务费用等的利息,均在该项目反映。该项目根据"应付股利""应付利息""利润分配""财务费用""在建工程""合同履约成本""研发支出""长期借款""库存现金""银行存款"等科目的记录分析填列。施工项目部主要涉及利息支付的现金。

(6)"支付其他与筹资活动有关的现金"项目。该项目反映会计主体除上述各项外的其他与筹资活动有关的现金流出,如以发行股票、债券等方式筹集资金而由企业直接支付的审计、咨询等费用,融资租入固定资产支付的租赁费,以分期付款方式构建固定资产以后各期支付的现金等。若某项其他与筹资活动有关的现金流出金额较大,应单列项目反映。该项目根据有关科目的分析填列。

4. "汇率变动对现金的影响"项目的内容和填列方法

该项目反映会计主体外币现金流量及境外子公司的现金折算为人民币时,所采用的现金流量发生日的汇率或平均汇率折算的人民币金额,与"现金及现金等价物净增加额"中的外币现金净增加额按期末汇率折算的人民币金额之间的差额。

编制现金流量表时,应当将外币现金流量以及境外子公司的现金流量折算成记账本位币。外币现金流量以及境外子公司的现金流量,应当采用现金流量发生日的即期汇率或按照系统合理的方法确定的、与现金流量发生日即期汇率相近的汇率折算。汇率变动对现金的影响额应当作为调节项目,在现金流量表中单独列报。

编制现金流量表时,对当期发生的外币业务,也可不逐笔计算汇率变动对现金的影响,而通过对现金流量表补充资料中"现金及现金等价物净增加额"数额与现金流量表中"经营活动产生的现金流量净额""投资活动产生的现金流量净额""筹资活动产生的现金流量净额"三项之和做比较而得到,其差额即为"汇率变动对现金的影响额"。

5. 补充资料各项目的内容和填列方法

除现金流量表反映的信息外,施工项目部还应在附注中披露将净利润调节为经营活动现金流量、不涉及现金收支的重大投资和筹资活动、现金及现金等价物净变动情况等信息。

(1)"将净利润调节为经营活动现金流量"项目。现金流量表采用直接法反映经营活动产生的现金流量,同时,施工项目部还应采用间接法反映经营活动产生的现金流量。间接法是指以本期净利润为起点,通过调整不涉及现金的收入、费用、营业外收支以及经营性应收应付等项目的增减变动,调整不属于经营活动的现金收支项目,据此计算并列报经营活动产生的现金流量的方法。

①资产减值准备。反映会计主体当期实际计提的各项资产减值准备。施工项目部根据"资产减值损失""信用减值损失"科目的记录分析填列该项目。

②固定资产折旧。反映会计主体本期累计计提的固定资产折旧、投资性房地产折旧及临时设施摊销。施工项目部根据"累计折旧""投资性房地产累计折旧""临时设施摊销"等科目的贷方发生额分析填列该项目。

③无形资产摊销。反映会计主体本期累计摊入成本费用的无形资产价值以及投资性房地产摊销金额。施工项目部根据"累计摊销""投资性房地产累计摊销"等科目的贷方发生额分析填列该项目。

④长期待摊费用摊销。反映会计主体本期累计摊入成本费用的长期待摊费用。施工项目部根据"长期待摊费用"科目的贷方发生额分析填列该项目。

⑤处置固定资产、无形资产和其他长期资产的损失(减:收益)。反映会计主体本期处置固定资产、无形资产和其他长期资产发生的净损失(或净收益)。如为净收益,以"—"号填列。施工项目部根据"资产处置损益"科目的记录分析填列该项目。

⑥固定资产报废损失。反映会计主体本期发生的固定资产报废后的净损失。

如为净收益,以"—"号填列。施工项目部根据"营业外支出""营业外收入"科目所属有关明细科目的记录分析填列该项目。

⑦公允价值变动损失。反映会计主体应当计入当期损益的资产或负债公允价值变动净损失。该项目应根据"公允价值变动损益"科目的发生额分析填列。如为净收益,以"—"号填列。施工项目部一般不涉及该业务。

⑧财务费用。反映会计主体本期实际发生的应属于投资活动或筹资活动的财务费用。属于投资活动、筹资活动的部分,在计算净利润时已扣除,但这部分发生的现金流出不属于经营活动现金流量的范畴,所以,在将净利润调节为经营活动的现金流量时,需要予以加回。施工项目部应根据"财务费用"科目的本期借方发生额分析填列该项目。如为收益,以"—"号填列。

⑨投资损失。反映会计主体本期实际发生的投资损失减去收益后的净损失可根据利润表"投资收益"项目的数字填列。如为投资收益,以"—"号填列。施工项目部一般不涉及该业务。

⑩递延所得税资产减少。反映会计主体本期实际发生的递延所得税资产的净减少。如为净增加,以"—"号填列。

⑪递延所得税负债增加。反映会计主体本期实际发生的递延所得税负债的净增加。如为净减少,以"—"号填列。

⑫存货的减少。反映会计主体本期存货的减少。可根据资产负债表"存货项目的期初、期末余额的差额"填列。期末数大于期初数的差额,以"—"号填列。

⑬经营性应收项目的减少。反映会计主体本期经营性应收项目的减少。经营性应收项目指应收账款、应收票据和其他应收款中与经营活动有关的部分及应收的增值税销项税额等。根据资产负债表"应收账款""应收票据""其他应收款"等项目的期初、期末余额的差额分析填列。期末数大于期初数的差额,以"—"号填列。

⑭经营性应付项目的增加。反映会计主体本期经营性应付项目的增加。经营性应付项目主要是指应付账款、应付票据、应付职工薪酬、应交税费、其他应付款中与经营活动有关的部分以及应付的增值税进项税额等。根据资产负债表"应付账款""应付票据""应付职工薪酬""应交税费""其他应付款"等项目的期初、期末余额的差额分析填列。期末数小于期初数的差额,以"—"号填列。

(2)"不涉及现金收支的重大投资和筹资活动"项目。不涉及现金收支的重大投资和筹资活动,反映会计主体一定期间内影响资产或负债但不形成该期现金收支的所有投资和筹资活动的信息。这些投资和筹资活动虽然不涉及现金收支但对以后各期的现金流量有重大影响。例如,会计主体融资租入设备,将形成的负债记入"长期应付款"科目,当期并不支付设备款及租金,但以后各期必须为此支付现金,从而在一定期间内形成了一项固定的现金支出。会计主体应当在会计报表附注中披露不涉及当期现金收支、但影响会计主体财务状况或在未来可能影响会计主体现金流量的重大投资和筹资活动。主要包括以下内容。

①债务转为资本,反映企业本期转为资本的债务金额。

②一年内到期的可转换公司债券,反映企业一年内到期的可转换公司债券的本息。

③融资租入固定资产,反映企业本期融资租入的固定资产。

(3)"现金及现金等价物净变动情况"项目。会计主体应当在会计报表附注中披露与现金和现金等价物有关的下列信息。

①现金和现金等价物的构成及其在资产负债表中的相应金额。

②企业持有但不能由母公司或集团内其他子公司使用的大额现金和现金等价物金额。例如,国外经营的子公司,由于受当地外汇管制或其他立法的限制,其持有的现金和现金等价物不能由母公司或其他子公司正常使用。

练习题

一、单选题

1. 下列各项中,会引起现金流量净额变动的是( )。
   A. 将现金存入银行　　　　B. 用银行存款购买 1 个月到期的债券
   C. 用固定资产抵偿债务　　D. 用银行存款清偿 20 万元的债务

2. 某施工企业当年共发生财务费用 30 000 元,其中:29 000 元为短期借款利息,1 000 元为现金折扣。则现金流量表补充资料中的"财务费用"项目应填列的金额为( )元。
   A. 29 000　　B. 30 000　　C. −29 000　　D. −30 000

3. 企业投资活动和筹资活动以外的所有交易和事项是指( )。
   A. 经营活动　　B. 投资活动　　C. 筹资活动　　D. 业务洽谈活动

4. 下列各项中,属于经营活动产生的现金流量的是( )。
   A. 发行债券收到的现金
   B. 销售商品收到的现金
   C. 分得股利所收到的现金
   D. 发生筹资费用所支付的现金

二、多选题

1. 下列各项中,属于投资活动产生现金流量的是( )。
   A. 支付的企业所得税款
   B. 取得债券利息收入所收到的现金
   C. 支付给职工以及为职工支付的现金
   D. 购建固定资产所支付的现金

2. 下列属于现金流量表中的"现金"的内容是( )。
   A. 库存现金
   B. 银行存款中的活期存款
   C. 银行存款中的定期存款
   D. 其他货币资金

3.（　　）属于筹资活动产生的现金流量。

A. 借款收到的现金　　　　　B. 偿付利息所支付的现金

C. 用固定资产清偿债务　　　D. 取得债券利息收入所收到的现金

4. 现金等价物应具有的特点是（　　）。

A. 价值变动风险很小　　　　B. 易于转换为已知金额现金

C. 流动性强　　　　　　　　D. 期限短

5. 下列说法中正确的有（　　）。

A. 用直接法编制现金流量表

B. 在补充资料中用间接法将净利润调为经营活动的现金流量

C. 用间接法编制现金流量表

D. 在补充资料中用直接法将净利润调为经营活动的现金流量

6. 下列交易或事项产生的现金流量中,属于投资活动产生的现金流量的有（　　）。

A. 为购建固定资产支付的耕地占用税

B. 转让一项专利技术使用权,取得价款 200 万元

C. 因火灾造成固定资产损失而收到的保险赔款

D. 融资租赁方式租入固定资产所支付的租金

三、判断题

1. 现金流量表中的投资活动,指的是企业长期资产的购建和包括在现金等价物范围内的投资活动及其处置活动。（　　）

2. 现金流量表便于报表使用者了解和评价企业获取现金的能力,据以预测企业未来现金流量。（　　）

3. 作为现金流量表编制基础的现金是现金及现金等价物。（　　）

四、简答题

简述现金流量表的含义及其结构。

任务 5.5　会计报表的分析

教学目标：

1. 掌握会计报表分析的含义、内容、方法。
2. 能够运用财务评价指标对企业偿债、营运及盈利能力进行分析。

5.5.1　会计报表分析的含义

会计报表分析是以会计报表为主要依据,运用一系列方法和指标,对会计报表提供的数据资料进行的系统和深入分析。会计报表分析是会计核算工作的延伸和发展,属于会计分析的组成部分,是一种事后的总结分析。

5.5.2 会计报表分析的内容

会计报表分析的内容一般包括分析企业资产、负债的分布和构成情况,企业负债经营情况,评价企业的偿债能力;分析企业利润形成和盈利水平,评价和预测企业的盈利能力;分析企业现金流量及变动原因,评价企业现金流动状况及付现能力;分析企业资本保全和增值情况,评价企业的财务状况。会计报表分析应全面、系统地对企业的财务状况和经营成果进行分析,灵活运用各种分析法,具体问题具体分析,避免生搬硬套分析指标的错误做法。

5.5.3 会计报表分析方法

会计报表分析是对会计报表提供的各项经济指标所进行的分析,一般采用定量分析方法,即通过数量分析实现对经济活动和经济现象的认识。常用的分析方法有比较分析法、比率分析法和因素替换法。

1. 比较分析法

比较分析法是将两个性质相同的经济指标相互对比,确定数量差异的一种分析方法。通过对比分析,找出数量上的差距,发现存在的问题,为进一步分析指明方向。根据分析的目的和要求,对经济指标的对比分析可以采取以下几种形式。

(1)实际指标与计划指标对比。对分析期的实际指标与计划指标进行比较,可以揭示实际指标与计划指标之间的差异,考核计划完成程度,为进一步分析指明方向。

(2)本期实际与前期实际指标对比。前期实际指标可以是上年同期实际指标、历史先进水平,或者某一特定时期的实际指标。通过对比分析,可以了解企业的发展速度和发展趋势。

(3)本期实际与国内外先进水平对比。通过对比,可以看出企业与其他企业之间的差距,有助于企业采取措施,赶超先进。

应用比较分析法时,要注意指标的可比性,相互对比的指标必须在时间区间、计算口径、计价基础等方面保持一致。在对企业间的同类指标进行对比时,需注意其技术上和经济上的可比性。这是正确运用比较法的必要条件,否则分析结果不能说明问题,甚至会得出错误的结论。

2. 比率分析法

比率分析法是计算指标之间的相对数进行比较分析的方法。采用这种分析方法,可以具体表明经济指标之间的比例关系,使一些不能直接对比的经济指标,建立共同比较的基础。比率分析法有相关比率分析法、构成比率分析法和动态比率分析法。

(1)相关比率分析法。该方法通过对两种性质不同但又相关的指标进行对比,计算出比率,说明两个指标之间的关系,以便深入分析企业经营情况。例如,将利润同资本金料对比,计算出资本金利润率,可以评价企业的盈利能力。

(2)构成比率分析法。该方法通过计算某一指标各个组成部分占总体的比率,分析指标内在结构是否合理,找出影响指标变化的主要因素。其计算公式为

$$构成比率 = 某个组成部分数值 \div 总体数值 \times 100\%$$

根据分析目的,可计算资产构成比率、负债构成比率、利润构成比率等。

(3)动态比率分析法。该方法通过对不同时期同类经济指标进行对比,计算出动态比率,用以分析该项经济指标的发展趋势和速度。由于对比的标准不同可分为定基动态比率和环比动态比率。其计算公式为

$$定基动态比率=分析期数值÷固定基期数值$$

$$环比动态比率=分析期数值÷前期数值$$

3. 因素替换法

因素替换法是把一项综合经济指标分解为各项因素,然后分别测定各项因素变动对综合经济指标影响程度的一种分析方法。通过这种分析方法,可以揭示出经济指标变动的具体原因,找出企业经营管理中存在的主要问题。

因素替换法的计算步骤如下。

(1)根据指标的计算公式,确定影响指标变动的各项因素。

(2)将指标的基数(计划数或上期数等)和实际数分解为两个指标体系。

(3)以基数指标体系为计算的基础,用实际指标体系中每项因素的实际数逐步顺序地替换其基数,每次替换后,实际数就被保留下来。有几项因素就替换几次,每次替换后计算出由于该因素变动所得的新结果。

(4)将每次替换计算的结果,与这一因素被替换前的结果进行比较,两者的差额,就是这一因素变化对经济指标差异的影响程度。

(5)将各个因素的影响数值相加,其代数和应同经济指标的实际数与基数之间的总差异数相等。

5.5.4 主要财务评价指标

会计报表使用者依据会计报表提供的数据资料,从各个角度分析评价企业财务状况和经营成果,获取有用信息,做出相关经济决策。总结和评价企业财务状况和经营成果的财务指标包括:偿债能力指标、营运能力指标和盈利能力指标。

1. 评价企业偿债能力的财务指标

(1)资产负债率。又称负债比率,是负债总额与资产总额的比率。该指标表明企业资产总额中债权人提供的资金所占的比重,可衡量企业利用债权人提供资金进行经营活动的能力,也反映债权人提供债务资金的安全程度。计算公式为

$$资产负债率=负债总额÷全部资产总额×100\%$$

从债权人角度分析,资产负债率越低,表明企业的长期偿债能力越强,债权人权益保障程度越高。从所有者角度分析,资产负债率高,表明企业经营中用较少的自有资金,形成较多的生产经营用资产,可能获得较多的投资回报。但是,资产负债率大于100%,则表明企业已资不抵债,视为达到破产的警戒线。

(2)流动比率。流动比率是流动资产与流动负债的比率。该指标表明每一元的流动负债有多少流动资产作为偿还的保障,用以衡量企业的短期偿债能力。计算公式为

$$流动比率=流动资产÷流动负债$$

流动比率高,反映企业短期偿债能力强,债权人的权益有保障。流动比率过低,则表明企业没有足够的资金偿还短期债务。但是,流动比率过高,则表明企业流动资产占用较多,

资金使用效率不高。一般认为，流动比率为 2 比较合适。

（3）速动比率。速动比率是速动资产与流动负债的比率。速动资产是指流动资产减去存货后的余额。由于剔除了变现能力差的资产，速动比率指标能够可靠地评价资产的流动性及其偿还短期债务的能力。计算公式为

$$速动比率 = 速动资产 \div 流动负债$$

一般认为，正常的速动比率为 1，表明企业每 1 元流动负债有 1 元的速动资产做保证。如果速动比率小于 1，表明企业短期偿债的能力差，但也应根据企业的具体情况而定。

2. 评价企业营运能力的财务指标

（1）应收账款周转率。应收账款周转率是指赊销收入净额与平均应收账款余额的比值。该指标反映企业应收账款变现速度的快慢及管理效率的高低。计算公式为

$$应收账款周转率(次) = 赊销收入净额 \div 平均应收账款余额$$

$$赊销收入净额 = 主营业务收入 - 现销收入 - 销售退回与折让$$

$$平均应收账款余额 = (期初应收账款 + 期末应收账款) \div 2$$

实际工作中，可以把现销业务理解为赊销的同时收回货款，这样，上述公式中的"赊销收入净额"即是"主营业务收入 - 销售退回与折让"。

（2）存货周转率。存货周转率是一定时期内主营业务成本与存货平均资金占用额的比率。该指标表明存货的周转次数，用以分析评价企业销售能力和存货储存状况。计算公式为

$$存货周转率 = 主营业务成本 \div 平均存货$$

$$平均存货 = (期初存货 + 期末存货) \div 2$$

3. 评价企业盈利能力的财务指标

（1）资本金利润率。资本金利润率是利润总额与资本金总额的比率，用以评价投资者投入企业资本金的获利能力。计算公式为

$$资本金利润率 = 利润总额 \div 资本金总额 \times 100\%$$

（2）主营业务收入利润率。主营业务利润率是利润总额与主营业务收入净额的比率，用以评价企业主营业务收入的收益水平。计算公式为

$$主营业务利润率 = 利润总额 \div 主营业务收入净额 \times 100\%$$

（3）主营业务成本利润率。主营业务成本利润率是利润总额与主营业务成本的比率，用以评价企业主营业务成本获利的水平。计算公式为

$$主营业务成本利润率 = 利润总额 \div 主营业务成本 \times 100\%$$

由于施工项目部不具备法人会计主体的全部特征，尤其是无法承担偿债责任，因此在对施工项目财务情况进行分析时，主要从其收入与费用、资产与负债的角度考察其盈利能力、周转能力，所采用的指标也仅限于部分常用财务指标。

【例 5.3】 龙江建筑公司华能项目部某季度末资产负债表、季度利润表的相关资料见表 5.12。

表 5.12　相关资料表　　　　　　　　　　　　　　　　　　　单位:元

项目	金额	项目	金额
流动资产	785 200	长期负债	1 313 000
货币资金	58 000	未分配利润	49 000
应收账款	360 000	负债及所有者权益总额	1 612 000
存货	367 200	主营业务收入	1 200 000
资产总额	1 612 000	主营业务成本	800 000
流动负债	250 000	利润总额	240 000

补充资料:现销收入 100 000 元,期初应收账款 440 000 元,期初存货 432 800 元。

根据上述资料,各项指标的计算如下。

(1)反映盈利能力的指标。

$$主营业务收入利润率 = 240\ 000 \div 1\ 200\ 000 \times 100\% = 20\%$$

$$主营业务成本利润率 = 240\ 000 \div 800\ 000 \times 100\% = 30\%$$

以上计算结果只能说明该施工项目部主营业务收入利润率为 20%,主营业务成本利润率为 30%,还不能说明盈利能力的大小,需结合其他资料做进一步比较分析。

(2)反映营运能力的指标。

$$应收账款周转率 = 1\ 100\ 000 \div 400\ 000 = 2.75(次)$$

$$赊销收入 = 1\ 200\ 000 - 100\ 000 = 1\ 100\ 000(元)$$

$$应收账款平均余额 = (440\ 000 + 360\ 000) \div 2 = 400\ 000(元)$$

$$存货周转率 = 800\ 000 \div 400\ 000 = 2(次)$$

$$平均存货 = (432\ 800 + 367\ 200) \div 2 = 400\ 000(元)$$

以上计算结果表明,该施工项目部的应收账款在季度内周转了 2.75 次,存货周转了 2 次。至于周转速度是快还是慢,还应结合以前期间资料或同行业资料进行比较分析。

练 习 题

单选题

1.某企业的流动资产为 360 000 元,长期资产为 4 800 000 元,流动负债为 205 000 元,长期负债为 780 000 元,则资产负债率为(　　)。

　　A. 15.12%　　　　B. 19.09%　　　　C.16.25%　　　　D.20.52%

2.反映企业偿债能力指标的有(　　)。

　　A.流动比率　　　B.速动比率　　　C.现金比率　　　D.资产负债率

3.属于速动资产的项目是(　　)。

　　A.应收账款　　　B.材料采购　　　C.原材料　　　　D.货币资金

任务 5.6　成本费用报表的编制与分析

教学目标：
1. 熟悉施工项目成本费用报表的种类。
2. 掌握施工项目成本分析方法。

5.6.1　项目成本费用报表的种类

项目成本费用报表是反映施工企业所承揽的工程项目成本及其降低情况，为企业管理部门提供成本信息的内部会计报表。项目成本费用报表主要包括工程成本表、竣工工程成本表、施工间接费用明细表等。按期编制成本报表是成本分析和成本考核的依据，同时也能为不同类型工程、产品积累经济技术资料。

1. 工程成本表

工程成本表用以反映在月度、季度或年度内已经向发包单位办理工程价款结算的工程成本的构成及其节约或超支情况。一般可按成本项目反映本期和本年累计已经办理工程价款结算的已完工程的目标成本（预算成本）、实际成本、成本降低额和降低率，见表 5.13。

表 5.13　工程成本表

编制单位：　　　　　　　　　　20××年度　　　　　　　　　　单位：元

成本项目	本期数				累计数			
	预算成本	实际成本	降低额	降低率	预算成本	实际成本	降低额	降低率
人工费								
材料费								
机械使用费								
其他直接费								
间接费用								
成本合计								

在施工项目成本分析中，会用到以下关于工程及工程成本的概念：作为成本计算对象的单项合同工程全部完工后，称为竣工工程；尚未竣工，但已完成预算定额规定的一定组成部分的分部分项工程，称为已完工程；虽已投入工料机进行施工，但尚未完成预算定额所规定工序的分部分项工程，称为未完施工或未完工程。为了分期确定损益，在有未完工程的情况下，需要将按照成本计算对象归集的施工成本，在已完工程和未完工程之间划分。其划分是根据以下平衡公式进行的。

已完工程实际成本＝月初未完实际施工成本＋本月发生全部施工成本－
　　　　　　　　　月末未完施工实际成本

由上式可见,计算本期已完工程成本的关键是确定期末未完施工成本。在一般施工单位中,月末未完施工工程在全月工作量中所占的比重都比较小,且未完施工工程的实际成本不易求得,为了简化核算手续,通常把月末未完工程的预算成本视同其实际成本。

在工程成本表中,各栏目的含义及编制方法如下。

"预算成本"栏反映本期和本年累计已完工程的预算成本,根据已完工程结算表中的预算成本,按成本项目分析加总填列。如有单独计算计入工程成本的工程费用,也要按成本项目分析计入,比如对分包成本进行还原。对投标承包的工程,应根据编制的施工图预算分析填列。

"实际成本"栏反映本期和本年累计已完工程的实际成本,根据按施工单位设置的工程施工成本明细分类账中各成本项目的本期和本年工程实际成本合计,加期初(即上期末)、年初(即上年年末)未完施工(工程)盘点单中各成本项目的未完施工(工程)成本,减期末未完施工(工程)盘点单中各成本项目的未完施工(工程)成本填列。

"降低额"栏内数字根据"预算成本"栏内数字减"实际成本"栏内数字填列。出现成本超支时,应以"—"号填列。

"降低率"栏按本项目的降低额和预算成本计算填列。为了便于编表,对本期和本年已完工程各成本项目的实际成本,可在如表5.14所示的工作底稿中先行计算。

表5.14 工程成本表底稿　　　　　　　　　　　　　　　单位:元

项目	人工费	材料费	机械使用费	其他直接费	工程直接费	间接费用	工程成本合计
本期工程成本合计							
加:期初未完施工(工程)成本合计							
减:期末未完施工(工程)成本合计							
本期已完工程实际成本							
本年工程实际成本累计							
加:年初未完施工(工程)成本合计							
减:年末未完施工(工程)成本合计							
本年已完工程实际成本							

2. 单位工程竣工成本决算

竣工成本决算是确定已竣工单位工程的预算成本和实际成本,全面考核竣工工程成本降低或超支情况的主要依据。编制竣工成本决算是单位工程成本核算工作的最后阶段,做好这项工作,不仅可以综合考核工程概预算和成本计划的执行情况,分析工程成本升降的原因,为同类工程管理积累成本资料,为企业今后参与工程的投标报价和与发包单位进行合同谈判提供参考依据,而且可以全面反映各单位工程施工的经济效果,总结各单位工程在施工生产和管理过程中的经验教训找出存在的问题,从而促使企业改进施工和管理工作,不断降低工程成本,提高经济效益。因此,单位工程竣工后,施工企业必须及时、准确地编制竣工成本决算。竣工成本决算的内容一般包括:竣工工程按成本项目分别反映的预算成本实际成本及其降低额和降低率;竣工工程耗用人工、材料、机械的预算用量、实际用量及其节约或超支额、节约或超支率;竣工工程的简要分析及说明等。

编制竣工成本决算的一般步骤如下。

(1)单位工程竣工后,各施工单位的预算人员应根据竣工工程的施工图预算和工程变更、材料代用等有关技术经济签证资料,及时编制单位工程竣工结算书,计算确定已竣工单位工程的全部预算成本和预算总造价,以便与发包单位办理工程价款的最终结算。

(2)单位工程竣工后,应及时清理施工现场,盘点剩余材料,对于已计入工程成本但尚未使用的剩余材料,要办理退库手续,冲减有关工程成本。

(3)检查各项施工费用是否已经正确、完整地计入竣工工程的工程成本表,凡是应计而未计入工程成本的施工费用,应予以补计;凡是不应计入而已计入工程成本的施工费用,则应予以冲回。既要防止多计、重计或乱计施工费用,又要避免少计、漏计或转移施工费用,以保证竣工工程成本的正确无误。

(4)将工程成本表中所记录的已竣工单位工程自开工起至竣工止的施工费用进行汇总累计,正确计算竣工工程的实际成本。在此基础上,将工程实际成本与预算成本进行比较,计算工程成本降低额和降低率,编制竣工工程成本决算。

(5)将已竣工单位工程的工程成本表抽出,连同竣工结算书(包括工、料分析表)、竣工成本决算和其他有关资料合并保存,建立工程技术经济档案。单位工程竣工成本决算用表见表 5.15、表 5.16。

表 5.15 竣工成本决算

发包单位: 开工日期:2020 年 1 月 10 日
工程名称:×× 工程 竣工日期:2022 年 12 月 20 日
建筑面积:760 m² 2022 年 12 月 20 日 金额单位:元

成本项目	预算成本	实际成本	降低额	降低率/%	简要分析及说明
人工费	84 010	85 000	−990	−1.18	人工费增加
材料费	615 000	553 000	62 000	10.08	材料单价与用量下降
机械使用费	90 450	85 050	5 400	5.97	台班效率提高
其他直接费	30 000	29 850	150	0.5	搬运费降低
间接费用	55 730	50 160	5 570	9.99	现场费用控制有效
工程成本总计	875 190	803 060	72 130	8.24	计划控制范围内

表 5.16　工料机用量分析

发包单位：　　　　　　　　　　　　　　　　　　开工日期:2020 年 1 月 10 日
工程名称:A. 材料采购　　　　　　　　　　　　　竣工日期:2022 年 12 月 20 日
建筑面积:760 m²　　　　　　2022 年 12 月 20 日

项 目	计量单位	预算用量	实际用量	节约(+)或超支(一)	节约或超支率/%
一、人工	工 日	4 300	4 352	−52	−1.21
二、材料					
1.钢材	t	80	74	6	7.5
2.水泥	t	550	455	95	17.27
3.木材	m³	45	37	8	17.78
4.标砖	千块				
……					
三、机械					
1.大型	台班	155	138	17	10.97
2.中、小型	台班	220	200	20	9.09

竣工成本决算的编制方法如下。

(1)预算成本各项目,应根据预算部门提供的已竣工单位工程的预算总成本和分项预算成本数填列。

(2)实际成本各项目,应根据已竣工单位工程的工程成本表中自开工起至竣工止各成本项目的累计数填列。

(3)工程成本降低额各项目,应根据工程预算成本减去实际成本后的差额填列。相减后的结果如为正数,即为降低额;反之,则为超支额,应以"一"号表示。

(4)工程成本降低率各项目,应根据工程成本降低额占工程预算成本的比率计算,以百分比表示。如为超支率,则应以"一"号表示。

(5)工、料、机用量分析各项目,预算用量应根据预算部门提供的有关资料汇总填列,实际用量应根据各施工班组提供的用工台账、用料台账和使用机械台账等资料汇总填列,节约或超支量以及节约或超支率应根据预算用量和实际用量计算填列。

(6)竣工工程的简要分析及说明,一般可列示预算总造价、单位工程量造价、单位工程量预算成本、单位工程量实际成本等,应根据有关资料分析计算填列。

编制的竣工成本决算一般应一式多份,其中一份应连同竣工工程的"工程成本表"和竣工结算书等资料合并保存,建立竣工工程的技术经济档案,以备日后查阅。

3.施工间接费用明细表

施工间接费用明细表反映施工单位在一定时期内为组织和管理工程施工所发生的费用总额和各明细项目数额的报表。该表按费用项目,分别"本年计划数"和"本年累计实际数"进行反映。通过本表,可以了解施工间接费用的开支情况,并为分析施工间接费用计划完成情况和节约或超支的原因提供依据。

为了反映施工单位各期施工间接费用计划的执行情况,施工间接费用明细表应按月进行编制,其格式见表5.17。

表 5.17　施工间接费用明细表

工程名称:　　　　　单位:　　　　　项目经理:　　　　　日期:

项目	行次	本年计划数/元	本年累计实际数/元
工作人员工资薪金			
办公费			
固定资产使用费			
差旅交通费			
工具用具使用费			
劳动保护费			
检验试验费			
工程保养费			
财产保险费			
取暖及水电费			
其他			
合计			

表中"本年计划数"按当期计划资料分项目填列,12月份的施工间接费用明细表按当年计划数填列;"本年累计实际数"栏可根据"间接费用"账户中资料填列。

5.6.2　施工项目成本分析

在对施工项目成本进行分析时,常用的有比较分析法、因素分析法等方法。从分析的内容来看,主要包括以下几个方面。

1. 综合成本的分析

综合成本是指涉及多种生产要素、并受多种因素影响的成本费用,如分部分项工程成本、月(季度)成本、年度成本等。由于这些成本都是随着项目施工的进展而逐步形成的,与生产经营有密切的关系,因此,做好上述成本的分析工作,无疑将促进项目的生产经营管理,提高项目的经济效益。

(1)分部分项工程成本分析。

分部分项工程成本分析是施工项目成本分析的基础。分部分项工程成本分析的对象为已完分部分项工程。分析的方法是:进行预算成本、计划成本和实际成本的"三算"对比,分别计算实际偏差和目标偏差,分析偏差产生的原因,为今后的分部分项工程成本寻求节约途径。

分部分项工程成本分析的资料来源是:预算成本来自施工图预算,计划成本来自企业预算,实际成本来自施工任务单的实际工程量、实耗人工和实耗材料费等。

由于施工项目包括很多分部分项工程,不可能也没有必要对每一个分部分项工程都进行成本分析,特别是一些工程量小、成本费用微不足道的零星工程。但是,对于那些主要分部分项工程,则必须进行成本分析,而且要从开工到竣工行系统的成本分析。这是一项很有意义的工作,因为通过主要分部分项工程成本的系统分析,基本可以了解项目成本形成的全过程,为竣工成本分析和今后的项目成本管理提供宝贵的参考资料。

(2)月(季)度成本分析。

月(季)度成本分析,是施工项目定期的、经常性的中间成本分析。对于有一次性特点的施工项目来说,具有特别重要的意义。因为通过月(季)度成本分析,可以及时发现问题,以便按照成本目标指示的方向进行监督和控制,保证项目成本目标的实现。月(季)度的成本分析的依据是当月(季)的成本报表。分析的方法通常有以下几种:

①通过实际成本与预算成本的对比,分析当月(季)的成本降低水平;通过累计实际成本与累计预算成本的对比,分析累计的成本降低水平,预测实现项目成本目标的前景。

②通过实际成本与计划成本的对比,分析计划成本的落实情况,以及目标管理中的问题和不足,进而采取措施,加强成本管理,保证成本计划的落实。

③通过对各成本项目的成本分析,可以了解成本总量的构成比例和成本管理的薄弱环节。例如,在成本分析中,发现人工费、机械费和间接费等项目大幅度超支,就应该对这些费用的收支配比关系认真研究,并采取对应的增收节支措施,防止今后再超支;如果是属于预算定额规定的"政策性"亏损,则应从控制支出着手,把超支额压缩到最低限度。

④通过将主要技术经济指标的实际与计划对比,分析产量、工期、质量机械利用率以及钢材、木材、水泥等"三材"节约率等对成本的影响。

⑤通过对技术组织措施执行效果的分析,寻求更加有效的节约途径。

⑥分析其他有利条件和不利条件对成本的影响。

(3)年度成本分析。

企业成本要求一年结算一次,不得将本年成本转入下一年度。项目成本则以项目的寿命周期为结算期,要求从开工到竣工到保修期结束连续计算,最后结算出成本总量及其盈亏。由于项目的施工周期一般都比较长,除了要进行月(季)度成本的核算和分析外,还要进行年度成本的核算和分析。这不仅是为了满足企业汇编年度成本报表的需要,同时也是项目成本管理的需要。因为通过年度成本的综合分析,可以总结一年来成本管理的成绩和不足;为今后的成本管理提供经验和教训,从而对项目成本进行更有效的管理。

年度成本分析的依据是年度成本报表。年度成本分析的内容,除月(季)度成本分析的6个方面以外,重点是针对下一年度的施工进展情况规划切实可行的成本管理措施,以保证施工项目成本目标的实现。

(4)竣工成本综合分析。

凡是有几个单位工程而且是单独进行成本核算(即成本核算对象)的施工项目,其竣工成本分析应以各单位工程竣工成本分析资料为基础,再加上施工项目部的经营效益(如资金调度、对外分包等所产生的效益)进行综合分析。如果施工项目只有一个成本核算对象(单位工程),就以该成本核算对象的竣工成本资料作为成本分析的依据。

单位工程竣工成本分析,应包括以下3个方面内容。

①竣工成本分析。

②主要资源节超对比分析。

③主要技术节约措施及经济效果分析。

通过以上分析,可以全面了解单位工程的成本构成和降低成本的来源,对今后同类工程的成本管理具有重要参考价值。

2. 成本项目的分析

成本项目分析主要是指对工、料、机等成本组成要素的分类分析。

(1) 人工费分析。

在实行管理层和作业层分离的情况下,对项目施工需要的人工,由施工项目部代表公司与施工队签订劳务承包合同,明确承包范围、承包金额和双方的权利与义务。

对施工项目部来说,除了按合同规定支付劳务费以外,还可能发生一些其他人工费支出。例如,因实物工程量增减而调整的人工和人工费;定额人工以外的估点工工资(如果已按定额人工的一定比例由施工队包干,并已列入承包合同的,不再另行支付);对在进度、质量、节约、文明施工等方面做出贡献的班组和个人进行奖励的费用等。

施工项目部应结合劳务合同的管理,对上述人工费的增减进行分析。

(2) 材料费分析。

材料费分析包括主要材料、结构件和周转材料使用费分析以及材料储备分析。

①主要材料和结构件费用分析。主要材料和结构件费用的高低,主要受价格和消耗数量的影响。材料价格的变动,又要受采购价格、运输费用、途中损耗、来料不足等因素的影响;材料消耗数量的变动,也要受操作损耗、管理损耗和返工损失等因素的影响,可在价格变动较大和数量超用异常的时候再做深入分析。为了分析材料价格和消耗数量的变化对材料和结构件费用的影响程度,可依据因素分析法,按下列公式计算:

因材料价格变动对材料费的影响=(预算单价-实际单价)×实际用量

因消耗数量变动对材料费的影响=(预算用量-实际用量)×预算单价

②周转材料使用费分析。在实行周转材料内部租赁制的情况下,项目周转材料费的节约或超支,取决于周转材料的周转利用率和损耗率。因为周转慢,周转材料的使用时间就长,同时也会增加租赁费支出;而超过规定的损耗,更要照原价赔偿。周转利用率和损耗率的计算公式为

周转利用率=实际使用数×租用期内的周转次数÷(进场数×租用期)×100%

损耗率=退场数÷进场数×100%

③材料储备资金分析。材料储备资金是根据日平均用量、材料单价和储备天数(即从采购到进场所需要的时间)计算的。上述任何一个因素的变动,都会影响储备资金的占用量。对材料储备资金的分析,可以应用因素分析法。

【例5.4】 某项目部水泥日平均用量、单价、储备天数等资料见表5.18。

表5.18 储备资金计划与实际对比表

项目	计划	实际	差异
日平均用量/t	50	60	10
单价/元	400	420	20
储备天数	8	7	-1
储备金额/万元	16	17.64	1.64

根据上述数据,分析日平均用量、单价和储备天数等因素变动对水泥储备资金的影响程度。

水泥储备资金实际数比计划数超支了 1.12 万元。运用因素分析法,分析过程及结果如下。

计划数的计算过程:
$$50 \times 400 \times 8 = 160\ 000(元)$$

用日平均用量做第一次替换:
$$60 \times 400 \times 8 = 192\ 000(元)$$

也就是说,由于日平均用量增加 10 t 导致储备资金增加 32 000 元。

用单价做第二次替换:
$$60 \times 420 \times 8 = 201\ 600(元)$$

也就是说,由于单价增加 20 元/t 导致储备资金增加 9 600 元。

用储备天数做第三次替换:
$$60 \times 420 \times 7 = 176\ 400(元)$$

也就是说,由于储备天数减少 1 d 导致储备资金减少 25 200 元。

总体影响结果:
$$32\ 000 + 9\ 600 - 25\ 200 = 16\ 400(元)$$

从以上分析内容来看,储备天数的长短是影响储备资金的关键因素。因此,材料采购人员应该选择运距短的供应商,尽可能减少材料采购的中转环节,缩短储备时间。

(3)机械使用费分析。

由于项目施工具有一次性的特点,施工项目部一般不可能拥有全部的机械设备,而是根据施工的需要,向企业动力部门或外单位租用。在机械设备的租用过程中,存在两种情况:一是按产量进行承包,并按完成产量计算费用,如土方工程,施工项目部只要按实际挖掘的土方工程量结算挖土费用,而不必过问挖土机械的完好程度和利用程度;二是按使用时间或台班计算机械费用,如塔吊、搅拌机、砂浆机等,如果机械完好率差或在使用中调度不当,必然会影响机械的利用率,从而延长使用时间,增加费用。因此,施工项目部应该给予一定的重视。

由于建筑施工的特点,在流水作业和工序搭接上往往会出现某些必然或偶然的施工间歇,影响机械的连续作业;有时,又因为施工进度加快和工种配合的需要,导致机械日夜不停地运转。这样,难免会有一些机械利用率很高,而另一些机械利用率不足,甚至租而不用。利用不足,台班费需要照付;租而不用,则要支付停班费。总之,都将增加机械使用费支出。

因此,在机械设备的使用过程中,必须以满足施工需要为前提,加强机械设备的平衡调度,充分发挥机械的效用;同时,还要加强平时对机械设备的维修保养工作,提高机械的完好率,保证机械的正常运转。

【例 5.5】 某施工项目部当年的机械完好和利用情况见表 5.19。

表 5.19 机械完好和利用情况统计表

机械名称	台数	制度台班数	完好情况				利用情况			
			完好台班数		完好率/%		工作台班数		利用率/%	
			计划	实际	计划	实际	计划	实际	计划	实际
翻斗车	4	1 080	1 000	1 070	92.6	99	1 000	1010	92.6	93.5
搅拌机	2	540	500	520	92.6	96.3	500	480	92.6	88.98
砂浆机	5	1 350	1 250	1 070	92.6	79.3	1250	1026	92.6	76
塔吊	1	270	250	255	94.4	92.6	250	360	92.6	133.33

其中,完好台班数,是指机械处于完好状态下的台班数,它包括修理不满 1 d 的机械,但不包括待修、在修、送修在途的机械。在计算完好台班数时,只考虑是否完好,不考虑是否在工作。制度台班数是指本期内全部机械台班数与制度工作天的乘积,不考虑机械的技术状态是否工作。

从上述机械的完好和利用情况来看,砂浆机的维修保养比较差,完好率只达到 80%;利用率也不高,只达到 76%。塔吊因施工需要经常加班加点,因而利用率较高。

(4)其他直接费分析。

其他直接费是指施工过程中发生的除上述直接费以外的其他费用,包括二次搬运费、工程用水电费、临时设施摊销费、生产工具用具使用费、检验试验费工程定位复测费、工程点交费、场地清理费等。

其他直接费的分析,主要应通过预算与实际数的比较来进行。如果没有预算数,可以用计划数代替预算数。

(5)间接费用分析。

间接费用是指为施工准备、组织施工生产和管理所需要的费用,主要包括现场管理人员的工资和进行现场管理所需要的费用。间接费用的分析,也应通过预算(或计划)数与实际数的比较来进行。

练 习 题

一、多选题

1.项目成本费用报表主要包括( )。
A. 工程成本表   B. 单位工程竣工成本决算表
C. 施工间接费用明细表   D. 直接费用成本表
2.综合成本分析包括( )。
A. 分部分项工程成本分析   B. 月(季度)成本
C. 年度成本   D. 竣工成本综合分析

二、简答题

施工项目成本分析主要包括哪些内容?

参考文献

[1] 廖海燕.施工企业会计基础[M].5版.大连:大连理工大学出版社,2022.
[2] 徐佳芳.施工企业会计基础习题集[M].3版.大连:大连理工大学出版社,2018.
[3] 李志远.施工企业会计[M].6版.北京:中国市场出版社,2022.
[4] 会计真账实操训练营.建筑施工企业会计岗位实操大全:流程＋成本＋做账＋税法[M].北京:中国铁道出版社,2021.
[5] 黄雅平,张秀杰.建筑企业会计[M].2版.北京:北京理工大学出版社,2021.
[6] 李平,卓义容.施工企业会计[M].武汉:武汉大学出版社,2015.